証券会社とつむぐ「地方創生」の物語

アイザワ証券「クロスボーダー・ソリューション」の挑戦

藍澤證券 副社長執行役員
角道裕司

毎日新聞出版

はじめに

「株屋にしてはいいことしている。」

7年前、あるお客様からいただいた、経営にとって、そして従業員にとって、嬉しくもあり少し辛くもある言葉だ。しかし当社が何をすべきかを明確に指し示してくれた言葉でもある。

2021年3月、当社は内閣官房まち・ひと・しごと創生本部から2年連続3度目の地方創生大臣表彰をいただいた。骨格となるクロスボーダー・ソリューションは当社が商標登録した戦略概念で、これに基づき金融機関や教育機関、行政機関と提携を進めている。マスコミでの取り上げも増え、そのコンテクストで講演のご依頼も頂戴するようになったが、共通項は地方創生だ。ただ、当社としては地方創生を目的として企画を立て経営資源を投入している訳ではない。

証券業務は資本市場経済のインベストメント・チェーンにおいて疑いもない不変の要素であり、「人生100年時代」「貯蓄から資産形成へ」という言葉に表象されるように、今や投資は国民全ての身近な課題となっている。まさしく当社のようなリテール証券が社会に貢献できる好機と考えているが、しかしそういった証券「業務」が今後も引き続き証券「会社」という器に付託される保証などない。

規模的に大手ではない当社が社会で存在を許され、日本社会でさらに重要性を増す国民の金融資産形成という事業を継続していくために、自社の強みや弱みと向き合い、ひとつひとつ処方箋をつくって懸命に取り組んできた。その結果が地方創生に資する、あるいは地方創生そのものだと、次第にご評価いただくようになる。ここに当社の学びがある。余裕ができれば地方創生支援を行うという言葉はしっくりこない。地方創生への取り組みは、地域で営業させていただいていることへのいわば配当だ。利益がでなければ配当しない、地方創生支援を行わないという意味ではなく、配当できない利益水準であるならその営業活動自体に価値がない、というふうに考えている。

1918年に創業された当社は、事業規模では大手、準大手に次ぐ中堅に分類されることが多い。創業者の名を冠し100年を経てきたという観点では業界でも数少ない存在と言える。その創業者は、東京証券取引所理事長に推挙されたが、もともとは教科書販売の会社に奉公していて、主人からこの事業を手伝って欲しいと頼まれ引き受けたのが今でいう証券会社、当社だった。稀代の相場師という訳ではない。この当社誕生のヒストリーは、社会に貢献したいという遺伝子となって今に紡がれているのかもしれない。

本書では、そんな当社の挑戦の成功と蹉跌《さてつ》を、その過程で見聞きし考えたこととあわせて、ストーリーを追う形でご紹介しているところも多い。当社が何をしたのか、その背景や取り巻く空気感をお伝えしたいと考えている。そしてその集合体が、直近の10年（Decade）の当社のマイ・ヒストリーとなる。

証券会社なのにリレバンをやっているのは珍しい、いいことをしているとマスコミからもお褒めいただくことが多くなってきた。リレーションシップバンキング、略してリレバンは、金融機関が顧客との間で親密な関係を長く維持して情報を蓄積し、その情報をもとに適切な金融サービスを提供していくビジネスモデルであり、商品の押し売りであるプロダクト営業とは一線を画する。P・F・ドラッカーは、既存のふたつのものを結合させることでイノベーションが生まれると教えてくれる。とすれば、金融機関で重視されるリレバン、それを証券会社に移植する、それも当社の小さなイノベーションなのかもしれない。

そしてその過程では、「証券会社がどのような外部目線に晒されているか」「証券会社にはできないことがたくさんある」ということに愚直に向き合い、そこから学ぶことで当社の形を変えてきた。証券会社に、あるいは当社にできないのであれば放置せず、そこは真摯《しんし》に他の人の力をお借りすればいい、そのスタンスが地域との距離を縮めてきた。
当社は業界に先駆けてアジア各国の株式を日本の個人投資家にご紹介したことで、「アジアのアイザワ」と呼ばれることも多い。こういった当社がクロスボーダーで学んできたことは、地方創生において地域に還元するグローカル・コンセプトという姿になって今に続いている。ルース・ベネディクトは著書『菊と刀』で、江戸時代の日本の商人階級の地位について述べている。「士農工商」と最も低いのは、商人は常に封建制度の最大の破壊者であることから、支配者が鎖国によりその立脚地を奪い取ったこととあわせ理に適《かな》っているという。社会を変える力がある商人は正にクロスボーダーそのものであり、当社はクロスボーダー概念を軸に既成の形に挑戦してきたように思う。

しかし、当社の挑戦はまだまだ途上にあり、当社一社でできることには限界もある。僭越に過ぎるかもしれないが世界は変えられない。証券会社が、金融機関や教育機関、エキスパティーズの皆様と繋がりながら独自のアプローチで生業を磨き、その結果、地方創生に付加価値を発信する、そんな姿にご関心を持っていただき、そこからまたケミストリーが生まれるなら、当社にとって望外の喜びである。

証券会社が地方創生？——それはアンコンシャス・バイアス（無意識の偏見）だったと言っていただけるように、歩みを止めず進んでいきたい。

証券会社とつむぐ「地方創生」の物語

目次

第2章 ◉ ソリューション戦略の誕生――63

第3章 ◉ ソリューション戦略の始動——89

3 認知症

第4章 ◉ 新たな課題

第5章 ◉ 銀行との提携

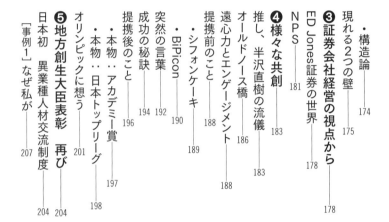

第6章◉協同組織金融機関との提携――225

第7章 ◉ 教育機関との提携――267

1 大学——270

第8章 社会の一員として

ブックデザイン◉遠藤陽一
カバー写真◉iStock.com/penkanya
本文写真◉第1章扉 gettyimages

証券会社とつむぐ「地方創生」の物語

アイザワ証券「クロスボーダー・ソリューション」の挑戦

第1章

地方創生大臣表彰

ユーレカ！（分かった！）
アルキメデス（紀元前287年？—紀元前212年）は入浴中、
浮力の原理を思いつき、叫びながら走り出たという。

常陸大宮高校（茨城県での取り組み）

2年連続3回目の地方創生大臣表彰

2021年3月30日の夕刻、日本橋にあるアイザワ証券本社5階の会議室。

「アイザワ証券さん、大丈夫ですか。撮ります。」

当社の施策が、内閣官房まち・ひと・しごと創生本部による「地方創生に資する金融機関等の特徴的な取り組み」として地方創生大臣表彰され、内閣府におられる坂本大臣と当社社長の2ショット写真が、コロナ禍を勘案してスクリーンショットで撮影された。当社としては2年連続3回目の受賞、証券会社としては唯一の表彰でもある（図1・2）。

この制度は6年前、政府の地方創生方針を背景に、そのメインプレーヤーとしての期待を込めて、全国の銀行や信用金庫、信用組合を対象に始まった。2年目からは証券会社や保険会社も含めて拡大運営され、毎年約1300事例の中から30事例強が選ばれて表彰される。地方銀行や信用金庫が複数表彰される一方で、それ以外の業態が少ないのは、そもそも地方創生に資する取り組み自体が少ないのか、取り組みはあるがそのレベル感を問われているのか、そこは分からない。内閣官房まち・ひと・しごと創生本部の要請を受け、業界団体である日本証券業協会から各証券会社に対して周知の通達があり、当社はその趣旨に賛同して毎年自らの企画を世に問う場として活用させていただいている。

今回3回目の受賞となったのは、茨城県立常陸大宮高校との包括業務提携に基づく取り組みだ。同校の生徒たちが株主となって設立し実際に法人登記された会社が、社員でもある生徒たちの営業活動によって獲得し蓄積した利益を、生徒が定めた目的を実現するために実際に株式投資を行って増やす、そういった活動を全面支援していることが評価された。

歌舞伎の名作のひとつ、「楼門五三桐《さんもんごさんのきり》」は、大盗賊石川五右衛門のセリフ「絶景かな、絶景かな」で知られるが、作中ではこの五右衛門、実は明智光秀の養子だったという奇想天外な設定になっている。「実は」「実は」の連続で観客を沸かせるコンゲーム的展開が歌舞伎の醍醐味だが、今回当社が行った実際に投資を行うことのご支援には、このような作者が意図的に仕組んだ「実は」ではない、意図せぬふたつの「実は」がある。「満たされない想い」と「湯舟の気付き」だ。

仲人は関東経産局

当社は茨城県立常陸大宮高校と包括業務提携を行っているが、公立高校と証券会社の包括業務提携は日本で初めてと言われる。この稀有《けう》な組み合わせは行政が媒酌人となって誕生した。2018年11月、経済産業省関東経済産業局が渋谷の東京中小企業投資育成本社の大ホールで主催した、「創業機運醸成促進フォーラム」に両者はパネラーとして招聘《しょうへい》され、そこで初めて顔を合わせることになる。昨今、少子化が喧伝される日本だが、起業と廃業の負のアンバランスはそれ以前から始まっており、様々な起業支援策が官民で展開されてきた。ただそれは起業を行う人たちへの支援であって、その層の厚み自体に課題がある。創業したいという機運を醸成するために経済産業省は施策を講じており、このフォーラムもその視点で企画された。聴衆は、関東経産局が所管する10都県において創業支援を担う各行政の担当者で、約200名が一堂に会する中、フォーラムが始まった。

パネラーの自走

一方パネラーは、言葉を選ばずに言えば「変わり者」だらけ。都県もバラバラ、属性も経歴もバラバラの異能者が集められた。例えば、栃木県は宇都宮大学の3回生で学生起業家の小泉さん、乳児向けの麹を使った食品を開発し、その商品は宇都宮市のふるさと納税返礼品にも指定されている。ここでお会いしたご縁で、後に当社が運営している静岡大学アイザワゼミと信州大学寄附講座にお招きし、同じ国立大学生を前に講演いただくことになる。

千葉県は千葉商科大学の近藤准教授で、毎年3月に土日の2日間、キャンパスを開放して近隣の

図1|**大臣表彰チラシ**

アイザワ証券
まち・ひと・しごとを創る
藍澤證券の取り組み
Cross-Border Solution
(クロスボーダー・ソリューション)
登録第5978805号
アイザワ証券
Cross-Border Solution
大臣表彰 2017
大臣表彰 2020
大臣表彰 2021
内閣官房 まち・ひと・しごと創生本部
「地方創生に資する金融機関等の特徴的な取組事例」
大臣表彰受賞!!
証券会社では唯一受賞!!
2021年二年連続、三度目の受賞の快挙!!
2017年大臣表彰受賞
教育機関 × アイザワ証券
教育 機関と連携
「インターンシップによる地域人材育成と地域企業支援」
2020年大臣表彰受賞
金融機関 × アイザワ証券
BANK 金融 機関と連携
「地域金融機関との異業種人材交流」
2021年大臣表彰受賞
教育機関連携 × アイザワ証券
教育 機関と連携
「教育機関連携による『起業/ビジネスを通じた高金融リテラシー人材育成と地域活性化施策』の推進」
Cross-Border Solution(クロスボーダー・ソリューション)の詳細は裏面をご覧ください。

小学生約1300人を対象に素晴らしいイベントを開催されている。「キッズビジネスタウン」と称して商標登録を行い開催回数は17を数える企画だ。子供たちはまず市民登録を行い、市民証の交付を受ける。その後、ハローワークに行き職業を選ぶが、そこでは電光掲示板に今就労可能な仕事がリアルタイムで表示されている。人気のあるのは食べ物屋やクラフトショップの店員といった馴染みのある仕事だが、裁判官や税務署員、新聞記者といった職業もある。児童たちは一定時間勤務したあと、タウン内の銀行に行き、報酬を仮想通貨リバーで受け取る。良くしたもので、受け取ったリバーを使って食事をしたりゲームを楽しんだりするゾーンまでは銀行から一本道。その途中には税務署があり、児童たちは税金を納めなければならない。転職も可能で、関心のある職業が空いていればそれに就き、働いてリバーを貰いそれをまた自分の好きなものに使う仕組みだ。ちなみに、飲食店に食材を卸す問屋も職業として存在して、流通システムも学べる形となっている。

今後当社は、この「キッズビジネスタウン」に証券会社を出店する。例えば焼きそば屋に午前、投資をして、想定以上に売り上げが上がれば午後に配当や売却益を得られるような仕掛けを導入することで、ビジネスタウンの拡充を図れないか、近藤先生や学生の実行委員と協議している。

このようにパネリスト同士でその後の連携を深めていったが、東京都からパネリスト唯一の事業会社として選ばれた当社と、茨城県の常陸大宮高校もまた然り。横山教諭との協働はここから始ま

図2 | **大臣表彰チラシ**

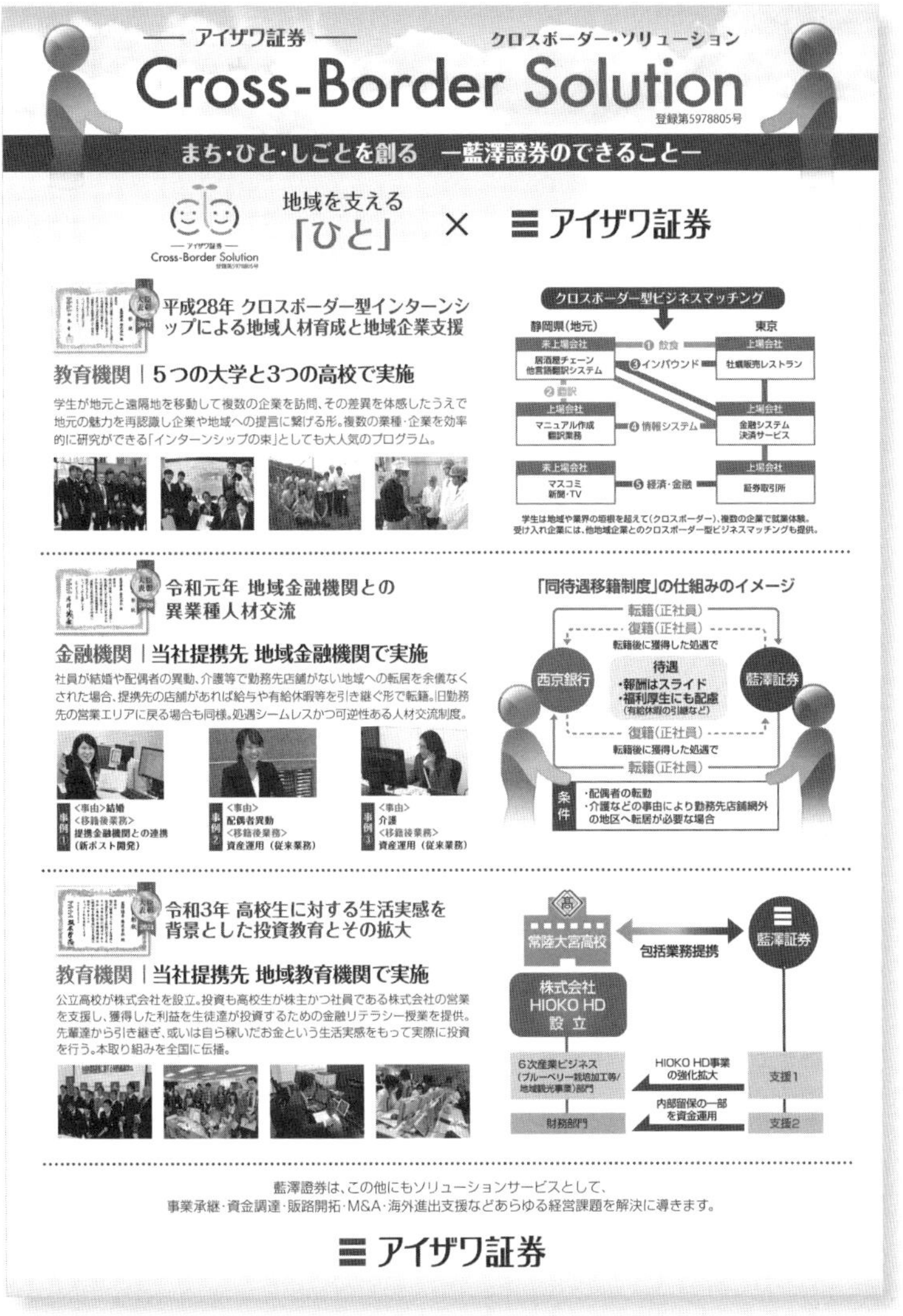
アイザワ証券
クロスボーダー・ソリューション
Cross-Border Solution
登録第5978805号
まち・ひと・しごとを創る ー藍澤證券のできることー
アイザワ証券 Cross-Border Solution
地域を支える「ひと」 × アイザワ証券
平成28年 クロスボーダー型インターンシップによる地域人材育成と地域企業支援
教育機関 | 5つの大学と3つの高校で実施
学生が地元と遠隔地を移動して複数の企業を訪問、その差異を体感したうえで地元の魅力を再認識し企業や地域への提言に繋げる形。複数の業種・企業を効率的に研究ができる「インターンシップの束」としても大人気のプログラム。
クロスボーダー型ビジネスマッチング
静岡県(地元)
東京
未上場会社
居酒屋チェーン
他言語翻訳システム
❶ 飲食
❸インバウンド
上場会社
牡蠣販売レストラン
❷ 翻訳
上場会社
マニュアル作成
翻訳業務
❹ 情報システム
上場会社
金融システム
決済サービス
未上場会社
マスコミ
新聞・TV
❺ 経済・金融
上場会社
証券取引所
学生は地域や業界の垣根を超えて(クロスボーダー)、複数の企業で就業体験。
受け入れ企業には、他地域企業とのクロスボーダー型ビジネスマッチングも提供。
令和元年 地域金融機関との異業種人材交流
金融機関 | 当社提携先 地域金融機関で実施
社員が結婚や配偶者の異動、介護等で勤務先店舗がない地域への転居を余儀なくされた場合、提携先の店舗があれば給与や有給休暇等を引き継ぐ形で転籍。旧勤務先の営業エリアに戻る場合も同様。処遇シームレスかつ可逆性ある人材交流制度。
事例① <事由>結婚 <移籍後業務> 提携金融機関との連携 (新ポスト開発)
事例② <事由> 配偶者異動 <移籍後業務> 資産運用 (従来業務)
事例③ <事由> 介護 <移籍後業務> 資産運用 (従来業務)
「同待遇移籍制度」の仕組みのイメージ
転籍(正社員)
復籍(正社員)
転籍後に獲得した処遇で
西京銀行
藍澤証券
待遇
・報酬はスライド
・福利厚生にも配慮
(有給休暇の引継など)
復籍(正社員)
転籍後に獲得した処遇で
転籍(正社員)
条件
・配偶者の転勤
・介護などの事由により勤務先店舗網外の地区へ転居が必要な場合
令和3年 高校生に対する生活実感を背景とした投資教育とその拡大
教育機関 | 当社提携先 地域教育機関で実施
公立高校が株式会社を設立。投資も高校生が株主かつ社員である株式会社の営業を支援し、獲得した利益を生徒達が投資するための金融リテラシー授業を提供。先輩達から引き継ぎ、或いは自ら稼いだお金という生活実感をもって実際に投資を行う。本取り組みを全国に伝播。
高
常陸大宮高校
包括業務提携
藍澤証券
株式会社
HIOKO HD
設立
6次産業ビジネス
(ブルーベリー栽培加工等/地域観光事業)部門
HIOKO HD事業の強化拡大
支援1
財務部門
内部留保の一部を資金運用
支援2
藍澤證券は、この他にもソリューションサービスとして、
事業承継・資金調達・販路開拓・M&A・海外進出支援などあらゆる経営課題を解決に導きます。
アイザワ証券

った。控室で名刺交換した横山先生は、体重100キロを超えるスキンヘッドの巨漢ラガーマン、高校時代にはプロップとして花園を経験した方で、その風貌にまずは誰でも驚く。ご挨拶はしたものの、さて、と臨んだパネルディスカッションでは、自らのパネラーとしての役割は横に置き、聴衆そっちのけで先生の語る取り組みにただただ聞き入った、そんな記憶しかない。

株式会社HIOKO HD

横山先生が話された常陸大宮高校、HIOKO HD（ひおこホールディングス：ひたちおおみやこうこうの略）の活動は驚くべきものだった。同校は、茨城県北西部に位置する常陸大宮市にある。数年前のNHK朝ドラ「ひよっこ」で有村架純《かすみ》さんが演じた、「奥茨城の〜」の舞台と言えばイメージしていただけるだろうか。人口減少の影響は教育現場にも降り注ぎ、2010年に普通高校、工業高校、商業高校の3校が統合され（新）常陸大宮高校が誕生した。横山先生はその商業科の教諭として2016年、盟友の木原先生とともに卓越した取り組みを始める。商業科の生徒全員が株主であり社員でもあるHIOKO HDを株式会社として実際に法人登記し、様々な営業活動を行って毎年決算も行い申告して税金を納め、配当も行っている。昨年からのコロナ禍では売り上げが半減したため、政府の持続化給付金の申請手続きを行い115万円を受領もしている、れっきとした株式会社だ。日本初の6次産業型高校生株式会社であるHIOKO HDは、「地産地〝商〟」&「地域貢献」を企業理念に掲げ、傘下に5つの事業会社をもち、それぞれHIOKOファーム、HIOKOキッチン、HIOKOプランニング、HIIKOKO堂、そしてHIOKOファイナンスと銘打って3年生がCEOを務め、それぞれ事業活動を展開している（図3）。

例えばファームは、茨城県が全国第2位の生産量を誇るブルーベリーを専用農場で有機無農薬により栽培、フレーバーティーを製造して銀座一丁目にある茨城県のアンテナショップ「IBARAKI sense」などで販売している。GAP認証を受けクオリティは高い。後日、実際に授業を拝見した際、3年生CEOはPCで宮崎大学農学部教授の論文を読み込んでいた。ブルーベリーの収量をあげるためには栽培技術のレベルアップが必要だが、この教授の技術が参考になりそう、教えを請いたいと語ってくれた。キッチンは地元の食材を使ったホットサンドやジュースを調理し道の駅などで販売しているが毎回完売。キッチンの店舗が出店されれば集客を独占してしまうほど人気がある。ここでは過去の販売データを蓄積し、都度販売単価を変えるダイナミックプライシングを導入。常陸大宮市の道の駅でキッチンの活動に触れたが、「販売目標を落としたことがない、今日も」とCEOが胸を張る、そんな光景を目の当たりにした。そしてプランニングはと言えば、日立市にある客室年間稼働率が90％以上という日本一予約が取りにくい国民宿舎「鵜の岬」と業務提携して、観光ツアーを企画、バスの添乗員として観光案内を行い、国民宿舎内では物産の販売も行う。生徒たちは、旅行業法、運送業法上の制約も理解していて、コンサルティング契約を結んで活動し対価を獲得するなどの工夫を加えて営業している。ここも見事だ。堂は例えば地元織物を使ったミサンガなどについて商品開発を行い販売も行う。そしてファイナンスは、HIOKO HD の金庫番として資金収支を担当し決算を行い申告、納税実務を行う。持続化給付金を申請したのもこの子会社の仕事であり成果だ。HIOKO 全体のコンサルティングも担っている。これが公立高校の取り組みか、なるほど常陸大宮高校は異能者、リスペクトを込めてそう感じた。

このような話を聞かされては、当社として提携を申し入れないという選択肢はない。例えば静岡大学で文科省 EDGE-NEXT 事業に対応した起業ゼミを運営し、学生を東京大学経由で米国に送り込んで起業家を育成する、そんな取り組みを行っている当社は証券会社として異能者を自負している。そんな異能者同士が結び付くことで生まれるケミストリーは一体何だろうか、期待に胸は膨らんだ。

相思相愛　そして包括業務提携へ

ただそこで同時に思ったことは、証券会社が、自由度の高い私立ならまだしも公立高校を相手に提携をオファーしても、果たしてことが前に進むのだろうか、教育界や行政が証券会社という存在に距離を感じていることは、これまでの活動を通じて十分認識していた。何を買わされることになるのか、という警戒感か。折角得た接点を壊したくはない、どうすれば良いか、と珍しく逡巡したことを覚えている。そんな状況で越年したが、やがて意を決して奥茨城を訪ねることにした。

図3｜常陸大宮高校：HIOKO HD

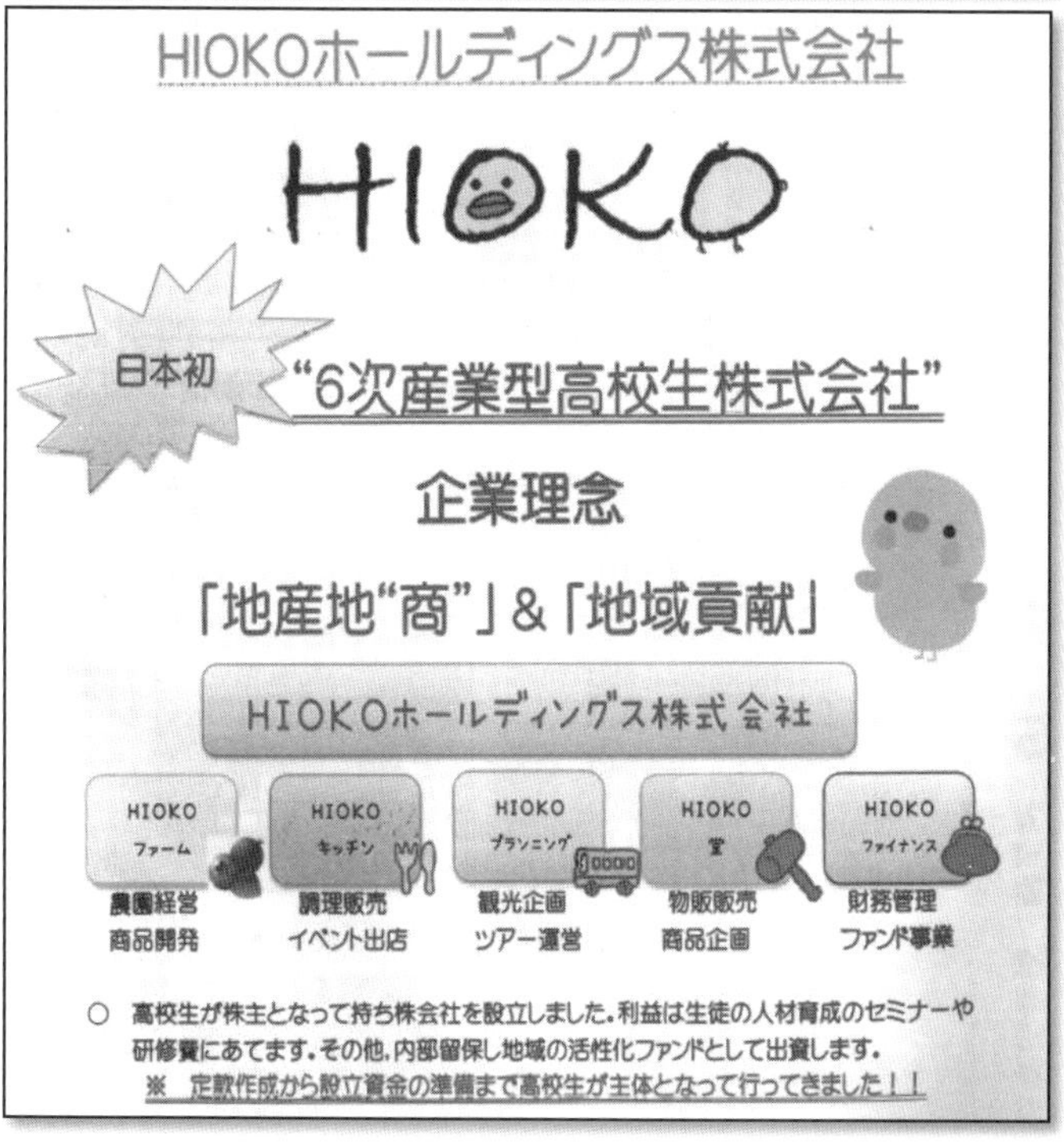

東京から常磐道で2時間、田園風景が美しい小高い丘の上に建つ常陸大宮高校では、横山先生と3年生CEOに温かくお迎えいただいた。生徒たちと名刺交換したが、いただいた名刺には確かにCEOと書かれている。生徒たちが行ったプレゼンテーションは手慣れていた。当初は模擬会社の形で取り組んでいたが、単発イベント中心では地域とうまく関われない、応援しようと思ってもこのイベントだけではという地域の声にぶつかった。もっと継続的に経営を学びたい、いっそ起業したいという気持ちが芽生え、県の「よろず支援拠点」のアドバイスを得ながら株式会社を設立したそうだ。ホールディングス化は、ひとつの事業が赤字になっても他でカバーできる体制にしたかったからだという。商業科の2・3年生は必ずひとつの会社に所属するが、1年生は全ての事業に参加しながら1年後どの会社に入社するのかを決める仕組みで、このプロセスは実際の就職、インターンシップを模した形となり、就職活動にも活かせるようになっている。CEOになりたいから常陸大宮高校に入った、と目を輝かせて語る2年生にも出会う。地方創生、創業機運醸成。それは目の前に確かに存在していた。

そうであればと、当社から提携を切り出す。HIOKO HDの活動にとどまらず、その活動を許す常陸大宮高校全体も応援したい、全国でも稀有な形なので今後どのような連携に進んでいくのか見通せないところもある、従って包括業務提携という形でいかがかという提案にした。横山先生は破顔一笑、「ありがとうございます。実は当方からお願いできないかと考えていました。ぜひよろしくお願いします。」こうして日本初の公立高校と証券会社の包括業務提携が、相思相愛で誕生した。

常陸大宮高校で行った提携式典、記者会見には、来賓として仲人役の関東経産局にお越しいただいた。記者の関心事は、聞いたことがない組み合わせであり、今後一体何をやるのか、ということに集中する。当社は2017年に初めて大臣表彰をいただいたクロスボーダー型インターンシップを提供するとともに、HIOKO HDの活動を全面支援すると宣言した。

連携のスタートは地産〝都商〟

まずはHIOKO HDの営業をお手伝いしたい。

既に地域金融機関のサポートがある茨城県内ではなく、例えば東京のど真ん中で茨城県の高校生がどこまで気圧されずに普段の営業ができるか、差別化された体験を提供することにした。ご協力いただいたのが第一勧業信用組合、当社の提携先だ。同組合は新田理事長の指揮のもと、全国の金融機関や自治体などと提携して、常陸大宮高校の「地産〝地商〟」ならぬ、各地の産物を大都会東京で販売する「地産〝都消〟」を掲げ、稀有な活動を展開していた。2020年2月、東京四谷にある第一勧業信用組合本店において、全国の提携金融機関がそれぞれの取引先をお連れして一堂に会する形で出店する中、常陸大宮高校HIOKO HDの生徒たちは赤い法被《はっぴ》を身に纏い、青い法被の当社水戸支店社員とともに声を張り上げてブルーベリーのフレーバーティーを売り込んだ。第一勧業信用組合のお客様が取引店単位で観光バスに乗って次々に来場、会場は熱気に溢れていたが、そんな中で高校生たちの奮闘ぶりはひと際耳目を集めることとなり、孫が頑張っているみたいだからと大量に購入される女性、なぜこういう活動をしているのかぜひ聞きたいと立ち止まるスーツ姿の男性、多くの方がHIOKO HDのブースに立ち寄られ、午後早々には完売となる。それは生徒たちにとっていつものことではあった。その姿を見ていた高知県の宿毛商銀信用組合や県の職員の方々からは、「生徒たちは頑張っている。アイザワは高校生を連れて来るのか」という驚きの声もあがる。ちなみにHIOKO HDの生徒たちは指定集合時間より30分早く会場入りした。折角のご縁なので、左右両隣のブースの商品の販売もお手伝いをしたい、そのために出店者の方から商品のことを詳しくお聞きしたいという。このような高校生の活動、考え方を世に発信することが当社の役割だと改めて考えるきっかけになった。マスコミへのアプローチを進め、日本経済新聞夕刊トップで報道されることになる。

「投資したいんです。」

当社のHIOKO HDに対するリスペクトが日増しに大きくなる中で、ある日、横山先生と生徒たちから発せられた言葉だ。「稼いだお金で実際に投資をしたい、やり方を教えて欲しい。」「……え！実際に投資をする？　HIOKO HDのお金で……？」月並みな表現だが、息をのむ。腰がひけたといってもいい。当社のソリューション部隊は、道なき道を往く、ラッセル機能を担う猛者たちだが、高校生の投資に関わって、もし損をだしたら？　やっぱり株屋だ、子供相手にそこまで、と言われてしまうのでは？　どの教育機関でも立ち入り禁止になって、いや教育機関どころか既存のお客様とてお知りになったらどういう反応をされるか……瞬時のうちに様々なシーンが走馬灯のように駆け巡ったことを鮮明に記憶している。当社は、教育機関と連携して金融リテラシー教育を提供したいし、証券会社なので取り分け投資について知識を提供したい。そこで社会貢献できると考えている。そしてそのことが直接的な営業行為と捉えられないようにこれまで細心の注意を払ってきた。そんな当社だからこそなおさらの躊躇である。

ふた呼吸おいて、そもそもなぜ投資をしたいのか、教えて欲しいと切り返した。帰ってきた答えは、「このHIOKO HDの活動を行うようになって、実際に起業したいと考える生徒が毎年数名はでてくるようになりました。起業するためには大学で学ぶ必要があると、当初考えていなかった進学に転進する生徒もいます。起業にはシーズマネーが必要だということも分かったので、HIOKO HDとして先輩後輩を応援したいと考えるようになりました。できればゆくゆくは投資も事業として位置付けたい。そのためには投資スキルを身につける必要があります。もちろん、人生100年時代、自分たちの生きる術を学びたいという気持ちもあります。協力してもらえませんか。」現実を踏まえた建設的な希求。これはやり甲斐がある。これに応えずして何を行うのか、全力であらゆる支援を行うことをお約束した。

実は当社には、ある満たされない想いがあった。

信州大学での挑戦

当社は6年前から、金融リテラシーを備えた若い地域人材の育成を提携教育機関との連携を軸にして進めてきた。信州大学では今年で4年目となる投資技術を学ぶ寄附講座を提供している。国立大学ではレアな企画と聞く。講義は大変な盛況で毎年受講生が増え続け、今では受講希望者が100名を超える人気講座になり、申し訳なく思いつつ抽選で絞らせていただいている。対象は入学したばかりの1回生が中心だが、全学教育機構、昔の教養課程の選択科目として位置付けられているので、経法学部へ進む学生もいれば医学部進学者もいる。全国で信州大学にしかない繊維学部に魅せられて入学してきた学生もいる。

信州大学に拠れば、長野県外の企業の寄附講座は当社が初めてだそうだ。しかも信州大学の本部がある松本市には当社の支店はない。それどころか、長野県に拠点がない。毎回講師2人が新宿から特急あずさに乗って片道2時間40分、往復15回を通う。どうして寄附講座を設けたのか。

社員発ご家族発

そもそもの出会いは、当社で「社員発ご家族発」と呼んでいる、社員やご家族が自らの人脈や地縁を活かして当社と社会を結び付けてくれる自発的活動が起点となっている。当社は様々な外部機関と連携して様々な付加価値を発信しようと心掛けており、最近はマスコミでの報道も増えてきた。そんな活動に期待した社員やご家族にご自分の私的な人脈や活動を当社に開示いただき、結び付けようと考えていただくのが「社員発ご家族発」の企画である。関西地区で勤務する当社社員が同窓会に出席した際、当社の「ソリューション」と総称される活動を同級生に語ったところ、強い共感を得たという。その同級生が信州大学全学教育機構の杉本副機構長だ。

厳寒の2月に松本本部でお会いした杉本先生は開口一番、「すぐシラバスを出していただければ4月開講が可能です。大丈夫ですか。投資教育も入れていただきたいのですが、どうです？」全ての学生が誰でもマラソンを走ることができるようになる体育の授業で有名な杉本先生は、それを住民も参加できる地域マラソンの形に昇華させた行動力のある方。流石のテンポ感だ。当社は学生や生徒、児童に様々な形で教育を提供している。当社の生業は証券会社なので投資の授業をやりたいのだが、それを何か直接営業に利用するのではないか？　そんな教育関係者の疑念に満ちた視線を痛いほど感じていた当社は、これまであえてそのテーマに言及するのを避け、地方創生を語るなど工夫しながらシラバスを組み授業を運営してきた。第二次世界大戦後、ＧＨＱは教科書に証券投資を盛り込むように求めると同時に、証券業界にはセールスキャンペーンではなくエデュケーションだと釘を刺したという。しかし杉本先生は、一言でそんな当社の工夫を切り裂いた。「投資教育をして欲しい。」信州の早春の息吹が流れ込んできたような、当社として衝撃の瞬間だった。

近年は若年層がネットチャネルで投資に関わることも増えてきた。ただ課題は残る。欧米に比べ日本人で「貯蓄から資産形成へ」が進まない背景には、金融教育の存在、その土壌が十分育まれていない現状もある。そのような基盤のうえでは、暗号資産（仮想通貨）のような値動きの激しい商品に多額の資産を振り向けたり、外国為替証拠金取引（ＦＸ）で高倍率の売買を手掛けたりするなど、将来を見据えた資産形成とそのリスク管理に不安を覚える事例も少なくないと言われる。杉本先生のお考えは、「信州大学生の中にもそれに関わり、金額は大きくはないが損失を抱えるケースも出ている。そんなことなら、資本主義経済の企業活動に紐付いた株式の仕組み、株式投資をしっかり学んで欲しい。投機ではなく投資を学んで欲しい。」というもので、当社が申し上げたいことを全て語られた。リスクを抑えながら将来の資産形成をどう進めるか、それを学校教育の中で行っていく具体的な機会を与えていただける。こうして２ケ月後、信州大学で毎週金曜の第４講として当社の投資講座が始まった。

学生たちの笑顔　そして言葉

授業は、毎回前半を当社の各部門から部長級の職員を講師として派遣した講義にあて、後半は東京証券取引所の研修プログラムを使って株式の模擬売買を行う。パフォーマンスを競いあう形にして最終回には講評と表彰を行うが、どれだけ儲かったか、だけではなく、いかに投資をしたか、学びのカタチ、質量にも重きを置くこととした。また、株式投資を会社経営と紐付けて実感して貰うために、地元長野県の上場企業トップにも登壇いただき、経営を熱く語っていただく。余談だが、当社は信州大学ＯＢの社員をメイン講師に据えたが、パフォーマンスをご評価いただき非常勤講師に任じていただくことになる。上京して証券会社に就職したが地元の母校でまさかの教員に。彼自身、第二の学び、最高のリカレントになったと美しい笑顔で語ってくれた。

最終日の成果発表やその講評では、様々な学びが報告された。例えば、医学部に進む女子学生は早々にテルモ株に投資をし、その後は一貫してホールドする戦術で値上がり益を得ていた。外科医を目指す彼女は、関心のある手術に必要な器具が医師にどう評価されているか関心があったが、この授業によりその製造会社が株式市場でどう評価されるのかも気になり始めたという。自らの進路、職業に重ね合わせた投資手法だとして、表彰させていただいた。別の女子学生は投資方針が中々定まらず、自宅で株式投資をしている祖母に相談したが、そこに通りかかった母親が、何々、私もまぜてよ、と洗濯物を手にしたまま会話に入ってきたという。普段、賭け事は絶対ダメと繰り返し言っていたのになぜ?と問えば、関心があったけれどきっかけがなかったのよ、と母は言う。以降、サニタリー商品に的を絞り、親子3代が額を突き合わせて毎日株価の変動に一喜一憂したそうだ。株式投資は面白いとデイトレーダー並みの回転売買で値上がり益を得た男子学生もいる。彼は証券会社に支払うコミッションを差し引けばプラスマイナスゼロで儲けは出なかったとリポートしてくれた。その学びの共有に対して表彰させていただいた。

当社にとっても参考になる数々の知見を得ることができたが、何より参加学生が日を重ねるごとに積極的になり、目の色が変わっていくことに講師陣はやり甲斐を感じた。寄附講座を設けて良かったと毎年思う。「とても勉強になりました。社会人になって余裕資金が貯まったら必ず投資します! ありがとうございました!」学生たちの笑顔と言葉に包まれて当社は7月の閉講を終える。

満たされない想い

ただそれでも、そうはいっても、当社が本件を通じて、受講してくれた学生たちをその後、実際に投資の世界に導けたかどうか、人生100年時代を踏まえ、富裕層に限らず多くの方が投資により資産形成で自己実現する形、「貯蓄から資産形成へ」の実現に貢献できたかどうかは分からない。学生たちは、「社会人になって余裕資金が貯まったら必ず投資する」という。その言葉を注意深く聞けば、余裕ができたら投資をする、言い換えれば余裕がなければ投資はできないし、しない。しかし人生のステージで余裕がある時期などさほど多くはない。人生100年時代を生き抜くためには、本当は余裕などなく減らすこともできない汗を流して得たお金だが、それをなんとか工面して、リスクを計画的にコントロールしつつ投資に回す、そういったひりひりとした生活実感をベースにしたシチュエーション、要は生活実感がベースになければ、投資教育による「貯蓄から資産形成へ」は現実のものにならないのではないか。所詮、講義内で初めて接した面白い知的ゲームとして楽しむだけではないか。あくまで教室の世界に留まった話ではないか。曇りガラスを通して見るような、満たされぬ想いが当社にはあった。言い換えればこれは当社のひとつめの気付きである。

一筋の光

こういった問題意識、想いを抱えるなかで、ある日突然、HIOKO HDが稼いだお金を実際に投資したい、という常陸大宮高校からのご要請に向き合うことになる。先輩たちが積み上げてきた貴重な内部留保、自分たちも一生懸命稼いで積み上げてきた資金を明確な目的のために実際に投資をする……先輩たちの汗の結晶も使って増やしたいが、その過程で後輩の自分たちが減らすことはできないという、二律背反めいた意識。この二律背反こそ正しく生活実感あるシチュエーションではないか。そもそもHIOKO HDの活動は、いわゆるクラブ活動ではなく、正規授業で単位認定がされる真剣勝負の場。であれば、ここで社会的課題「貯蓄から資産形成へ」に繋げていくことのできる、本物の投資教育ができるのではないか。当社はまさしく「生活実感ある投資教育の場」を得ることになった。

早速、設計図づくりに着手する。HIOKO HDの営業（稼ぐこと）自体も支援して、そこで自分たちが稼いだ大切なお金の一部を自ら掲げた目標を実現するために投資で増やす、そういう意識を高めながら、投資の授業を提供し実際の投資も支援する。そしてその取り組みを当社の提携先の力もお借りして全国に伝播していく。骨格はすぐまとまった（図4）。

授業は全10回4ケ月にわたって提供することにした。ベースは既に確立していた信州大学の寄附講座全15回のシラバスを高校生用に圧縮しアレンジしたものだ。レベル感を調整するため、事前にプレ研修と称した授業を行い目線合わせも行った。授業内容は、株式とは何か、から始まって、チャート分析、銘柄分析へと続いていく。HIOKO HDが投資を行うことに伴う同社の定款変更、実際に投資を行うための投資運用規程の制定も、授業の中で行った。第1回の授業は地元茨城放送の生中継が入り、後半では茨城県議会の文教警察委員会に参観いただくことになる。同委員会は毎年県内の1校を視察されるが、投資の授業を見てみたいとして常陸大宮高校が選ばれたようだ。常陸大宮高校にとって初めての晴れ舞台となったが、ニトリのTOBに就いて熱く語る女子生徒を目の当たりにして、そのレベルの高さに驚く議員もおられたように思う。常陸大宮高校は所謂進学校で

図4｜常陸大宮高校：地方創生大臣表彰

Ⅰ．高校生が自ら「起業/ビジネス」で稼いだ資金を
目的実現のため運用
経済産業省
関東経済産業局
関東経済産業局創業促進フォーラム２０１８
～「若い力」を引き出す！創業支援の取組からヒントを学ぶ～
◇包括業務提携
・県立常陸大宮高校（茨城）
・藍澤證券（東京）
常陸大宮高校
株式会社
HIOKO
HD
（設立）
HIOKOホールディングス株式会社
6次産業ビジネス（製造販売/企画/地域観光事業）部門
財務部門
支援❶ HIOKO HD事業の強化拡大
・「ビジネス」をクロスボーダー支援
⇒お金を稼ぐ支援/稼ぎ方の指南
支援❷ 内部留保の一部を資金運用
・「ビジネス」で稼いだ資金を「運用」するため投資授業
を提供（2拠点同時支援体制） ⇒実際の投資へ
地方物産品
販売会開催！
東京
茨城
（例）「地産都消」イベントに招聘・両者で販売
於）東京四谷　第一勧業信用組合本店

はないが、生徒に生きる術、力を与えたいという横山先生のブレない方針とやり抜く熱量が、当社のような応援団を生み、マスコミや議員の方々も惹きつけた。眼前に繰り広げられる目新しさだけではなく、その決意に触れた人々は皆魅了されていく。

校長先生のご来店

授業は技術的にも工夫を凝らしている。コロナ禍を勘案、当社の東京本社の専門スタッフと常陸大宮高校の教室を繋ぐオンラインリモート方式としたが、リモートといっても事前にビデオ撮りしたものを後日視聴いただくような、よくある形にはしたくなかった。双方で画面を通じてリアルにコンタクト可能とし、理解度を確かめるために講師は問いかけも行い、生徒はその場で質問もできる。授業内容は投資という、高校生にとっては全く未知の世界であることから、リアルタイムの双方向コミュニケーションは必須だと考えた。ちなみに茨城県の公立高校でこの形を導入したのは我々が初めてとお聞きしている。そしてリアルリモート効果をさらに高めるため、デュアルサポート体制も敷いた。当社の水戸支店の支店長や若手社員が教室に入って生徒の傍らで理解をサポートする形は、ネットチャネルと対面チャネルのミックスといえる。

この社内連携体制を敷いたことで当社内に新たなケミストリーが生まれることとなる。本社主導で始まった常陸大宮高校との連携は、ここで最寄り（といっても車で40分はかかる）の水戸支店に火がつき、自走を始めた。「アイカサ」は急に雨が降ってきた時に設置してある傘を借りてまた戻しておくシェアリングサービスで、SDGs対応という視点でも語られる。常陸大宮高校とは包括的な提携なので、支援の対象はHIOKO HDに留まらない。常陸大宮高校の各学科が専門性を持ち寄ってアイカサをつくりJR水郡線の常陸大宮駅などに寄贈する、そんな企画は当社内では本社でなく水戸支店が主導して応援した。そんなこともあって、常陸大宮高校の大曽根校長は水戸市内の会議のついでに水戸支店に立ち寄って下さる。支店の明るく広々としたロビーには、両者の包括業務提携を伝えるブローシャが誇らしげにラックに入れられているが、常陸大宮高校の学校案内ポスターもまた銀色の額縁に入れられ壁に掛けられている。来店されたお客様からご質問を頂戴し、お褒めいただくことも多い。証券会社の店内に公立高校のポスター。そして校長先生の表敬来社。こういうシーンを当社は見たかったし社員に体験させたかった。その世界が今、水戸にはある。

茨城の高校生、渋谷へ行く

実際に投資が始まった。投資銘柄の選定も生徒が運営する投資委員会で決定する。投資した銘柄の株価がその後下落することもあるが、その際のリスクを減少させるロスカットルールの適用もこの投資委員会で判断される。生徒たちは投資候補として5銘柄を選び、議論を重ねた結果、事業の足元の安定性と将来性、配当の高さを評価して、最終的に東急電鉄の子会社に投資を行った。その後のフォローアップ授業をマスコミに公開したところ大変な評判を呼び、それぞれ大きなスペースと写真を使って詳しく報道いただくことになる。

「自分もこの授業を受けてみたいね。」

大手紙の女性記者は、高校生が高いレベルで投資に向き合っている姿に感動し大きな記事にしたが、それを読んだ同僚記者たちが思わず発した言葉だそうだ。仲間にも伝えることができてよかったと教えていただいた。子供向けに時事を紹介する毎日新聞出版の月刊誌「News がわかる」では、2021年4月号で4ページに亘って特集される。「News がわかる」は、中学受験を考える子供に親が与えることの多い媒体だそうだ。まさしく今後当社がその資産形成をお手伝いしなければならない顧客層でもある。反響は果たして大変大きなものがあった。

そんな感動に浸っている中、常陸大宮高校に電話が入る。

相手は東急電鉄の広報担当者。新聞で見たが、どうして当社の子会社の株式を高校生が購入したのか、その背景などを教えて欲しい、そんな問い合わせの電話だった。事情を理解された担当者は、子会社の本社が渋谷でリニューアル中だが完成した暁にはぜひ高校生たちをご招待したい、とご案内いただく。北茨城の常陸大宮高校 HIOKO HD の生徒たちが電車を乗り継ぎ、渋谷の東証1部上場企業の本社に辿り着く……、緊張した面持ちの生徒たちの顔が思い浮かぶ。ケーキと紅茶を前に、社長ご自身が経営を熱く語っていただけるだろうか。想像するだけで楽しい気分になる。

証券会社は資本市場にコミットすることが使命だ。そのためには投資家教育を支援するとともに、投資対象の企業を発掘支援していくことが求められている。当社は常陸大宮高校で投資教育の機会を与えていただいたが、生徒たちが東急電鉄の子会社を発掘してくれた。

その少し前、HIOKO HDの商品を道の駅で販売していた生徒が、売り上げの紙幣を数えながら「このお金で投資をするのですね……」とつぶやくシーンも生まれた。投資意識の醸成が生活実感ある形で現在進行している。ちなみに校長先生はHIOKO HDの投資開始と歩調を合わせて自らも口座開設され、初めての投資に踏み出された。歩みをともにする形で教員への広がりも生まれている。

そして当社は今、同じような取り組みを東京や山口、山梨にも移植しようとしている。山口県宇部市には荒れた中学校を再生させた校長がいる。信念の人だ。今、私立高校に移られ、同僚の先生方とともに高校生の株式会社設立を目指しておられる。この当社の考え方と施策は冒頭の地方創生大臣表彰に繋がっていく。因数分解すれば、「投資教育」を単なる知的ゲームとしてではなく、自分で稼いだお金を実際に投資するという生活実感のある形で行い、その生活実感自体も、お金を稼ぐことの支援を通じて醸成する。さらにそのことを全国の提携先と連携して伝播に努める、ということになる。その設計図と実践が内閣官房まち・ひと・しごと創生本部にご評価いただいた。そう理解している。

湯舟の気付き　ユーレカ!

常陸大宮高校とのプロジェクトが当初考えていた以上に大きく翼を広げて進んでいたある晩、自宅で入浴中にふと疑問が浮かぶ。常陸大宮高校から投資を手伝って欲しいと言われた時、どうしてあんなにも動揺したのか。仮に常陸大宮市のお客様に投資を手伝ってと言われて自分は動揺するのか。高校生を投資に巻き込んだうえ損を出した証券会社として噂になってしまうと考えたからか。それは一般的な感覚かもしれないが、証券会社の役員である自分はそれでいいのか。当社は「貯蓄から資産形成へ」の社会的使命を果たすため、「より多くの人に証券投資を通じより豊かな生活を提供する」という社是に基づいて、富裕層に限らずできるだけ多くの市井の方々に投資をお勧めしようと全社をあげて活動している。ここが当社のビジネスドメインだ。人生100年時代にあって、本当は余裕などないし減らすこともできないお金だが、なんとか工面して、リスクを計画的にコントロールしつつ投資に回す世界に当社は踏み込んでいる。そこは、高校生なら損をさせるのはまずいけれども大人相手ならば仕方がないという世界ではないはずだ。高校生であろうが社会人であろうが、絶対に損をさせてはいけないという覚悟が自分にあるのか、自問した。投資に損失はつきもの、それは自己責任、といった原理的な話ではなく、心の問題。言い換えれば、当社は投資経験のない方を投資の世界にご案内するにあたって、リスクの低い商品をご提供するという商品戦略だけで整理しようとしてはいないか。お客様の側に立つようにと指示をし、営業員の評価体系もそれに合わせて変えるという施策の話ではなく、証券投資をお勧めする我々証券会社役職員の個人の心、覚悟の問題だ。少なくとも自分は、心に刻む刻み方、深さが十分であったとはいえないと、強く自省した。昔からご指導いただいている財務省中国財務局の金森局長は、このことを指して「湯舟の気付き」と呼ばれた。

今回の常陸大宮高校HIOKO HDの投資支援に関わる当社の若手社員が、支援を通じて覚悟を新たにし、そのことで自分が担当する多くのお客様との向き合い方に何某《なにがし》かのケミストリーが生じるか否か、いま注目している。「湯舟の気付き」は既にあるのか、新たに生まれるのか。そのことで得る知見は社内外に広く横展開していきたい。常陸大宮高校HIOKO HDという本物と繋がることで得る学びは広く深い。教えていただくことばかりだ。これがふたつめの気付きとなる。

「ユーレカ！」

アルキメデスは浮力の原理を浴場で思いつきこう叫んだという。「分かった！」と。ノーベル物理学賞を受賞した益川敏英氏は6つのクォークを風呂で発想したそうだ。金森局長が名づけられた当社の「湯舟の気付き」は、その小さなつつましい後輩であって欲しい。故事に繋がる「お風呂効能異譚」として語られる時が来れば、その時はこの経営課題から当社はフリーになっているはずだ。

【考察1】解は足元に

11月の土曜日、常陸大宮市の道の駅～かわプラザ～の特設テントでHIOKO HDが地域の農産物を使った商品を販売していた。瑞穂牛のビーフシチューうどんがけ、奥久慈産しゃものキーマカレーサンド、レシピ作成も調理も高校生が行っている。いつも売り上げ目標を必達しているHIOKOだが、まだ午前中とあって生徒たちが構内を巡り、弾けるような笑顔で誘客していた。次々にお客様を連れてくるが、そのお客様もまた笑顔だ。そんな姿を眺めていた時、隣の先生がそっと教えてくれた。「あんなに元気で頑張っていますが、中学時代は学校が辛くなっていた生徒もいるんですよ。」

常陸大宮高校は、人口減に悩む茨城県北西部にある。生徒数は少なく高偏差値高校という訳でもない。多くの地域の高校と同様、毎年定員割れと闘っており、志願者数の増加は学校経営の喫緊の課題となっている。HIOKO HDはダイナミックプライシングというマーケティング手法を採用している。常陸大宮高校としてもマーケティングは重要だ。自らのもつ資産の棚卸を行い、顧客のニーズを探っていく。

当社は大曽根校長、堀江教頭そして横山先生の挑戦に強く共感し、応援を続けてその価値を外部に発信しているが、HIOKO HDの活動と学びは常陸大宮高校にとって最高の差別化コンテンツだと考えている。高校生が株主として会社をつくり、社員として営業を行って、稼いだお金で投資を行う。全てのパーツでそれぞれ耳目を集める力があるが、その集合体ならなおさらだ。こういったハード面での躍動に比べれば、あの道の駅で見たほほ笑ましい光景とお聞きした生徒のヒストリーは随分地味であるかもしれない。しかしその価値は等しく同じだと考えている。外部目線でそう思う。子供が学校は辛いという、何とか生きる力を与えてやりたい、そんな時にHIOKO HDの活動に参加して楽しそうに社会と交わるわが子を見ることができれば、親としてどれほど嬉しく安心できるか。活動に参加しなくても、そんな器があると知るだけで力を貰えるはずだ。

茨城県の全ての中学校校長に、全ての進路指導の先生方に、できれば父兄の皆様にもこの常陸大宮高校HIOKO HDの魅力と価値の色々をお伝えすることが重要だ。それができた時、県内唯一の差別化された取り組みを行う特徴ある高校と必ず認知される。そしてそのあと起こることは自明のように思える。最近、HIOKO HDでCEOをやってみたいからと、県内トップ校に進学できる学力の生徒が入学してきたという。進学率もあがるかもしれない。HIOKO HDの活動を通じて起業をしたくなったので、まずは進学して勉強したいという生徒も出てきたからだ。志願者数を増やすという課題は、常陸大宮高校にとって決して解けない難問ではないと信じている。

熱い学校教育と冷静なマーケティングで、この教育、この事業を長く続けていただきたいと思う。もちろんお手伝いは可能だ。マーケティングはテクニカルなものではなく、営利非営利を問わず、顧客目線で話すという行為。その顧客は中学生であり、その父兄であり、チャネルである中学校の校長先生や進路指導の先生でもある。進学校でなくとも塾の経営者も顧客かもしれない。顧客は、素晴らしい校訓や目新しいコースだけでなく、本気で生徒と向き合う志のある先生を、その先生がいる高校を求めているはずだ。顧客のニーズに応えたい。必ずお応えできると信じている。

【考察2】マグロとヒヨコ

その際、組織論の観点からも考えてみる。常陸大宮高校は、普通科、機械科、情報技術科、商業科の4学科からなる。商業科の取り組みであるHIOKO HDの活動に注目が集まれば集まるほど、それを校内で揶揄《やゆ》する声が生まれることは容易に想像できる。そしてそうした気持ちは理解できる。どこにでもある話かもしれない。

当社が提携している近畿大学は、近大マグロを巨大化させ画面全体に置いたポスターを作って大変な評判となった。志願者数8年連続日本一はご存じの方も多いのではと思う。近畿大学は日本有数の総合大学であり、医学部や稼ぎ頭の付属病院があれば元々の法学部もある。文芸学部も魅力的で、スポーツでも水泳に野球にあれやこれやも。それでも農学部水産学科、水産研究所の成果であるマグロ1本に絞った。当然、うちはマグロだけじゃないという校内の反発もあるはずだが、そんなことは百も承知で経営としてマグロに絞ることを意思決定されたのだと思う。それが近畿大学全体に最大の利益をもたらすと。公立高校の常陸大宮高校では事情は違うが、それでもマグロならぬHIOKOをもじったヒヨコが巨大化して常陸大宮高校の校舎を踏み潰す、「固定概念を、ぶっ壊す」(近畿大学)そんなポスターを作って自らの価値を発信すれば伝わるのになと、考えてみたりもする。近畿大学の志願者は農学部だけ増えている訳ではない。全ての学部がポスターの恩恵を享受している。

その近畿大学は大胆だが緻密だ。近大マグロを提供する「近大卒の魚と紀州の恵み 近畿大学水産研究所」というレストランを東京銀座や大阪市北区に出店しているが、水産研究所や農学部水産学科が育てたマグロを、農学部食品栄養学科が作ったメニューで調理し、文芸学部芸術学科が造った器に盛って、アルバイトの近大生が配膳する。学内コラボ企画としての仕立ては流石だ。常陸大宮高校も負けてはいない。JR水郡線の常陸大宮駅にアイカサを寄贈した。突然雨が降ってきたとき利用してまた戻しておく常備傘だ。傘立ては機械科が、タグは3Dプリンターを使って情報技術科が制作した。商業科はデザインを考える、見事な学内コラボ。贈呈式にご招待いただいたが、青空に映える黄色のアイカサと各学科を代表した生徒たちの笑顔が印象的な、素晴らしい式典だった。自らの価値は外部目線でわかることも多い。そんな取り組みも企画してお手伝いできれば嬉しい。

常陸大宮高校は県立高校。その県立高校で生徒自身が運営する株式会社を創ることの困難がいかほどであったか、容易に想像できる。損が出れば誰が責任をとるのか、食中毒をどう考える。何かあったらどうするのかは定番の言葉だ。子供たちに社会で生き抜く術を身につけさせたいという強い想いを背景に、ブレない方針とやり抜く熱量が横山先生にはあった。「一隅を照らす」伝教《でんぎょう》大師最澄の言葉を思い出す。『正法眼蔵』（道元）にある「而今（にこん：今この一瞬）」という真摯さにも想いを致す。地方創生に打ち込む確かな歩みが常陸大宮の地で静かに、しかししっかりと煌《きら》めいている。関係者で応援を続けたい。

［考察3］事業承継はここにも

当社が応援を続けていくこの尖りに尖ったHIOKO HDの取り組みは、今後長く続けられるのだろうか。茨城県議会の視察の際も問われたことだが、確かにこれは難問だ。横山先生は公務員、転勤もある。後継の先生も手配されてはいる。しかし所詮道を切り拓き進んでいくのは、ブレない方針とやり抜く熱量をもった個人だ。平板な仕事なら引き継ぐこともできるが、HIOKO HDレベルの企画になれば、後任ですよろしくという訳にはいかない。逆に引き継げるという発想はもたない方がいい。茨城県には教員が特定ポストで長く勤務できる資格があるそうだから横山先生には頑張っていただき当社も応援するが、これはまた別の話だ。ではどうするか。

処方箋は多くないが、ひとつは、今の成果を高めるだけ高めてそれを公に問う、情報を強力に発信し社会と密に連携する。そのことを逆流のストッパーとすることだ。成果を高め情報を発信する過程で、関係者を増やしてネットワークの中の企画として落とし込み、多くの組織の集合体として取り組む形にすることだ。仮に構成要素のひとつがパワーダウンしたとしても、それがメインエンジンだったとしても、他が補助機能を果たし最低でも現状維持を確保することが仕組みとしてできるかもしれない。繋がる力は強い。継続の難易度は高いが、何とか紡いでいただきたい。継続できなければ、道なき道を往く者にリスクを冒して協力してくれた人々、関係者が混乱し傷付くことになる。それは横山先生自身が望まない世界だ。ネットワークの一員として当社は全力で応援したい。

学校も先生もお客様

一般論。

投資の授業を生徒たちに提供してあげたい、協力したい、そう考える金融関係者はたいてい壁に突き当たる。「カリキュラムが一杯で時間がとれない。」「自分はいいと思うが周りは違うので難しい。」学校に赴き投資教育を提案した時の定番の反応だ。もちろんそれ以前の、投資は博打で怖い、関わりたくないという表情もある。

やりたいけれども時間がない……それは、投資したいけれども時間がない（余裕がない）という言葉を想起させる。何事においても時間も余裕も何とかやりくりして作るものであり、本当にそこが障害となっているケースは多くない。先生方に対する接点の持ち方を考える必要がある。

当社は10年ほど前から全てのお客様に対して、金融商品の販売にとどまらず、例えば相続のご支援など、お客様の様々なニーズに対応した「ソリューション」を提供する戦略を採用している。商品単品を押し売りするプロダクトアウト営業は論外だ。しかしソリューションとして行う相続のご支援でさえ、排すべきプロダクトアウト営業になりうる。相続でお困りでしょう、ご支援しますよ、という善意に基づいた相続の押し売り。

投資教育も同じではないか、そう考えるようになった。当初は、これは形而上の話、教育は聖職であり、生徒たちに生きる術を与えるのは先生方の絶対的な責務、自分たちも献身するのだから、先生方もやるやらないの是非はないでしょう、そのような感覚だったかもしれない。しかしそれではうまくいかない。協力しようと思っているのに、と不満も溜まるが、これは投資教育の押し売りだ。押し売りは受け手の身を固くする。視点を変えて、教育機関や先生方を当社のお客様と見做《みな》すことにした。投資教育という単品販売にとどまらず、先生方の様々なニーズに対応した「包括的なソリューション」を提供することにした。途端に見える世界は変わる。

先生方が必要としているソリューションは何だろうか。ニーズと言い換えてもいい。

当社が出合ったそれは、まだまだ彫りが甘いが、卒業生の離職防止、一歩踏み込んだ起業／事業へのいざないなどがあり、最近では学習指導要領の変更で金融教育が導入されることに伴い、それを行う中高の先生方、特に家庭科の先生方に不安が大きいと認識している。生徒に授業を行う前段階の、先生方ご自身の課題。社会科（公共）ではそうは言ってもまだ距離は近いが、家庭科ではこれまで全く接点のなかった領域であり、前向きな先生方はとりあえず大手証券会社が主催する資産形成セミナーにこっそり参加してみたりしている。


当社は、毎日新聞と投信協会が共催する全国の高校家庭科教諭を対象としたＷＥＢセミナーの講師に横山先生を推薦し、教育現場からただひとり講師として登壇されることとなった。このようなすぐれた企画は他にもあるかもしれないが、ばらばらに乱立していては受益者となる先生方がアクセスできない。先生方に情報を届ける手法として、家庭科の先生が従来から最も参考にしていたサイト、例えば「消費者教育ポータルサイト」（消費者庁）で必要な情報やコンテンツが一括掲載されるような形は一刻も早く実現すべきだと考える。

東京都千代田区の区立教育研究所の情報資料室で、２０２２年4月から高校家庭科の授業で使われる各出版社の教科書11冊を読み比べてみた。閲覧に来られていた5人の女性教諭と同室で3時間ほど読み込んだが、「経済計画」「（生活）デザイン」「リスクリターン」が共通用語で、他国の金融資産運用実態との比較から自らを考えさせる設問もあった（図5・6）。ただいずれもボリューム

図5｜**教科書**

令和3年度東京都教科書展示会：高校（家庭）

東京書籍	全11章：第9章 項番4．生涯の経済生活を見直す ③家計資産をマネージメントする ❶主な金融商品の特徴（投資信託・債券・株式） ❷安全性・収益性・流動性 ※「生活をデザインする」	P196-197 2ページ
実教出版	【TYPE-A】全10章：第10章 経済的に自立する ②将来のプランニング ❶人生設計とお金 ❷リスク管理と資産形成 ・人生のリスクと備え…保険 ・資産形成（資料12～14） 12．投資商品、13．選択基準、14．金融商品の特徴	P226-227 2ページ
	【TYPE-B】全8章：第8章 消費・環境 01 お金の管理とライフデザイン ②家計の管理 ・金融商品を利用して財産所得を得ることを考える人もいる Column さまざまな金融商品《図：日証協》	P164-167 4ページ
	【TYPE-C】全9章：第8章 項番3．長期的な経済計画を立てる ②資産運用 ❸金融商品	P188-189 2ページ
教育図書	表題「未来へつなぐ家庭基礎365」 全4編：第3編 第1章 生活における経済の計画 ①将来に向けて家計を考えよう 2．将来の経済計画を考えよう (3) 財産を管理する ・資料6 金融商品の例 ・資料7 金融商品を知るための3つの指標（収益・安全・流動） 【Try ライフステージとお金】 【今日のテーマ 家計の金融資産】（Viewpoint） 1．鳥の目：世界に視野を広げてみよう …株式投資で資産形成する海外 2．虫の目：身のまわりの事例を調べよう …日本では貯金が好まれている？ 3．私の目：自分の考えを深めてみよう …さまざまな資産形成の方法を調べてみよう	P170-178 9ページ
大修館書店	全11章：第8章 経済計画とリスク管理 ③お金と上手につきあう術 ❸家計管理と資金管理 5．金融商品のリスクリターン《図：金融広報中央委員会》 6．DC 【演習にTry！】ライフプランを立てよう …人生の必要経費はいくら？《図：源泉徴収票》	P108-111 4ページ

（注）当社作成：順不同

図6 教科書

令和3年度東京都教科書展示会：高校（公共）

東京書籍	全5章：第3章 経済社会で生きる私たち テーマ2 市場経済における金融の働き 《考える》起業家は資金提供者へどの様な情報を発信すべきか 《アプローチ》 1. 進むキャッシュレス社会 2. 金融商品を活用した資産運用 ①金融商品のリスクとリターン ②豊かな人生に向けて 《図：日証協WEB》 ❶リスクリターン（預貯金・債券・投信・株式） ❷長期投資 ❸分散投資（卵を籠に盛る）	P126-133 8ページ
帝国書院	全3部：第2部 社会のしくみと諸課題 第3章 私たちと経済　第一節 市場経済のしくみ 項番4「金融の役割」 【How to】 1. 人生設計と三大費用…人生にかかるお金はどのくらい？ （練習問題）私のライフプラン 2. 資産形成 ①リスクとリターン《図：日証協》 ②複利…分散の考え方 ③自分のお金が経済全体の活性化につながる？ ④まとめ…最適な資産形成を考える 100万円を老後（45年後）の生活費を賄うために自由に運用できるとしたら、どの様に金融商品を組み合わせるか	P146-151 6ページ
数研出版	全5章：第5章 項番3 金融の役割と金融政策 【クローズアップ22】 ・株式投資による収益とリスク 【Thinking Time19】 ・起業のためにどうやって必要な資金を集める？ 1000万円が足りない！…直接金融と間接金融 《考えてみよう！》 もし銀行から1000万円の融資が受けられない場合、どのような資金調達の方法があるだろう？ Q1. 家族や友人から借りる Q2. 少額資金で起業は可能か	P168-173 6ページ
第一学習社	全3編：第2編 第3章 経済的な主体となる私たち 主題11 金融のはたらき 【Link 金融商品とキャッシュレス化】 ・金融商品とは ・金融商品を選ぶ基準 ・金融の技術革新とキャッシュレス社会 （注）別冊 【いまを生きるスキル 金融との向きあい方】 ・投資の意義…株式の場合《図：日証協》	P202-207 6ページ
教育図書	全3章：第2章 項番3 経済 6-1 金融のはたらき 6-2 日本銀行と金融政策 【テーマ学習 投資家にとっての「よい企業」とは？】 ・投機とはちがう ・投資先の見極め…ESG・アニュアルリポート	P150-157 8ページ
東京法令	全3編：第2編 第2章 経済のしくみ ④現代の企業 【経済ゼミナール 株式って何？】 ・株式を買うとは？ ・株式の売買 ・株価の変動	P102-105 4ページ

（注）当社作成：順不同

が数ページ、かつ教科書の後半部分で記述されていることから、必要に応じて外部のサポートで内容が補強され、年間授業計画の中で確実に履修されることを望みたい。

フィデリティ投信が2月に発表した、金融面の幸福度を計測した「フィナンシャル・ウェルネス」調査では、日本人の意識が他国比較で炙り出されている（図7）。調査によれば、日本人は経

図7｜**フィデリティ調査**

◇フィナンシャル・ウェルネス・サーベイ

分野	設問	日本	英国	ドイツ	カナダ	中国
Budget	経済的に安定していないと幸せではない	**73%**	45%	45%	44%	38%
	自分の経済状況にストレスを感じる	**27%**	17%	17%	14%	15%
	この先10年、家計は悪くなる	**37%**	14%	14%	9%	5%
	（同）高齢層	**51%**	24%	28%	20%	6%
Debt	ローン等負債を一切抱えていない	**41%**	21%	24%	12%	17%
Savings	老後資産形成：極めて順調	**2%**	12%	10%	16%	10%
	老後資産形成：全く進んでいない	**29%**	22%	8%	16%	2%
Protection	保険加入率	**70%**	38%	33%	47%	52%

フィデリティ投信(株)調べに基づき当社作成。6か国・地域に住む約1万7000人を対象に期間2020年3月から5月にかけて実施。

済的に安定していなければ幸せと感じない割合が最も高く、翻って現在の自らの経済状況に最もストレスを感じている。それだけでなく、この先10年でさらに家計が苦しくなるだろうと考えている割合も最も高い。資産形成が順調に進んでいると考える割合は最も低く、全く進んでいないと考える割合は最も高い。それは、最もローン等の負債を抱えていないにもかかわらず、また保険加入率が最も高いにもかかわらず、である。日本は生命保険の加入率が際立って高いが、人生100年時代を考えたときのその意義を再考すべきかもしれない。「貯蓄から資産形成へ」の貯蓄の中に保険は入るのか入らないのか。いずれにしても、負債がなく保険の備えがあっても安心に繋がっていないとなれば、守りではなく能動的に金融資産の絶対額を増やすことに進むしかない。「日経マネー」による個人投資家対象のインターネット調査では、投資目的「老後の資産づくりのため」が41%。そこでは教育の役割が小さかろうはずがない。

この日本人のなかにはこれから金融教育を行っていただく先生方も含まれている。フィレンツェ大学のビエンミ講師は、「学校という、変化を受け入れることが難しい人々」「イタリアの学校は国で起こっていることとの遅れた鏡」と手厳しい。だが、投資教育に対する直接的なニーズは現実に確かにある。当社が行う高校や中学校の授業では、校長先生や教頭先生、他の教科の先生方も参観されるのはよく目にする光景だ。小学生向けにアニメを使った授業を行う際は、先生方に加え、父兄、特に母親の参観も多い。「自分はいいと思うが周りは違うので難しい」という世界ではないように思う。マスコミ関係者の関心も高い。当社はそういったことも落ち着いて共有し、先生方や関係者の方の安心に繋がる様々なソリューションを提供していきたいと考えている。

第2章

ソリューション戦略の誕生

ワシントンにある海兵隊戦争記念碑
太平洋戦争硫黄島の戦いを取材した
ジョー・ローゼンタールが撮影した写真
「硫黄島の星条旗」は1945年度の
ピューリッツアー賞（写真部門）を唯一受賞。
それをもとにアーリントン墓地近くに造られた。

常陸大宮高校と提携している当社は、２０２１年3月末時点で、地域金融機関7、教育機関は常陸大宮高校を含む5、行政機関1の計13先と包括業務提携を行っている。単項目提携なら50先以上、有力な3つの税理士法人ともエリア別に提携し、緊密に協働している。この提携戦略は２０１１年に始動したが、創業１０３年の当社の歴史を1年のカレンダーに例えると、11月24日以降の取り組みということになり歴史は浅い。浅いけれどもこの提携戦略は証券会社では珍しく、２０００年代の10年で定着した「アジアのアイザワ」（アジア各国の株式を販売する戦略）に続く、２０１０年代の差別化された戦略として各所から注目いただいている。最近の新入社員に聞くと、入社動機の大半はここにある。コンテンツとしてもストーリーとしても差別化されたわくわく感があるようだ。この提携戦略はなぜ始まったのか。そこにはリテール証券の蹉跌《さてつ》がある。

株屋と、空商と

「なぜ勝手にチラシを投げ込んだ。謝るだけじゃなく取り戻しに来い。」

「博打・借金・破産」

前者は静岡県のある支店を訪問した際に聞いた、ポスティングに関するお客様のお叱りであり、後者は学生と懇談して証券会社や投資についてどんなイメージがあるかを問うた時の回答である。

前者は怒りに満ちて、後者はあっけらかんと、それぞれ語られた。ことの是非はともかく事実としてそこにあった話だ。

農作業をお手伝いするため、社員はユンボの免許を取得して汗をかき、それに対して満面の笑みで感謝いただいた。「株屋にしては良いことをする。」この言葉には皮肉めいたニュアンスは微塵もなかった。それでも「株屋にしては」というフレーズが添えられる。「株屋」という言葉は顕在化している場合もあれば、伏流水のように見えない場合もある。証券会社に対するイメージを総称した言葉なのかもしれない。社員がお客様からありがとうと満面の笑顔で感謝され、恥ずかしそうにはにかむ、その後ろでほほ笑みながら見守る上司の支店長。そんな光景をそこかしこで実現させたい。「株屋」という言葉は、経営や社員にとって辛く、しかし何をすべきかを教えてくれる。「株屋風評」からの脱却、その想いが後にソリューション戦略と呼ばれるものの原点である。

時を遡れば「明六雑誌」に行き着いた。

明治6年（1873年）に福沢諭吉らによって結成された明六社は、雑誌「明六雑誌」で多様な議論を展開し、文明開化の時代社会に大きな影響を与えた。その第8号に「空商の事を記す」という小論が掲載されている。資金の投機を「空商」と称し、「…これ行険者《やまし》の空計に出るをもって、これを名づけて空商という。空商あにそれ恐れざるべけんや」と警鐘を鳴らした。論者の杉亨二《こうじ》は明治維新後、静岡藩に仕え「駿河国人別調」を行うなど、日本近代統計の祖と呼ばれている。合理的な精神にとって、空商、投機は弊害に溢れた我慢できない事象だったに違いない。歴史は古い。

政府が掲げた「貯蓄から投資へ」というスローガンは「貯蓄から資産形成へ」と表現を変えたが、未だに叶わぬこの世界は、自嘲の口調でも、今がチャンスという高揚した口調でも語られ続けている。ものごとが進まぬ理由は種々挙げられているが、共通の認識の筆頭は国民の金融(投資)リテラシーの問題であろうと思う。

下田で見つけた「金融リテラシー」のブレーキ

思い出すのが静岡県立下田高校の校長のご相談だ。静岡県は当社の店舗が多く、当時は商品販売以外の様々なことをソリューションと称して各地で試し始めていた。下田高校ともご縁を得ていたが、ある時、校長先生から折り入ってお願いがあるという。お聞きすれば、下田高校は進学校だが就職する生徒もいる。だがGW明けに退職したいと生徒がやってくる。会社に入ってすぐ総務の担当者から、貴方はDC(確定拠出年金)をどうするの、と聞かれるが、何が何だか分からない。やっぱり高卒だから駄目なのか、自信をなくして退職を考える流れが共通しているという。「大学でもそのことは教えないから」、そんな言葉に説得力はない。なので、就職が決まった生徒に特別授業の形で金融に関する初歩的な知識を与えて、少しでも入社後のストレスを軽減してやりたい、協力して貰えないだろうか、というご相談だった。校長先生の想いにお応えする。

考えてみれば、今の社会の指導者層が新卒で入社した時に待っていたのは、職域でやってくる生命保険の営業員と口座開設して給与振り込み、カード作成を薦める銀行員で、DC、投資の話などそもそも存在しなかった。時代は確実に変わっている。大学にしてもそういった知識が付与される講座は聞いたことがない。4年間で社会適合力を身につけて乗り切る、ということだろうか。人生100年時代の変化に若い世代も晒されているにもかかわらず、そのことを今、社会の規範をつくる世代が「生活実感」をもっては認識していないのではないか。この社会の規範をつくる世代は、1990年前後のバブル崩壊と、それを機に生まれた資産デフレと円高の世界に生きてきた。そこでは円を現金で保有する行為は極めて合理的ともいえる。金融リテラシーが低いといわれる背後にはこうした悲しい合理性が潜んでいる。だがそのバブル崩壊という、深く心に刻み込まれたトラウマのようなものは、若い世代、なかんずく、子供たちには無縁のものかもしれない。少なくとも直接的にはそうだ。逆に子供たちは自走した資産形成を厳しく求められる世界にいる。そういった状況を「生活実感」をもっては理解していない今の社会の規範を担う世代こそ、実は真のブレーキとなってはいないか。下田高校の校長先生のような、生活の中に落とし込まれた問題意識を皆がもつ世界を想う。

フィンランドの中学生

フィンランドの中学生用教科書を読んでみた。基礎学校9年生、日本でいう中学3年生向けの教科書で現題『社会の嵐』は、翻訳版『フィンランド中学校現代社会教科書』(明石書店)として読むことができる。その内容は、日常生活で生徒たちが出合うシーンをひもとく形で進められ、各課の終わりに用意された練習問題を使って会話を通して理解を深める形になっている。我々が読めば、フィンランド社会の手引きとして十分活用できるものだ。教科書の建て付けも目をひく。日本のそれが三権分立といった政治体制やGNPや財政が中心なのとは一線を画し、まずは最初の3章を割いて個人生活の理解を深めたうえで、ようやく国家の形に踏み込んでいく(図8)。

第3章は「個人の家計」。その第3課は「投資は忍耐強く」で、第7課が「起業家精神が必要」となっている。お金を銀行に貯金することは投資のひとつの方法だが、さらに利益を求めるならほかの手段を考えたほうが良い、企業の株を買うことで投資家は株主になる、投資家には企業経営の基本的な知識も経済の見通しに関する情報も必要、業績の良い会社は配当するので株は必ずしもすぐに売却したほうが良いとは限らない、投資は長期になることがあるので忍耐が必要……と投資の基本を筋道立てて説明している。そして、リスクは投資ファンドの株を買うことで小さくできる、投資ファンドは多種多様な企業の株が入った鞄のようなものなので、1社の業績不振があっても全体は落ち込まない、そういった仕事をする人は専門家として手数料を受け取っている、とも解説し、実際に投資する手段と証券会社の存在も教えている。

半ページを割いたグラフが目につく。

縦軸に株価、横軸に時間、右肩上がりの折れ線グラフの下には、その時々の経済全体のイベント（預金金利の上昇）、当該会社自身のイベント（配当・大きな売買注文・決算で損失計上・新製品発売・M&Aの噂）が補記されている。このグラフを使って練習問題「株価の変動にはどのような事柄が影響しているのでしょう？」を考える仕組みだ。表題「投資は忍耐強く」で長期投資の概念を共有しながらこのケーススタディに取り組んでいる中学生たちの姿が、朧気《おぼろげ》ながらも頭に浮かぶ。

また、第7課「起業家精神が必要」では、小見出しを「自分の幸福を開拓する人たち」としてイメージを広げ、フィンランドオリジナルのヘスバーガーの起業を紹介する。カルテルの禁止、倒産、債務整理にも言及されているところが凄い。フィンランドでは新興IT企業が続々と誕生しており、国のデジタル化の進展は欧州一といわれている。こういった教育が15歳で与えられ、考えもする人生の知恵だ。読み進めるにつれ、彼我の差は大きいと実感せざるをえない。反○教育の弊害についてはは言及するまでもなく、教育はその後の人生の基盤となる。投資教育はその範疇《はんちゅう》にないと言えるはずもない。

余談だが、第1章では「遺産相続」という課も設けられている。相続順位は第一に子ども、孫に曾孫、第2に配偶者…⁉ なのに、配偶者と子ども2人の場合の財産分割は配偶者が2分の1に子どもが4分の1ずつ…⁇ これはどう考えたら。フィンランドでは、配偶者は財産の共有者としてまず2分の1の権利を取得し、残る2分の1が相続財産となる。それを第一クライテリアの子どもたちが分けあう。「遺産相続」の前の課が「家族と身近な人たち」で、そこでは離婚の際の財産分与についても説明されていた。相続の結果は日本と同じだが思考が違う。世界経済フォーラムの男女平等の度合いを示すジェンダー・ギャップ指数は、フィンランドが156ケ国中2位、対する日本は120位、こんなことにも想いを馳せ勉強できる教科書だ。

金融（投資）リテラシーの向上は確かに極めて重要だ。

個人や機関投資家の資金が企業に流れ込み、企業はそれを活用して成長し、その果実は投資家や従業員を通じて社会全体に行き渡る。投資の動脈ともいえる機能は「インベストメント・チェーン」と呼ばれ、2013年閣議決定された政府の「日本再興戦略」で謳われた。当社などの証券会社もその中の構成要素に位置づけられている。金融リテラシー向上に真正面から取り組むのは、資本市場で生業を得ている証券会社の義務、ここは進めていく、と想いを新たにした。

図8|フィンランドの教科書

1 個人-コミュニティの一員

1 私と社会
2 家族と身近な人たち
3 遺産相続
4 基本的な権利と義務
5 フィンランド人はみな同じではない
6 お隣は必ずしもフィンランド人ではない
7 みんなに平等を

2 快適な福祉国家

8 福祉政策による幸せの分かち合い
9 健康の維持、病気になった人への支援
10 社会における子どもの地位
11 教育を受けることで競争力を身に身につける
12 「年寄り」か? 「先輩」か?
13 お金でさらに保障を買う

3 個人の家計

14 お金の使い方
15 ローンを組むか?
16 投資は忍耐強く
17 広告か消費者の啓発か
18 マイホーム、この高価なもの
19 働くことのルール
20 起業家精神が必要

4 政治的な影響力と意思決定への参加

21 真の市民は市民運動から生まれる
22 1つの運動から政党へ
23 選挙で問われる民意
24 身近な自治体
25 「国」とはサービスと行政のこと
26 最重要決定は議会から
27 政府の統治権限
28 大統領は国を指揮し代表する
29 私たちのヨーロッパ
30 メディアは第4の国家権力

5 国民経済

31 国民経済ではお金と商品が動く
32 国内総生産(GDP)での国民経済を計量
33 お金の価値を下げるインフレーション
34 金融市場におけるお金の売買
35 ユーロ圏の共通財政政策
36 貿易は日常生活の一部
37 EUの4つの自由
38 グローバル経済

6 経済政策

39 産業は変化する
40 好況と不況の時期は交互にくる
41 労働協約で平等と福祉を
42 失業はむずかしい問題
43 税制と公共経済

7 国民の安全

44 法律はすべての人にとって公平である
45 権利と義務
46 罪と罰
47 裁判所で会おう
48 警察は国民のために
49 交通には気をつけて
50 フィンランドは安全な国

8 ヨーロッパで満足できなければ

51 世界に開かれたドア
52 情報社会のまっただ中で
53 共通の責任
54 統合する世界におけるフィンランドとEU

『フィンランド中学校現代社会教科書』(明石書店)から

「株屋風評」は時空を超えて

一方で、証券会社自身に課題はないのか。「株屋」という言葉は何なのか。一般的に「○屋」という言葉にはリスペクトのニュアンスがない。ここだけ情報と称するものを耳元でささやき、とにかく株を買わせてコミッションをとる仮想空間に生きる者、といったところだろうか。

文豪正宗白鳥は、岡山県で生まれ、閑谷《しずたに》学校の流れをくむ「閑谷黌《こう》」を卒業、上京して現早稲田大学に進み、後に岡山県人としては2人目の文化勲章を受章した。白鳥が大正11年に上梓した「東京」という随筆には、大磯から用事で東京に出て兜町をそぞろ歩く白鳥に声をかけてきた証券会社の営業員の姿が描写されている。「…仲買店の客引きが次から次へと私に挨拶して話をしかける。今日は少し高そうです…などと云って、私の風体をじろじろ見る奴もある。」明治の「明六雑誌」に続く大正期の記述である。

そして「明六雑誌」が発行されていた頃、海を渡った米国では『悪魔の辞典』が上梓された。作者は短編小説家で辛辣な社会風刺を得意としたアンブローズ・ビアス。同じ短編小説で卓越した筆を誇った芥川龍之介が最初に日本に紹介したという。

「友情（friendship）【名詞】天気のよい時には人を二人乗せることができるが、天気の悪い時にはたった一人しか乗せることができない、そんな程度の大きさの船」と、こんな具合に『悪魔の辞典』は毒づくが、居心地の悪い納得感もある。ページを繰ると、あるある。

「ウォール街（Wall Street）【名詞】あらゆる悪魔が非難攻撃する罪のシンボル。ウォール街は盗賊の巣窟なりとするのは、へまばかりやらかしている盗賊すべてにとって、天国における望みの代わりをつとめてくれる信念である」

ひとは皆、投機を否定しつつ実はその蜜の味に囚われている、といったところか。そして時はくだり、レオナルド・ディカプリオが主演した2013年公開の米映画「ウルフ・オブ・ウォールストリート」は、伝説の証券マン、ジョーダン・ベルフォートの成功と破滅を毒々しく見せる。ベルフォートが最初に師事した株式ブローカーの先輩は、ランチで高層ビル上層階のレストランに彼を誘い、ウォッカを煽《あお》りながら持論を語る。客を観覧車から降ろすな、株価が上がっても下がっても乗せ続けろ、売っては買って、買っては売って継続させろ、お客の儲けは架空、現実にあるのは俺たちのコミッションだけだ、と言って胸を叩く。吐き気を覚える言い様だ。「コモンズ（共有地）の悲劇」という言葉を思い出す。共有の資源を巡って、個人の利益を追求しすぎるあまり、全体としては不利益を被ってしまうことへの警鐘だ。これらに描かれている事象のひとつひとつが、業界としてのレピュテーションを棄損させる。時空を超え、今も変わらぬ刻み込まれた業界の定番イメージなのだろうか。「変われぬ姿」と「変わらぬ視線」、そのようには言われたくない。

当社のため、業界のために言うが、2021年、このような世界はないと理解している。理解はしているが、刻み込まれたイメージは紡がれていく。「株屋」はともかく、「株屋風評」は確かに存在する。証券会社の店舗は入りやすい、入ってみたいと思う人は一体どのくらいいるのだろう。それはファシリティの問題だろうか。明るい照明でコーヒーメーカーを置き、見栄えの良い最先端の情報機器を並べれば解決できるだろうか。当社は、国民の金融（投資）リテラシー向上ともに、事業の担い手である我々証券会社のビヘイビア改革とその表現を、ふたつの大きな課題として強く認識している。「3人の友人を持つべきだ。それは医者、弁護士それに証券マン（投資銀行家）だ。」当社の相談役は、米国留学時に聞き知ったこの言葉で家業の当社を継ぐことを決めたという。

当社の処方箋

旅行専門紙で36年連続トップのサービスを誇る老舗旅館「加賀屋」の女将は、結婚によって「加賀屋」に入ったが、同旅館の至高の笑顔と気働きは、50年ほど前、お客さまから設備が古いと厳しくなじられたことが起点とお聞きした。叱ってくれた方に感謝しているとも仰った。当社も決意を込めて一歩踏み出すことにした。具体的な処方箋は、レピュテーションの高い地域金融機関や教育機関、そのほかのエキスパティーズと提携、連携を行い、そのパートナーに対して、ご自身では提供できない業務範囲や県境、交流範囲を超えたサービスを当社が提供することで相互補完関係を構築する。両者が協働する過程で、地域社会に当社の姿を予断なく知っていただくというものだ。

北風と太陽

当社は独自の商品やサービスを用意し営業活動も向上させているが、そのことを分かっていただける機会が多いとはいえない。ネット証券以外の当社のような対面営業を軸にする証券会社は、高齢化する顧客層に鑑み、顧客層の若返りを図るべく新規顧客を獲得していこうと考えているが、足元で獲得する新規顧客を見てみると、他の証券会社の担当者に不満で乗り換えてこられるケースが大半で、初めて投資をしてみようとする方の割合はとても少ない。その絶対数も甚だ不十分だ。本社は営業店が新規開拓する際に販売する商品を工夫し営業手法のアイデアも提供するが、その営業店ではそもそも新しいお客様との接点をもつこと自体が難しい。「株屋風評」も存在する。飛び込み訪問を100件やって1件の新規をとる、それが営業なんだと研修やOJTで新入社員に叩き込む時代でもない。そういった苔むした武勇伝は、社員はもちろん、社会の共感も得られない。共感どころか効果もない。この辺りは「貯蓄から資産形成へ」に業界として貢献できていないことのひとつの証左とも言える。

イソップ童話の『北風と太陽』は、北風と太陽が道行く旅人の上着を脱がせようと競い合う話だが、北風が上着を吹き飛ばそうと強く息を吹きかけるほど旅人は固く握りしめるばかり。では、と太陽が暖かな日差しを送れば果たして旅人は上着を脱いだ。この箴言めいた童話は、いくつかのインプリケーションを与えてくれる。経営学の大家であるドラッカーの「販売とマーケティングは逆である。同じ意味ではないことはもちろん、補い合う部分さえない。何らかの販売は必要である。だが、マーケティングの理想は、販売を不要にすることである。」という言葉は、顧客のニーズを把握していれば営業行為がなくても商品は売れる、と教えているが、当社なりの解釈にも繋がる。当社の営業社員を包みこむ地域社会の温度が、例えば4℃ではなく23℃だったら、そのような環境をつくることができたら、同じ営業活動であっても得られる成果はまた違ったものになるのではないか。言い換えれば、この課題の前では営業戦略や商品戦略でさえいかにも軽く、存在感は小さい。レピュテーションの問題と言ってよいのかもしれない。当社のなすべきことが絞られてきた。

さわやかのハンバーグ

当社とお客様になっていただきたい方々との物理的距離は近いが、その間には深い谷が横たわっていて飛び越せそうで飛び越せない。ブリッジになっていただけるのは、その地域社会で高い知名度があり信頼感もあるレピュテーションの高い存在、地域金融機関や教育機関だと考えた。ただいきなり提携して下さいと飛び込んでも、新手の飛び込み営業か、何を売りつけるつもりか、と警戒されるばかりだということは容易に想像できる。パートナーとなっていただくメリットをきちんと設計し提示する必要がある。当社が何を考え、何を提供できるか。

俯瞰すれば、レピュテーションの高い地域金融機関や教育機関はその地域で圧倒的な存在感をもっていて、社会からの認知の中にはリスペクトもある。ただ、所在地以外では基本的に拠点がないので、他地域との交流は乏しいように見える。

当社は、逆にその地域での存在感に悩む一方で、国内17都府県に店舗をもち、海外にも広がりをもつ。ベトナムには日本の証券会社で唯一となる子会社があり、中国では上海駐在員事務所だけでなく、「中国証券界の父」と呼ばれる闞治東《カンジドン》氏との濃密な関係がある。1987年、中国政府から国費研修生として日本に派遣された中国商工銀行行員の闞氏は、帰国して中国初の証券会社を設立することをそのミッションとしていた。受け入れたいと手を挙げたのは2社、野村證券と当社だ。当社での研修を終え帰国した闞氏は、申銀万国証券社長を務めるなど要職を歴任、現在は省政府の資金を運用する大手VCを経営されている。その辺りは彼の著書『栄辱二十年〜我的股市人生〜』に詳しい。日本への恩返しとして、当社が持ち込んだ両国を跨ぐビジネスの支援で協働してくれる。当社とは日中友好の歴史に裏打ちされた強いパイプがある。正に「青は藍より出でて藍より青し」の偉人だ。清華大学を出て当社に入社した中国人の社員は、闞氏の著書を読んで影響を受けたという。イスラエルとの関係も当社の特徴だ。当社は日本の証券会社で唯一イスラエル株を取り扱っており、テルアビブ証券取引所と提携し現地の有力VCとも接点がある。佐渡ケ嶽部屋のテルアビブ巡業をスポンサーとして応援したこともある。2017年にイスラエル経済省を訪ねた際、死海に浮かぶ琴光喜ら相撲レスラーの話題で担当官の表情が一変したことを覚えている。こういったネットワークの活用は当社を棚卸する中で再発見したものだ。

特定地域では強いがそれ以外の地域への広がりに欠ける提携先と、広がりはあるが地域での存在感に課題のある当社のコラボ、この形を進めていこうと決めた。

さわやかの炭焼きハンバーグをご存じだろうか。

静岡県人なら知らぬ人はいない県民食である。どんな時間帯でも行列必至の人気チェーン店だが静岡県内にしか店舗がない。筆者は当社の幹部社員から教えて貰ったが、彼は初めて単身赴任した静岡県掛川市でこの味を知り、休日は家族を呼びよせてみんなでこの絶品を食していると熱く語ってくれた。今や筆者も同類となり色々なところでご紹介し、今ここでも書いている。静岡県内限定という地域への強いコミットが力になって、我々を含めて多くの人を地域に誘う。ひとつ留意すべきは筆者に熱く語ってくれた幹部社員は大阪人で、静岡県民ではない。静岡県民とも何度となく話をしていたが、多分当たり前すぎて話題に上らなかったのだろう。地域密着と各所を行き来するものとが交わることで新たな価値を生み出す、経糸（たていと）と緯糸（よこいと）の交わりの価値だと考えている。

この提携、連携によるメリットは、パートナーのレピュテーションを共有させていただくだけではもちろんない。連携事業自体により得られる直接的なメリットも大変魅力的なものがある。もちろんそれは両者双方にとってのメリットだ。金融機関連携では、例えば金融機関に当社の販売チャネルになっていただき、当社の金融商品を販売する。金融機関と連携している当社店舗では、獲得する新規先の95%が金融機関チャネルによりもたらされる。金融機関にとっては預貸業務が伸び悩む中、新たな役務収益の獲得が可能となる。教育機関連携では、両者は金融教育を提供できる貴重なプラットホームとなる。また、いずれの連携においても、企業にビジネスマッチングやM&A、産学共同研究といった付加価値を提供することが可能にもなる。営業上、あるいは経営上の差別化メリットは極めて大きいものがあると考えている。

そして、パートナーとの連携戦略による最大のメリットは、当社にとってより本質的なところにある。当社は組織として組織内（自社内）に命令することに慣れている。「何をしたいか」を決め、それを組織に受け入れさせることを続けてきた。しかしパートナーとの関係では命令はできない。信頼を勝ち取ることを考え続け実現に向け努力するしかない。「自分は何をしたいか」ではなく「彼らは何をしたいか」が目の前に突き付けられる。販売する商品ではなく顧客から考え始める発想、マーケティングが求められる。それは、「株屋風評」が意味する強烈な「何をしたいか」とは鮮やかに対峙するものだ。パートナーという大きな存在が、当社の視線、ひとりひとりのお客様との関係を改めて教えてくれる。

文化人類学者レヴィ＝ストロース

『悲しき熱帯』

フランス現代思想の最後の巨人と称される文化人類学者レヴィ＝ストロースの著作だ。大の日本好きで知られる彼は、日本人の真面目さ、自然との共生ぶりに深い敬意を抱いていた。彼の業績は、社会の様々な領域に隠れている「構造」に着目し、それを通して人間の本質を解明する方法、「構造主義」を唱えたことにあるといわれる。日本の社会学者、土居健郎の名著『甘えの構造』はこの流れで読めるかもしれない。

我々の直面する課題を因数分解してみると、あの「株屋風評」は、個人顧客を対象とするリテール証券の「構造的問題」に起因するので厄介だ。それは今のコロナ禍とも共通する「密」の問題である。例えば銀行の主要業務である融資は、単純化すれば組織の所有物、お金を販売することであり、販売する商品が組織の所有物であるが故に営業担当者の個人判断で行うことはできず、稟議を書いて権限ある者／組織の決裁を得なければならない。否が応でも組織と繋がることが求められる。他者の視線の存在と言ってもいい。一方、個人顧客を対象に投資商品を販売するリテール証券は、突き詰めて言えば、販売するのは営業担当者個人の所有物、知識だ。一般にいうコンサルティング業務だが、そこに「ここだけ情報で大儲けができる」という物言いが加わることにより、このコンサルティング業務は俄かに怪しさを増す。そのコンサルティング業務自体、あるいはそれを行うための情報や知識は営業マン個人のものであり、あえて組織に繋がる必要はない。そこには他者の視線は存在しない。「密」の誕生である。一般論として密による澱んだ空気が不適切な営業を生みやすいのは自明だ。問題の根は深いと言わざるをえない。良い悪いの話ではなく構造的な問題である。だからこそ、改善しましょう、という精神論だけでは弱い。具体的かつ構造的な施策、処方箋が必要となる。あれはダメ、これはダメ的な規制も然《さ》ることながら、前向きな動機に裏打ちされた施策が欲しい。

ここで、地域の名士たる地域金融機関や教育機関と提携できればどうなるか。日頃から2者、あるいは地元の会合などで接点を持つことになってこの「密」は失われ、怪しげな営業や強引な営業があれば直ちに白日のもとに晒される。外部と繋がることでここだけの仮想閉鎖空間は消滅する。金融機関や教育機関との連携は、営業にビルトインされた適切な営業活動に誘うコンプライアンス施策、という見方もできる。全ての営業に共通する話だが、リテール証券業務ではとりわけ有効だと考えている。米国人画家エドワード・ホッパーの「ナイトホークス」は、都会の深夜のダイナー内にある孤独を人工的な蛍光灯の光が寂しく映し出す。この作品を観る人々は、他者と繋がることの温もりや安心を想うよう促される。

商標登録されたクロスボーダー・ソリューション

この形を内外に発信するため、当社はコア概念である「クロスボーダー・ソリューション」を専用ロゴと共に商標登録した（図9）。Re-Discover AIZAWAと称して当社の過去を訪ね歩いて発掘し、自社の強みを把握しなおしてそれを因数分解したコア概念が「クロスボーダー・ソリューション」だ。ボーダー、様々な境界を、クロスを超えて、様々なソリューションをご提供する。当社はアジア株の取り扱いが早く、ラインナップも業界屈指であることから「アジアのアイザワ」と呼ばれる。国境を超えて、成長著しいアジア各国の株式を日本のお客様に提供するが、これはまさしくクロスボーダーだ。県境を超えて、山口県の企業に大阪の大学と企業をご紹介する（図10）。交流範囲を超えて、相続の専門家を各地のお客様にご紹介していく。ロゴコンセプトは、人と人、地域と地域を繋ぎ、笑顔にするイメージを図案化した。「クロスボーダー・ソリューション」は提携機関との連携価値を表象した言葉でもある。

超リテール証券　その起源

同じコンテクストで、当社は「超リテール証券」を標榜することにした。当社の造語だが、当初この概念は社内で少し違った意味合いで捉えられもした。どの競合他社よりとにかく稼ぐ筋肉隆々、最強のリテール証券を目指すのかと。恐らく「超」の捉え方が違う。こういったときは他言語で表

図9｜商標登録

ひと・まち・しごと をつなぐアイザワ証券 の取り組み
クロスボーダー・ソリューション
― アイザワ証券 ―
Cross-Border Solution
登録第5978805号 ※
「人と人をつなぎ、笑顔にする」という、
クロスボーダー・ソリューションの理念を図案化しました。
中央の双葉のモチーフは、
“人と社会の成長・発展” “新しいひらめき”を表し、
全体のシルエットには「∞（無限大）の可能性」の意味も込めています。
※「クロスボーダー・ソリューション」（ロゴ付）を商標登録（登録日：2017年9月8日）
アイザワ証券「クロスボーダー・ソリューション」とは…
アイザワ証券では、「より多くの人に証券投資を通じ、より豊かな生活を提供する」という経営理念をベースに、お客様のさまざまな課題解決のための価値あるソリューションをご提供しています。
例えば、地域に強みをもつ銀行と提携しての法人支援・個人支援や、地域の人材育成を担う大学と提携してのインターンシップの実施など、地域間の距離や企業・組織同士の壁を越えての取り組みで、地域活性化に貢献しています。
「ひと・まち・しごと」をつなぎ、地域を元気にする。それがアイザワ証券の「クロスボーダー・ソリューション」です。
地域金融機関
企業の活性化
ビジネスマッチング
大学
相続・事業承継
雇用促成
観光振興
市民サービス
アイザワ証券
地域金融機関・大学・証券会社が連携しながらさらなる地方創生にチャレンジ
アイザワ証券では、これからも地域に密着したサービスのご提供、
および社会貢献活動を続けてまいります。
アイザワ証券
www.aizawa.co.jp

図10｜（事例）包括支援

現してみるのも悪くない。「超」はスーパー（super strong）ではなくビヨンド（beyond）、こちらから向こうへ超えていく、超えていく先は分かっている場合もあれば霞がかかっている場合もある。いずれにしても広がりのあるイメージだ。色彩で言えば紅蓮《ぐれん》の炎、クリムゾンレッドではなく透明なパステルブルー、というような感覚だろうか。従来のリテール証券のどことも違う、遠くにある何かに向けて進んでいく。「超リテール証券」に込めた想いである。

この超えていく概念は、学生時代に読んだいくつかの書籍にインスパイアされている。『成長の限界』は１９７２年、ローマ・クラブ「人類の危機」リポートとして出版された。ご存じの方も多いと思う。経済学者だけでなく科学者や経営者など世界の賢人の英知を集めた民間組織自体が珍しい存在だが、人口爆発、資源枯渇、環境汚染など世界共通の問題によって人類は重大な危機に瀕していると警鐘を鳴らす内容は世界中で大きな反響を呼んだ。世界の可耕地面積、タンパク質・カロリー摂取量、クローム埋蔵量、バルト海の溶解酸素量、寿命に対する汚染の影響など切り口は多岐に亘り、様々な将来モデルを描き出した。石油の枯渇がオイルサンドやオイルシェールで代替できるのか、学生時代そんなリポートを書いた記憶もある。バブル崩壊の20年近く前、高度成長を謳歌する日本にあって世界規模の成長の限界という壁がそこに存在している、その壁を超えていくことができるか。今なお色褪せぬ箴言の数々は、大学生にとっても心に刻まれるものだった。

米国の文化人類学者E・T・ホールは著書『かくれた次元』で、社会の付き合いにおける個人間の物理的距離を論じ、現在のコロナ禍に絡めて改めて注目された。1976年に上梓した『文化を超えて』では、文化の目に見えない無意識的、非言語的な領域にまで想いを馳せる、超えていく必要性を説く。米国の経済学者K・E・ボールディングの『経済学を超えて』(1968)は、未来世界の有り様を、経済学のような一学問分野の限界を超え、様々な視点で捉えていくことを教えてくれる。そして眠気を噛み殺した経済原論の講義で知った、近代経済学の創始者の一人デヴィッド・リカードが19世紀初頭に説いた比較生産費説は、国境を越えた自由な貿易が人々を豊かにするという、直感的に受け入れやすい事実を簡単な数式で論理的に解きほぐしてくれた。「成長の限界」を超えていけるかもしれない、そんな概念に心惹かれていった。こうした学生時代に埋め込まれた小さな種子たちが、長い年月を経て発芽した、そんなストーリーも学生たちに語ってみたい。

『なぜ「よそ者」とつながることが最強なのか』

早稲田大学の戸堂康之教授の著作では、遠方の「よそ者」との交流から新たな技術やノウハウが流れ込みイノベーションが生まれ、組織が活性化し経済が豊かになるという命題が実証研究で示される。当社は過去に多くの同業証券会社と経営統合を繰り返してきた。そんな当社を俯瞰すれば、「よそ者」は組織だけでなく「人」でもある。吸収合併した証券会社の役職員、外部から中途採用した役職員。彼らの力を最大限活用できれば当社は発展し、その貢献によって彼らのエンゲージメントも高められる、そうあらねばならない。そのようなコンテクストでも「クロスボーダー」や「超」は意識される。

こうして生まれた当社の「超リテール証券」概念は、今現在の「株屋風評」に苦しむリテール証券を超えて、どこにも存在しない証券会社のカタチ、あるいは証券会社のカタチをも超えていくことを想起させる。当社が標榜するもう一つの言葉、「ホープクーリエ（希望の宅配人）」と並んで、そんな想いを込めた大切な言葉だ。「超（beyond）リテール証券」は、既存の枠を超えて、あらゆるシーンでお客様の心を揺さぶる卓越したサービスを提供する、そんな決意の表れである。原動力は変わらぬ方針とやり抜く熱量だが、その熱量は、お客様や地域に寄り添う想いと前進を続ける精神で決まる。

ちなみに、当社が2017年に提携した近畿大学は、「超近大プロジェクト」と命名した東大阪キャンパスの再開発事業を展開している。近畿大学と当社は共通の価値観をもち、産学連携を中心に大変親しく協働して付加価値を社会に発信しているが、価値観が同じであれば「超」というワーディングも同じになるのかと感慨深い。志願者数8年連続日本一の近畿大学と並べて語るのはあまりに手前味噌だが、それを承知であえて付言したいと思う。

3つの大臣表彰

そしてこの「超」「クロスボーダー」の概念に基づく当社の施策群は、2017年、内閣官房まち・ひと・しごと創生本部から証券業界初の地方創生大臣表彰として評価され、2020年に2回

図11 **地方創生大臣表彰式**

内閣官房まち・ひと・しごと創生本部による地方創生大臣表彰

（平成28年度）

表彰式（山本大臣室）。後列右端が当社相談役。

（令和元年度）

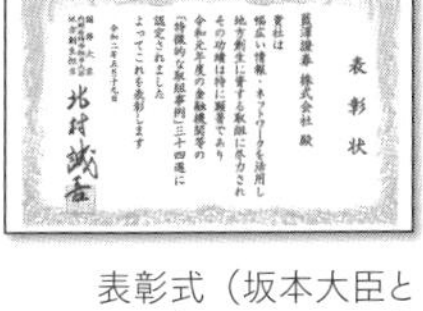

表彰式（坂本大臣とウェブ上の2ショット）

目、2021年には2年連続3回目の表彰に繋がっていく（図11）。人を対象に、提携した教育機関や金融機関とともに協働する形で、クロスボーダーにより付加価値を創出する、と因数分解される。これについてはのちほど触れてみたいと思う。

第3章

ソリューション戦略の始動

夕陽を浴びる1本の薔薇
阪神大震災の折、瓦礫のなかで、ミネラルウォーターのペットボトルに薔薇がひとさし添えられ配られたという。

1　クロスボーダー・ソリューション

さて、どこから始めるか

このような方針、戦略が最初から明確に体系化されていた訳ではない。望んでも実現しない世界という感覚もあった。実績もなく知名度も低い当社が、地域金融機関や教育機関という確立した著名な組織と協働関係をつくるのは容易ではない。提携先を開拓し推進する人材は育っておらず、対応する組織もない。そして、そもそも店舗を構えてお世話になっている地域のことや、そこに住まう人々やお客様のことを十分把握していることが前提となるが、そこは大丈夫だろうか。とにかくまずは地域を知ることから始めてみよう。こうして長い旅路は始まった。ソリューション戦略の静かな始動である（図12）。

埋もれていたクロスボーダーの歴史

当時当社はアジア株や外国債券をお客様に販売していた。「アジアのアイザワ」らしく対象国は中国、東南アジア、インドから南アフリカ、ロシアまで。当社の店舗は茨城県から宮崎県までの17都府県、53店舗だが、その中には元々は過去に経営統合した地場証券の本社で地域の地縁をそのま

図12 ソリューションの歴史

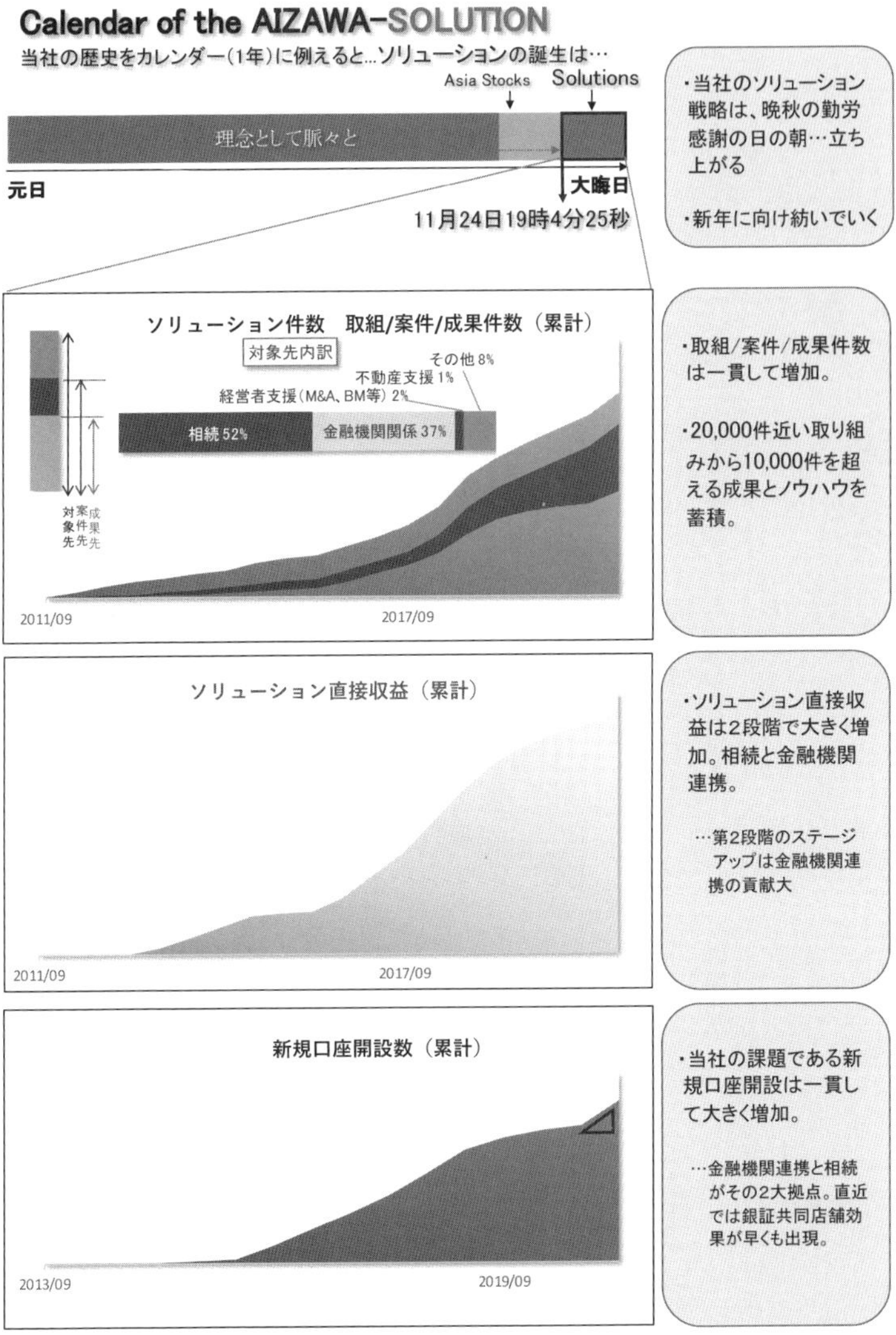
Calendar of the AIZAWA-SOLUTION
当社の歴史をカレンダー(1年)に例えると...ソリューションの誕生は…
Asia Stocks
Solutions
理念として脈々と
元日
大晦日
11月24日19時4分25秒
・当社のソリューション戦略は、晩秋の勤労感謝の日の朝…立ち上がる
・新年に向け紡いでいく
ソリューション件数 取組/案件/成果件数（累計）
対象先内訳
その他 8%
不動産支援 1%
経営者支援(M&A、BM等) 2%
相続 52%
金融機関関係 37%
対象先
案件先
成果先
2011/09
2017/09
・取組/案件/成果件数は一貫して増加。
・20,000件近い取り組みから10,000件を超える成果とノウハウを蓄積。
ソリューション直接収益（累計）
2011/09
2017/09
・ソリューション直接収益は2段階で大きく増加。相続と金融機関連携。
…第2段階のステージアップは金融機関連携の貢献大
新規口座開設数（累計）
2013/09
2019/09
・当社の課題である新規口座開設は一貫して大きく増加。
…金融機関連携と相続がその2大拠点。直近では銀証共同店舗効果が早くも出現。

ま引き継ぐ形になっているところもある。同業他社比で店舗網が厚い静岡や山口といったドミナント地区はそのレガシーだ。知見を深めようと、意を決して休日のたびに地域を訪ね歩くことにする。ただこの訪ね歩きは、繰り返すうちにそれ自体が楽しくなってきた。オランダの歴史家ホイジンガは著書『ホモ・ルーデンス』で、人間は「遊ぶ人」、遊ぶからこそ文化が生まれる、そして遊びの目的は行為そのものの中にある、とした。ワークアズライフの世界になってきた。

伯爵プチャーチン提督の紋章を見よ

静岡県富士市。

当社は静岡県内に上場証券会社では最も多い9拠点を展開しているが、ここ富士市では市役所のすぐ近くに富士支店がある。昭和の高度成長期には公害問題で注目を集め、駿河湾田子の浦は映像と共に全国に紹介された。東宝の特撮映画「ゴジラ対ヘドラ」（1971）の舞台となる。しかし今ではすっかり古の美しい風情を取り戻し、万葉の歌人、山部赤人が詠んで人口に膾炙《かいしゃ》した著名な句が海岸に建てられた巨大な碑に刻まれている。「田子の浦ゆ　うち出でてみれば真白にぞ　不尽の高嶺に　雪は降りける」。富士山を背景にした美しい景色にはいつの世にも心が癒やされる。

その句碑からほど近い緑道公園というところに人知れず銅像がたっている。幕末、米国のペリー提督に遅れること一年、下田に来航したロシア帝国のプチャーチン提督だ（図13）。ペリーを知ら

図13｜**プチャーチン**

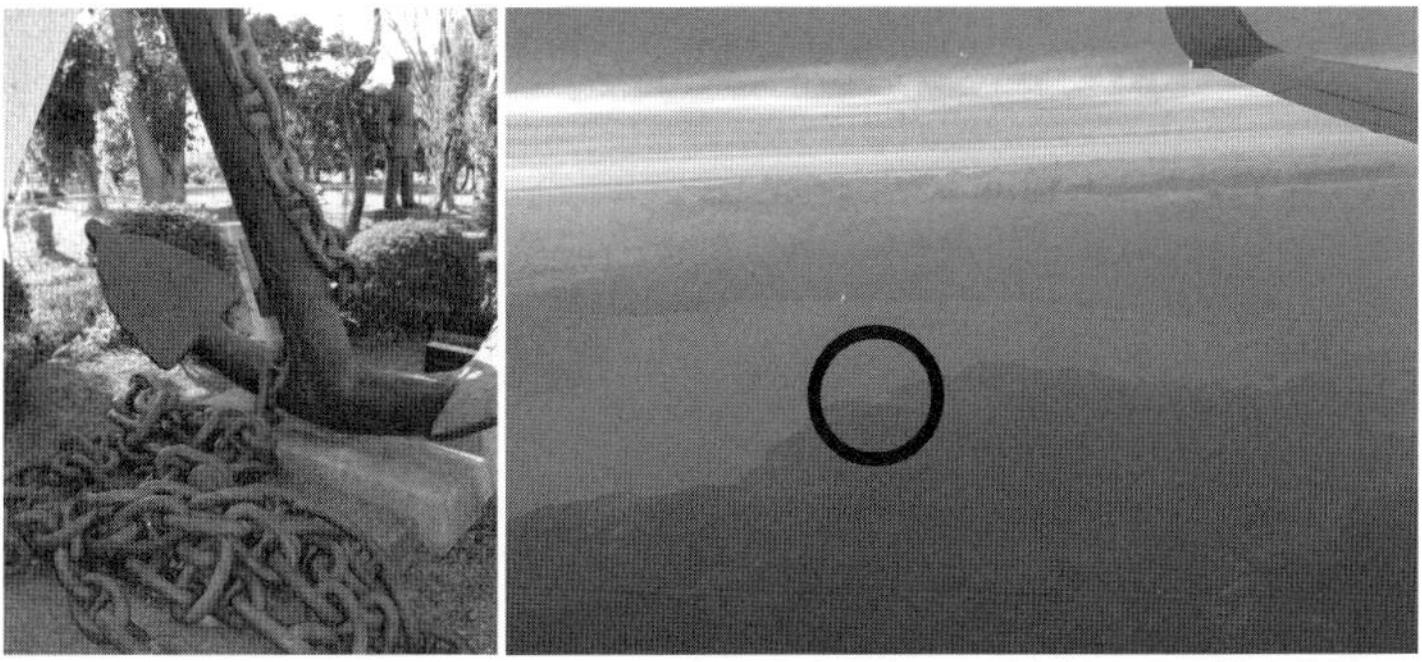

ディアナ号の錨とプチャーチン像　　伊豆半島上空から駿河湾・戸田港を俯瞰

ぬ人は少ないが、プチャーチンの認知度はそれほど高くない。日本史の教科書には載っていたか。そんな彼は、ロシアと日本を繋ぐ秘話の当事者だということを現地で知ることになる。

嘉永7年（１８５４年）11月3日、プチャーチン提督は和親条約締結を目的に来航。伊豆半島の南端、下田港に停泊していた3本マストのフリゲート艦ディアナ号を翌11月4日、大地震と大津波が襲う。安政の東海大地震だ。下田の街は95％が壊滅、多数の死者を出す。ディアナ号も大損害を受けたが、プチャーチンは下田の惨状を船上から見て、直ちに船医を下船させ人々の治療にあたらせた。その時に亡くなったロシア人船員は玉泉寺に手厚く葬られ、お墓には今でも花が供えられている。

事態が落ちつくと、船の背骨とも言える竜骨が折れたディアナ号は外洋航海に堪えないことが判明する。帰国できない。幕府は修繕の地として駿河湾東部に位置する戸田《へだ》港を指定、ディアナ号は伊豆半島西岸に沿ってゆっくり北上し、漸く田子の浦海域に到達した時、突然の大嵐が再びディアナ号を襲った。度重なる衝撃に耐えきれずディアナ号は沈没、500名近い乗員は嵐の海に投げ出されたが、それを陸から見ていた田子の浦の漁民たちは直ちに海に漕ぎだして乗員全員を救助し食事と住まいを提供した。

その後、救助されたプチャーチン他乗員全員は陸路で戸田港まで移動し、スクーナー型木造帆船「ヘダ号」を造って無事帰国する。帰国したプチャーチンはロシア皇帝アレクサンドル二世に謁見、外交官としての功績により伯爵の称号を与えられ海軍大将に昇進、文部大臣の職にも就く。田子の浦や戸田の人々に感謝していたプチャーチンは、プチャーチン家の紋章に日本人の姿を取り込んだ。明治政府は勲一等旭日大綬章を贈る。その後ロシア皇后付女官となった長女オリガが来日し、父プチャーチンが世話になった地の人々と交流、自らの遺産の一部を寄贈した。

このような話は、日露戦争や日本帝国主義の擡頭で記憶から失われてしまったが、昭和51年、海底から錨が引き揚げられ、それがディアナ号のものだと判明したことにより、このストーリーが再び歴史の舞台に引き出される。プチャーチン提督の銅像は、引き揚げられた錨とともに緑道公園に設置され、その施設を平成元年にロシア使節が訪問したことを当時の静岡新聞は大きく報じている。この辺りは『駿河湾に沈んだディアナ号』(元就出版社)に詳しい。

外国船が遭難して日本の漁師が乗員の命を救うという形は他にもある。明治時代初期の1890

年、トルコの軍艦エルトゥールル号が帰国の途上台風に巻き込まれ和歌山県串本沖で岩礁に激突、浸水し機関が爆発して沈没した。地元住民が親身の介護で69名の命を救ったが500名以上の犠牲者を出す大惨事となる。ここは大半の命が助かったディアナ号と大きく異なる。しかし救助に加え、帰国のための義捐金《ぎえんきん》支援まで行った日本の対応をトルコ政府は忘れず、100年を経た1985年、イランイラク戦争時に撃墜の恐れがあるとして日本航空が飛ばず現地の日本人が取り残される中、トルコ政府機が自国民より日本人を優先して搭乗させ救出してくれたという恩返しのストーリーはよく知られた話だ。

串本沖海底から、錨ならぬ小瓶が見つかった。愛する人が無事に早く帰ってくるようにという願いを込めて、自らの涙を小瓶に託し恋人に渡す、そんな習俗がトルコにあったという。2013年、東京渋谷のトルコ大使館で催された特別展で、引き揚げられた「涙の小瓶」を拝見した。エルトゥールル号の物語は映画「海難1890」でも紹介されている。しかし一方で、今、何かと課題の多いロシアのディアナ号を巡る交流譚を知る人は、残念ながらとても少ないように思う。

当社はトルコリラ債も販売していたが、ロシアルーブル債を投資商品としてお客様にお勧めするなら、当社が頂戴した販売手数料の一部を日ロ友好の事業、例えば戸田にある戸田造船郷土資料博物館に寄附させていただき、両国友好にまつわるこんな秘話、美談を添えてみてはいかがだろう。特に静岡県のお客様には金融資産を増やすだけでなく、地元静岡が紡いだ世界平和に今日的に関わっていただく形、ご関心を持っていただけないだろうか。当社が店舗を構えさせていただいている静岡県に対する地方創生の小さなお手伝い。社員は関心を示してくれるだろうか。

技師鳥居信平のニホウシュウ

富士市から新幹線で西へ向かう。

静岡県袋井市は県西部に位置し、隣接した掛川市にある当社の支店から車で15分、田園地帯にある「月見の里学遊館」の一角に、陽を浴びブロンズ色に輝く等身大の胸像が静かに佇んでいる。製作者は許文龍、台湾株式市場に上場し、多くのグループ企業を抱え売り上げ数千億円を誇る奇美グループの総帥だ。胸像は鳥居信平（図14）。19世紀後半に当地で生まれ、上京して東京帝国大学を卒業後、恩師である上野博士の勧めに従い、台湾総統府の管轄下にある台湾製糖株式会社の技師として台湾に赴任した。恩師の上野博士は忠犬ハチ公の飼い主として知られる。信平の台湾での仕事はサトウキビ畑の収量を増やすため土地の改良・灌漑を行うことで、大正12年、地下の伏流水をコントロールする、当時としては世界でも類を見ない先端技術を使った最新鋭の地下ダム「二峰圳《にほうしゅう》」を完成させた。サトウキビ畑に農業用水を供給するだけでなく、近隣の農民の畑にも灌漑水を送り、かつ飲料水としても提供した。このため地域は有数の米作地となり、地域の農民も潤うことになったが、その恩恵は今でも続いている。信平への感謝の気持ちも引き継がれ、２００７年、台湾行政院は風景文化遺産に認定。この話を知った許さんが顕彰の意を込めて胸像を自ら造り日本に寄贈し

図14 **鳥居信平・雪女の部屋**

鳥居信平（袋井市）

雪女の部屋（青梅市）

た。信平の像は台湾を臨んで建てられているという。

当社は大正7年の創業だが、その5年後に日台でこのような交流があったのか、掛川支店長と現地を訪れ、ともに100年前の素晴らしい出来事に想いを馳せたことが今でも思い起こされる。「アジアのアイザワ」を標榜するなら知っておきたい話だ。

2012年、新日本監査法人が主催した日系企業の台湾進出を支援するイベントが名古屋で開催された。当社は大阪の中小企業の台湾進出をご支援するため、台湾にお連れしてマッチングを行い、その様子をテレビ大阪に取材いただいて当社アナリストが解説を行ったというご縁もあり参加をした。台湾の中日文化代表処、台湾とは正式な国交がないのでこのような言い方をするようだが、要は大使館、その副代表にお尋ねする。「鳥居信平という人物をご存じでしょうか…?」「もちろんです。彼の業績は広く知られていますよ。ああ、信平さんのご生家はこのお近くだったのですね。」流暢な日本語で即答された。知る、知らないの世界ではない、どこで生まれたのかの話だった。東日本大震災の際、真っ先に支援の手を差し伸べてくれたのは台湾。民間レベルの人々の想い、血の通った交流が、「二峰圳」の伏流水のように脈々と紡がれている。

ロシアルーブルと同じ。台湾企業の株式をお勧めするなら、特に袋井近隣の掛川支店や島田支店では、鳥居信平と台湾の皆さんの心温まる交流をお伝えするというのはどうだろうか。鳥居信平の銅像と功績は、残念なことに現地袋井でもあまり知られていない。アジアとのクロスボーダーの経済・文化交流を当社が継続的にお伝えしていく形は、地方創生に向けたひとつのご支援であり、そのことはお客様本位の営業姿勢となりしっとりと融合するように思う。

『怪談』雪女はここに

東京都青梅市。ここには雪女がいる。

当社は2018年、日本アジア証券と合併したが、その前身の多摩證券本社がここ青梅にあって、昔から地域の方々とお付き合いをいただいていた。本社前には昭和レトロ商品博物館が建っている。懐かしい電化製品や食品、黄金バットの紙芝居などがところ狭しと展示されているが、2階へと続く階段に「↑雪女の部屋」と。訝《いぶか》しく思いながら階段をあがると、妖気漂う等身大の雪女の絵に向き合うことになる（図14）。

「武蔵の国のある村に（In a village of Musashi Province）…」ラフカディオ・ハーン、日本名小泉八雲の名作、『怪談』雪女はこう始まっていた。文中の「広い川」は多摩川だ。ハーン家で下働きをしていた西多摩郡調布村（現青梅市）出身の女性が故郷の言い伝えを供したという。青梅市に昔あった市営御岳スケート場は、厳寒期には天然の屋外スケートリンクとして知られ、豪雪の記録も残っている。「雪女ってまさか東京の話だなんて。もっともっと宣伝しましょう。」2017年初夏、青梅信用金庫本店で初めてお目にかかった野村専務と2時間に亘り、ただただ雪女についてお話しした。1年半後、両者は包括業務提携を行うことになる。

ラフカディオ・ハーンは松江の島根県尋常中学校の英語教師となり、松江をこよなく愛したことはよく知られているが、当社は毎年松江を訪問している。店舗はない。島根半島の中海・宍道湖《しんじこ》を挟んで、鳥取県境港《さかいみなと》市と米子《よなご》市、島根県の松江市、安来《やすぎ》市そして出雲市はまとめれば域内人口50万人、新潟、金沢と並ぶ日本海側の一大経済圏とみることもできる。ゲゲゲの鬼太郎の世界、水木しげるロードや紅ズワイガニ、近海マグロの水揚げ日本一の境港市、中国地方の霊峰大山に繋がる名湯皆生《かいけ》温泉を有する米子市、国宝松江城を軸に小京都の趣ある松江市、米国で日本庭園ナンバー1の評価を受け続ける足立美術館で知られる安来市、そして出雲市には縁結びの神様として全国の女性を惹きつけてやまない出雲大社がある。各市それぞれに魅力をもつ自治体だが、市長が協議をされて、毎年10月、旧暦で神無月《かんなづき》、当地では神在月《かみありつき》と呼ばれる時期に、「中海・宍道湖・大山圏域ものづくり連携事業ビジネスマッチング商談会展示会」を5市持ち回りで開催する。ご縁あって境港市の企業誘致物産観光推進委員を仰せつかっていることもあり、毎年そこにお邪魔をしてクロスボーダー手法で紡ぎを生み出している。ラフカディオ・ハーンの旧居も訪ねていたが、まさか雪女が東京の話だったとは。であれば多摩證券時代からお世話になってきた青梅市に松江市との連携を提案できないか。妖怪つながりなら、当社の旗艦店がある調布市は境港市と同様ゲゲゲの鬼太郎の縁故地、日本初の妖怪博物館ができた広島県三次《みよし》市にも当社拠点がある。繋がる先はまだまだあるはずだ。境港市では「妖怪川柳コンテスト」を毎年実施しているが、第15回となる今年の大賞は「ワクチンの 保管に雇う 雪女」。歌人の俵万智さんが選んだ。雪女を起点にして青梅市とそこに住まう皆様に新たな価値を発信できないか。

ドップラー効果

このような話を講演などでお話しすると共感いただけることも多い。親しく交流いただく共通言語にもなる。シロイルカは仲間同士の会話で相手の返答を促すという。「人間は社会的動物である」というアリストテレスの言葉を待つまでもなく、クロスボーダーでの他者との交わりは、古今東西、種を超えても喜びや安心をもたらすものなのかもしれない。だが、このような話はトピックスとしては面白いが、それによってどのような具体的な成果が、当社の、そして当社社員自らの仕事にもたらされるのか、ここに実感が伴わないと社内で物事は進まない。面白さの追求は主観的で個人的な作業という側面がある。個人的なのですべてが即座に受け入れられる訳はなく、それが多少なりとも革新的であればなおさらだ。価値観を正しく共有する輪を、徐々にでも広げる努力が必要となる。

ドップラー効果は、波の発生源と観測者との相対的な速度の違いが異なった知覚を生む物理的現象をいう。遠ざかる光源からくる光は赤っぽく見え（赤方偏移）、近づく場合は青っぽく見える（青方偏移）。宇宙は膨張しているので、宇宙の中心からあるいは深淵部から届く光は赤っぽく見えるとされる。当社が取り組もうとするソリューション営業の一例、クロスボーダー異譚が、特に社内現場において捉えどころのない、営業実感のない話と受け止められ赤方偏移してはならない。社内に渦巻く漠然とした疑念を払拭するためにも、外と繋がることで価値を生み出すクロスボーダー概念とそれに基づく戦略が、当社の営業活動に本当に付加価値を提供できるということを具体的に示す必要がある。まずは日々の営業に直結した形で、外と繋がることの重要性と実際の成果を実感できる、そんな取り組みが何としても必要だった。最初の転がり摩擦を超える施策。そこでターゲットとしたのが、当時、難問中の難問として放置されていた、相続対応という課題である。

2 相続

禁断の地へ踏み込む

証券会社のみならず地域金融機関の多くは、顧客が亡くなることで発生する相続によって預かり資産が流出してしまう事態に直面している。都会への人口流出と顧客の高齢化に伴ってその影響は拡大しており、相続で預かり資産の5割あるいは6割近くを失うという調査もある。そしてその影響は、預かり資産でビジネスを行う証券会社、とりわけ当社のような個人顧客中心のリテール証券で大きい。地方創生が叫ばれるその背景には人口の大都会への流出があるが、この相続によって「人」だけでなく「金」も都会へ流れ込んでいく。金融機関では地域金融機関にその影響は大きいと言われている。当社でも例えば下田支店のお客様の相続で、子女の住む東京や千葉に流出する事例は珍しくない。しかし当時の当社はと言えば、相続が発生すればあたかも天変地異のようにもうどうしようもない、預かり資産は流出してしまうものと諦められていた。処方箋どころか1年に何件相続案件が発生し、どのくらいの金額が流出して経営にダメージを与えているのか、データさえ存在しなかった。ただそれは当社固有の状況ではなく、2010年当時、多くの証券会社、金融機関、日本全体の共通した課題だったと理解している。

「不誠実」

まず足元を固め、問題の質量を把握する必要がある。

調べてみると、ほぼ毎年、年間2000件150億円の相続案件が発生し、不安定な状態になっていることが分かった。仮に全てが流出した場合、10年で当社預かり資産の1割強を失う勘定になる。これではいくら新規顧客、新規資金を獲得しても追いつかないし、そもそも「株屋風評」などで新規の獲得が難しいこと自体が当社の根源的課題でもある。ここは相続問題に正面から向き合うことにした。当時、同業で参考になる事例はなかったので手探りで道なき道を往くことになる。

当社目線の話はそうだが、お客様目線では相続がどう映っているか。現状にご不満がなければこれから参入する当社に出番はない。

当社の調査でふたつの知見が得られた（図15）。

相続手続きを行う時にお客様が感じるストレスの問題で、ひとつめは誰に対して不満なのか。金融機関13％、建築業者16％、証券会社22％、そして税理士49％。税理士に対して最も不満がある。

ふたつめは何に対して不満なのか。事務手続きが煩雑7％、プロダクトアウトは相続対策として保険を買って下さいという商品決め打ちのプッシュセールスを指すが、これが7％。専門知識がない

24%、最も大きなストレスの源泉は「不誠実」62%。不誠実？　この「不誠実」というお客様の言葉をもう少し彫り込んでみると、それは「嘘をつかれた」ということではなく、「専門家なのに、フィーをとっているにもかかわらず言われたことしかやらない」ということが我慢ならないということだった。このふたつを纏めれば、税理士を中心に、質問をしたら答えるけれども、その質問を先回りしてアドバイスをくれることはない。「先生、事業承継税制が変わるんですよね。」「変わります。」「いつ変わりますか。」「来年度です。」「では、あの……」クライアントの自分が税制変更を切り出さなかったら素通りだった、制度が変わるか変わらないかを知りたいのではなくて、どう変わるか変わらないかを知りたいわけでもなくて、要はよく分からないけれども自分がどう不利益を被るのか被らないのか、何をしなければならないのかしなくてよいのか、ただそれが知りたいだけなのに。お客様の怒りが伝わってくる。「どこが分からないの、教えてあげる。」「どこが分からないかが分からない。」「……」小学校低学年の自分の子供に勉強を教えようとした時よくある会話だろうと思う。

別の視点で言えば、この調査で、お客様は契約や取引のコストを払って「安心」を買っておられるということがはっきりした。以前、都内のある支店のお客様を訪問した際、厳しいお叱りを受けたことがある。そのお客様は当社の商品を担当者から勧められて購入されたが、当時大変なご損をおかけしていた。郊外にお住まいのそのお客様のところには、新宿から大手証券の優秀な営業員が

図15 相続：ご不満

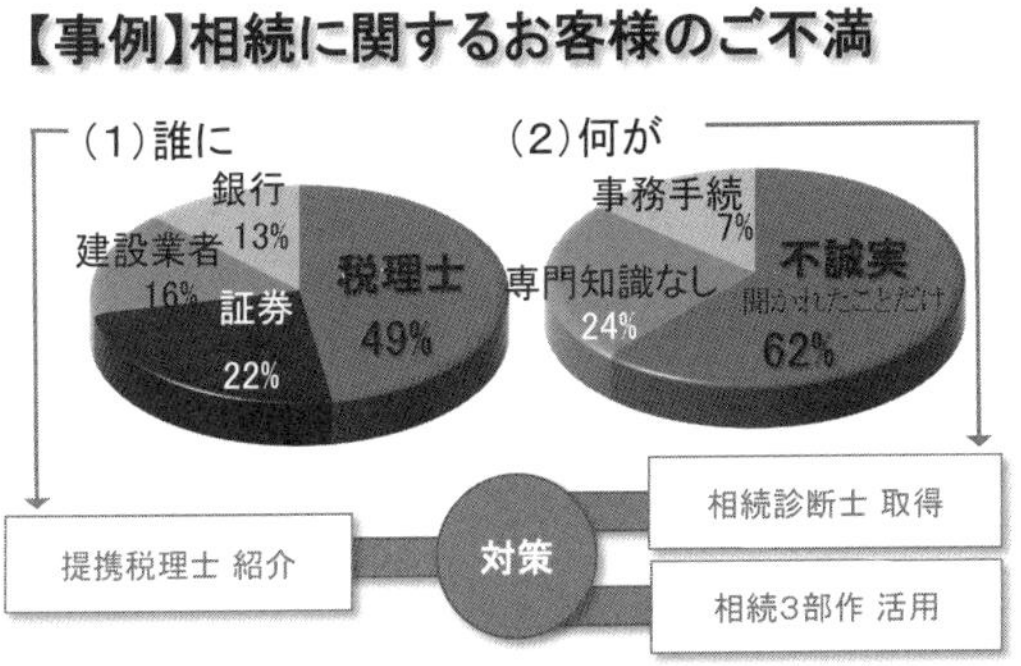

新規取引を求めて継続的にやってくる。彼は人柄もよくお客様の好きなプロ野球のボックス席のチケットも提供するという。しかし取引はしない。自宅に近い当社の支店から担当者が日を置かずやってくる、色々なことを話してくれる、いつも安心をくれるその担当者と話すのが楽しいと仰った。その担当者が転勤のご挨拶をせずに去っていったという。「私がどちらを怒っていると思われますか？」言葉もなかった。後日行き違いの経緯も含めて改めてお詫びをさせていただいた。

顧客ニーズは別の数字でもうかがえた。当社の相続案件のうち相続税を支払う必要のある割合は40％。相続で家族が揉めて争ってしまう「争族（そうぞく）」の割合はそれを上回る55％。多額の資産をお持ちでなくとも「争族」になってしまう実態がある。となれば、ニーズの裾野は広い。

相続への取り組みは外部専門家との連携が必須となる。まさしく「日々の営業に直結した形で外と繋がることの重要性と実際の成果を実感できる、そんな取り組み」であり、全ての営業員が恒常的に向き合うテーマであることから、当社ソリューションの起点にすることにした。部店長会議などの場で、当社ソリューションの一丁目一番地は相続、と繰り返し語りかけることにした。

提携してください

処方箋をつくるステージに到達はしたが、社内の経営リソースを俯瞰しても活用できるものは少ない。外部組織と繋がりその組織と協働していくしかないが、それは個人顧客に1対1で向き合って商品を販売してきたリテール証券の一番苦手なスタイルだ。だからこそやり甲斐はある。競合他社比較で差別化になる。相続ビジネスでのパートナーは税理士と決めたが、どこと提携するかでこの成否は決まると考えていた。考慮すべき点はいくつもある。

まず、先ほどの顧客ストレス調査を踏まえたい。当社は、お客様の不安を事前に把握し、その解消のために先回りして情報提供や提案をしてくださる税理士と連携したい。調査にもあったが専門性も重要だ。「税理士でも素人」、刺激的な見出しが日経新聞を飾ったこともある。税理士の資格試験では相続税法は選択科目であり、同法を選択せずに税理士になった方もたくさんおられる。しかしそれでは困る。また当社は幅広いソリューションを提供していきたいので、相続税の計算だけではなく、不動産の活用もご提案したいし、個人だけでなく会社の事業承継にも絡みたい。とすれば、個人事務所ではなく税理士法人と提携する必要がある。別の視点で、当社のお客様約20万は17都府県＋アルファにお住まいなので、どのようにエリアカバーしていくかという課題もある。

そして最も難易度の高い問題は、当社は高いレベルの相続支援を行いたいが、それ自体で手数料を頂戴しないビジネスモデルを選択したということだ。無償で機会を提供し喜んでいただいて、その結果、競合他社にある資産を移して当社で取引いただく形だが、これは業界を取り巻く環境を踏まえた戦略的な帰結だ。「株屋風評」は手数料優先の営業姿勢を指し、それが嫌悪されて新規顧客が増えない。ここで支援の直接対価として手数料をいただこうとすれば、またかと、まずお客様にご利用いただけないだろうし、そうなっては当社の心が届かない。そしてここは提携いただく先生方とも考え方を事前にしっかり共有する必要がある。もちろん、お客様が納得されて税務申告を委託されたり、提案した遺言や節税スキームが受け入れられた場合は、提携している先生方にとって新たな収益になり顧客の開拓になる。しかし相続セミナーの講師をしていただいても、相続の個別相談会を終日お願いしても、それは無料でお引き受けいただく、そんなやり方は当社としては現実を踏まえた選択だが、ご協力いただく専門家が果たしていらっしゃるだろうか。

探し求めて　志の連携

当時、当社が接点のあった税理士法人をリストアップして網羅的に訪問することにした。その数20超。東京、千葉、埼玉、顧客を紹介してもらえるということで、大会議室に先生方が十数人陣取られて満面の笑顔でお迎えいただくことが多かったが、セミナー開催フィーが貰えない？　一日個別相談会で付き合っても無償？　資産をさほど持っていないお客も対象とする？　お客でないグリップの利かない多くの人々の不安を解消したい？　少なくとも中期的にはビジネスは成立するはず？　代表社員の先生が無表情で席を立たれ、その後は気まずい無言の会議となった。ことごとく謝絶される。考えてみれば当然かもしれない。税理士の先生方の時間単価は高く採算に合わないのだろう。納得はしないが反応は理解できる。パートナー探しは難航した。

そんな時、当時新日本監査法人の常務理事を務めておられた高橋廣司先生とあるパーティで偶然お会いする。前職時代から大変親しい旧友だが当方から接点を持つことは控えていた。新日本監査法人と当社ではビジネス規模が違う、ドメインも違う。ご迷惑をおかけする。だが、高橋先生は、何かやろうとしているのでしょ？　協力するからと切り出された。促されてプランをお話しすると、黙って聞かれていたが開口一番、協力したい、ふさわしい先生はいるから、社会のためになることをやりましょう、と背中を押してくださった。あの時の感激は忘れられない。高橋先生の周りには各界のツワモノが集うが、茶目っ気たっぷりの中に骨太なお人柄がそうさせるのだろうと思う。まずは関西地区で始めたいという当社に、大阪の著名なコンサルティングファームである日本経営、親泊先生をご紹介いただいた。緑地公園駅にあるオフィスでお会いした親泊先生は、にこやかに、そして柔らかな関西弁で、ぜひ協力させて欲しい、5年ほどは採算にあわないかもしれないが、お

図16｜**税理士法人ネットワーク**

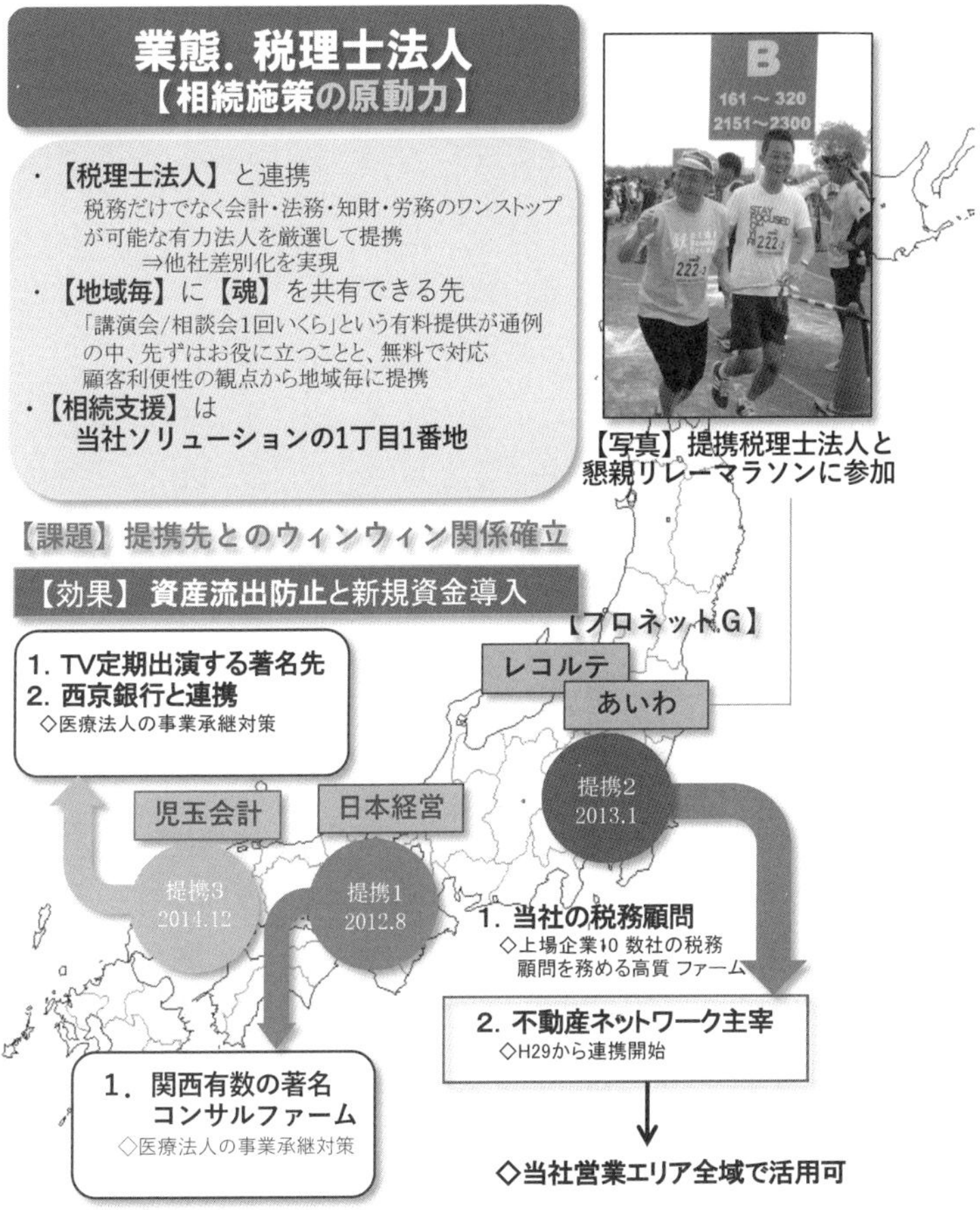

業態. 税理士法人
【相続施策の原動力】
・【税理士法人】と連携
税務だけでなく会計・法務・知財・労務のワンストップ
が可能な有力法人を厳選して提携
⇒他社差別化を実現
・【地域毎】に【魂】を共有できる先
「講演会/相談会1回いくら」という有料提供が通例
の中、先ずはお役に立つことと、無料で対応
顧客利便性の観点から地域毎に提携
・【相続支援】は
当社ソリューションの1丁目1番地

【写真】提携税理士法人と
懇親リレーマラソンに参加

【課題】提携先とのウィンウィン関係確立
【効果】資産流出防止と新規資金導入
【プロネットG】
レコルテ
あいわ
1. TV定期出演する著名先
2. 西京銀行と連携
◇医療法人の事業承継対策
児玉会計
日本経営
提携2
2013.1
提携3
2014.12
提携1
2012.8
1. 当社の税務顧問
◇上場企業10 数社の税務
顧問を務める高質 ファーム
2. 不動産ネットワーク主宰
◇H29から連携開始
1. 関西有数の著名
コンサルファーム
◇医療法人の事業承継対策
◇当社営業エリア全域で活用可

客様に喜んで貰えることをやればいい、収益はあとからついてくるから、と即断いただく。親泊先生のおかげで、東京本社のアイザワ証券がまずは関西地区で相続支援を開始できることになった。

高橋先生は新日本監査法人をご退任後、「経営承継」を支援する㈱プロネットを設立され、有力なあいわ税理士法人との提携もお膳立ていただく。関西の日本経営に続く、東日本で連携する強力なパートナーの誕生だ。金野取締役は、アイザワと二人三脚で全国を飛び回る、と経済誌「経営者通信」のインタビューで宣言された。

金野先生には広島の児玉会計大谷先生をご紹介いただき、中国地方でもパートナーが決まる。大谷先生はテレビで相談コーナーを持たれている広島弁がチャーミングな先生だ。お人柄がお国言葉とあいまって聴衆の心を掴む。このようにして東京・大阪・広島の3極体制がテイクオフした（図16）。いずれもパートナーは当社としては申し訳ないようなその地の有力組織であり、その経営は盤石である。相続支援でまだ何の実績もない当社との共通点といえば、まずはお客様に喜んでいただく、世のため人のためにという方針、志しかない。しかし志に裏打ちされた関係には互いへのリスペクトがある。「信頼は才気以上に会話を潤す」（『箴言集』）とフランスのモラリスト、ラ・ロシュフコーは喝破した。そしてそのことをベースに、先生方の課題である顧客開拓や若手税理士の顧客マインド醸成に貢献するウィンウィンの関係に仕立て上げていった。リスペクトとウィンウィン、この形を骨身に刻んだことは、その後の当社の提携戦略に大きな影響を与えることになる。

テイクオフはしたものの

しかし外部組織と連携することに慣れていない当初は、なかなかうまくいかない。最初の個別相談会は北関東のある支店で開催されたが、お客様1組あたり1時間の相談を、事前予約形式で朝9時から夕方5時まで、昼1時間の休憩をはさんで続けて行う計画にしていた。

雪の降るなか、最初のご相談者が来店される。高齢の女性顧客だ。「足元の悪い中お運びいただいてありがとうございます。今日はどのようなご相談でしょうか。」司会役の当社が切り出す。「あら、おたくの担当者が来てくれっていうから来たんだけど。一体何なの今日は。」その後はお天気と健康の話で時間を潰すことになった。2人めのご相談者は、70代の男性。「先生にお聞きになられたいことはどのようなことでしょう。」「それそれ、今度株を売ったら払わないといけない税率があがるって聞いたんだけど、そうなの。」「……申し訳ありません。当社の営業担当者がその場でお伝えできることなんですが、それは私からご説明しますね……」先生方は横で苦笑いだ。午前最後のご相談者は連絡なく来店いただけず、午後もまた2組がキャンセルとなる。支店近くの老舗の鰻屋に先生方をお誘いしてお詫びした。

本社から集客指示が出たのでセールスの電話のついでにお話しした、だがそもそも顧客の相続ニーズを把握していた訳ではないし、先生がどのような相談に乗っていただけるかを十分理解していた訳でもない、拝み倒してのご予約だった。お客様に対するもともとのグリップ力、信頼関係は分からない。営業員からすれば日々の数字に追われる中、すぐに成果もでない面倒なことを本社が言ってきた、仕方ないから対応するが、お客様にお願いするカードを無駄に1枚切らされた……要はそんな心情だったと思う。お客様が来店されても担当者はセールスの電話を切らずご挨拶しなかった。これでは、先生方にとっても当社にとっても、何よりお客様にとっても何も良いことはない。やらない方が全員時間を有効に使える。

同じような展開が続いた。ご来店されるお客様は、なぜか当社とさほどお取引のない比較的疎遠な方ばかりだ。親しいお客様には商品セールス以外の電話はしたくない、相続の声掛けは休眠先にして取引が復活すれば儲けもの、そんな現場の声も耳にした。相続支援は初めて行う施策なのでただでさえ成果が出にくいが、一番物事がうまくいき感謝もいただける層にはアプローチせず、最も難しい層に体力をかける。マーケティングもターゲッティングもない世界だった。現場のスタンスも問題だが、本社の想定力も足りない。そういった事態を想定した工夫が織り込まれていなかった。練り込まれ削ぎ落されて単純化した指示は有効に機能するが、そうではない粗っぽい単純さは意図せぬ結果を招く。志でお付き合いいただいている先生方には不完全燃焼の日々が続いた。

しかし事態は改善する。きっかけは経営トップによる心からの語り掛けだ。疎遠な方でさえ来店いただける。ましてや親しいお客様ならどうか。普段儲けさせていただいているお客様にまずはお返ししよう、必ずまたお返しいただけるとトップが繰り返し語り掛けた。本社の営業店サポートの仕様もレベルアップさせた。どうすれば最も効率的に最大の成果をあげることができるか、徹底的に分析した。先生方との事前打ち合わせを徹底する、簡単なものは自分たちが営業店若しくはお客様のご自宅に伺い前捌《さば》きを行い、必要な案件のみを何がポイントかを掘り出したうえで先生方に繋ぐ。シャープな運営に変えた。どのタイミングで何をするかデータに基づき施策に反映もさせた。個別相談会はできるだけご家族とご一緒いただく形を推奨する、お客様が亡くなられたという情報が当日中に本社専門部に届く仕組みをつくり、翌日のコンタクトを徹底するなど色々な工夫が営業店のストレスを軽減していった。

営業店の覚醒

「いけますよ!」

ある時、個別相談会を終えた小川税理士から弾んだ声でご連絡を頂戴した。

越谷支店で個別相談会が始まる前、今日来店されるお客様の属性と相続の何に不安を抱えておられるのか、担当者が先生に対して入れ替わり説明したそうだ。先生、よろしくお願いしますと言葉も添えて。いずれも若手社員だった。そういう展開なら自分もいつも以上にやる気がでたし実際相談もうまくいった、お客様には喜んでいただいたし、アイザワ証券も他社取引の有価証券を取り込める形になり、自分も契約をいただけそうだと。その後、さほど時を置かず、当社のソリューション、相続支援策は各地でステージアップを果たしたように思う。越谷支店長は今、当社役員として経営を担っている。

爾来《じらい》、10年弱を経て、600回近い個別相談会を提供し2000組を超えるご家族にご利用いただいた。個別相談会でお客様お一人ごとに1時間、提携税理士先生と当社の3者懇談できめ細かに解きほぐしていく手法が定着し、お客様の満足度は高い。ご家族ぐるみのゆったりとした個別相談会と、亡くなられた後のスピード重視の即時対応の組み合わせも有効で、大手信託銀行の遺言信託契約に対抗できることも多い。遠隔地にある営業店同士が連携して、相続のクロスボーダー支援、親子をそれぞれの居住地でサポートすることも当社の強みだ。個別相談会のあと、お客様が当社の提携税理士との契約を検討される場合、それが実際に契約に繋がる割合は79%と極めて高く、契約数も順調に増加している。また、相続に伴う預かり資産の流出は1割程度までに減少、相続人から新たな資産をお預けいただくことも勘案すれば、当社にとって相続は既にリスクフリーとなっている。新規顧客の獲得が難しい業界特性に反して、この相続と、後に触れる金融機関連携の2チャネルにより新規顧客を獲得するという当社のビジネスモデルが立ち上がる。

従来の自分自身による商品販売に限らず、外部と連携しながら幅広にお客様のお役に立つソリューション戦略、提携戦略の意義が営業現場に徐々に浸透してきた。当初の狙い通りである。

当社は対面チャネルを軸とした証券会社だ。顧客構造が高齢化しているので若年層の取り込みが必要、若年層はネットだから非対面チャネルを強化するという他社のどこもが取り組む発想だけでは差別化できない。しかもそのマーケットには別のメインプレーヤー、ネット証券が巨額のシステム投資を行い、サービス内容を練り込んで待ち構えている。元ニューヨーク・ヤンキースの松井秀喜さんは、「打てないボールは、打たなくていい」という箴言めいた言葉を残した。顧客構造の高齢化が経営上の課題であることは事実だが、高齢顧客自体が問題という訳ではもちろんない。逆に多額の資産を有する最大の顧客である。課題は時間軸にあるだけであり、この高齢者マーケットに強いリテール証券会社は、足元の最大の強みに対して徹底的にサービスを提供していくことで、新たな付加価値を生み出していくことができる。当社のビジネスドメインである対面チャネルに徹底的にこだわり、高齢者取引を相続という切り口で新たに徹底的に掘り下げていくことで、過去にない成果を積み上げているということはしっかりと刻み込みたい。目の前の高齢顧客の後ろに隠れている相続人の皆様が、30歳若返った重要なお客様予備軍だという事実。その事実は施策によって希望に変わる。メーテルリンクの「青い鳥」は、チルチル・ミチル兄妹が幸福の象徴である青い鳥を過去や未来の国に探しに行くが、結局のところそれは自分たちの一番身近なところにあったという童話だ。時空を超えて真理を教えてくれているのだろうか。

こういった取り組みは、外部の耳目をあつめ、例えば当社が東証1部に上場する際の上場審査において、全社ベースの本格的な相続支援施策は証券会社では稀有な取り組みとして、その成果も含めて高くご評価いただいた。金融当局との懇談でもお言葉を頂戴する。高橋先生は、経営トップのぶれない方針に言及された。

相続診断士でドリフト走行

当初、お客様の相続支援をお手伝いできるようなスキルをもった社員は1人もいなかったが、提携税理士との帯同というOJTを重ねに重ねた本部所属の担当者たちは、難易度の高い「争族」案件にも対応できるようになる。関東の造り酒屋を巡る事業承継では、他県に別れてお住まいの兄弟姉妹が弁護士をたてて主張しあう状態で、相続による不動産の行方次第では江戸時代から続く酒蔵の廃業も懸念されたが、当社の担当者がそれぞれの地を巡って意思疎通を図り、最後は相続人全員から感謝いただく形で決着させたこともある。皆さんが感謝の気持ちとして当社に口座開設されお取引いただくことになった。子女の諍《いさか》いを収め、地域の歴史という看板を背負った酒蔵を無事継承できたことで、お亡くなりになった長年のお客様に恩返しできたと考えている。

このステージに至って、思わぬ新たな課題が生まれた。百戦錬磨で何でも対応できる本部担当者はお客様の信頼が厚く、あれもこれもとご相談いただくことがしばしばだ。これ自体は素晴らしい話だが、相続のご相談には業法の壁がある。税理士法で定められた業務は税理士資格がなければ行ってはならないが、頼られ自分も自信を身につけた本部担当者がお客様のために良かれと思って行った行為、それが業法違反だった……こんな悲しい事態を起こしてはいけないという問題意識だ。ブレーキ機能が必要となる。

一方でその逆の課題も浮き彫りになる。営業店で実際にお客様を担当する社員が、相続、それなら百戦錬磨の本部担当者に紹介して、という流れは思惑通りだが、本部担当者を信頼するあまりいつまでも単なるつなぎ役に留まって、お客様取引のインターフェイスとしてご相談能力の向上が見られない、という課題だ。ここではアクセル機能の強化が急務となる。当社は相続支援などの個別ソリューションでフィーを頂戴する方式を選択しなかった。その理由は前述の通りである。当社としては、提供したソリューションに感謝いただいたお客様が当社でより取引をしていただく、また、新たなお客様を当社担当者宛てにご紹介いただくことを企図しているが、お客様の感謝のベクトルが担当者ではなく案件ベースでテンポラリーに接点を持った本部担当者に向かうというのでは、このビジネスモデルは成り立たない。感謝いただく対象が日常接点をもつRM（リレーションシップマネージメント）担当者、即ち営業店の担当者でなければならない。会社として社会に向けて良い事をやっているにもかかわらず、経営的には問題がある……これでは長続きしない。よくある話だ。

処方箋はいくつか講じたが、そのひとつに業界に先駆けた「相続診断士」資格の全社員取得がある。この資格は、金融機関においては、相続ビジネスを推進するために知識のない社員に取得させ、案件発掘し収益化に繋げるといったコンテクストで語られることが多いが、そもそもは国民の相続に関する不安を「専門家である税理士に的確に繋ぐ仲介者」として認定するという趣旨で誕生している。当社はこの原則に忠実に、百戦錬磨の本社担当者はこの資格を名刺に掲げることで常にブレーキを意識し、逆に営業店担当者はこの資格を名刺に掲げることで営業上のアクセルとして、その名に恥じない知識の習得に励む。相続診断士をブレーキとアクセルの両方で活用しようという施策は成果をあげているように思う。

ゲートキーパー

課題は次々に生まれる。

相続支援で信頼を積み重ねるステージでは、寄附という言葉が見え隠れしてきた。心からご信頼いただくと、親族への相続のご相談に加え、何か社会に還元したい、残したいという漠然としたお気持ちに接することも増えてくる。なにかしたいが知識がない、教えて欲しい、とは言葉に出されないけれども、ああ、そういうお気持ちなのだなと感じる。しかしここには世に有力なプレーヤーが存在しない。であれば、当社がゲートキーパーとなって適切な繋ぎ役を果たしたい。当社には提携している教育機関も多い。この分野でも連携すれば社会に新たな付加価値を提供できる。教育機関や芸術系組織へのドネーションは欧米に根付いた文化だ。功成り名を遂げたが、小さい頃は家が貧しくて好きな本を読めず学校にも満足に行けなかった、そうはいっても自分を育んでくれた故郷の門司には感謝している、少なくとも当地の子供たちにはたくさん本を読めるようにしてあげたい。現実に眼前で語られた言葉である。当社の更なるレベルアップが求められている。

3 認知症

杉浦地域医療振興財団

新年早々の厳寒の昼下がり、本郷の東京大学伊藤謝恩ホールで450人の高齢者が講師の話を一心に聞いていた。杉浦地域医療振興財団が主催する「第2回健康増進セミナー in 東京　ごきげんに年を重ねる秘訣」。スギホールディングス（スギ薬局）社長の奥様が理事長を務める財団が、認知症をテーマにしたセミナーを継続開催しているのを知り、夫婦で参加してみることにした。参加者は50～60代の夫婦がほとんどだ。認知症を患う高齢の父母を介護されている方々か。

私事で恐縮だが、その頃、実母が激しい認知症に苦しみ奈良の施設でお世話になっていた。発病して既に数年、徘徊も始まり家族の認知もままならない。アルツハイマー型特有の健忘と疑念は施設の方を悩ませるレベルで、週末ごとに交代で帰省する家族は心身の疲弊を深めていった。認知症のセミナーが東京大学で行われ、然も450人、何か参考になる知識を得られるかもしれない、そう思って参加した。会場では東大教授がロコモについてお話しになり、続く講演のテーマは「認知症800万人時代：最新の治療そして予防はどうするか」。おばあちゃんが、嫁がご飯を食べさせてくれないって近所に言いふらす、さっき心づくしの料理を食べさせてあげたばかりなのに。腹がたちますよね、でもしかたないですよね、おばあちゃんは病気なのですから。講師の一言一言に聴衆は深く頷き笑い涙ぐむ。あっという間の2時間だった。数ケ月後、今度は横浜で同じセミナーが開催されるという。また参加した。驚いたことにあのご夫婦、このご夫婦、東京のセミナーでお見かけした方々が何組もいらっしゃった。果たして3回目も同様に。「おばあちゃんが……」同じ話の同じタイミングで同じように頷き笑いまた涙ぐむ。そうか、多くの方は知識が欲しくて来ている訳ではない、自分だけでない、同じような苦しみを抱えた家族が他にもいる、癒やしを求めてやってきている。それは自分たちもそうかもしれない。認知症の親族を介護する家族たちが集う「認知症カフェ」の必要性が喧伝されているが、この時、その意義を自分事として初めて体感した。それだけこの認知症というのは、本人だけでなく家族に重く圧《の》し掛かる、罪深い病気なのだ。気付きがあった。

オレンジプラン

小学生時代に買い与えられた『広辞苑』（岩波書店）を今も使っている。1970年の大阪万国博覧会の年に発行されたものだが、そこには「介護」という言葉が載っていない。介護保険制度が始まったのが2000年、それ以降、急速に社会に広がり市民権を得た言葉だと知る。近い将来、高齢者の5人に1人は認知症の時代が来るという。どの夫婦も両親の誰かを介護する世界は恐らく今とは異なる。厚労省から内閣府マターに格上げされた国を挙げての取り組みオレンジプランは2013年にスタートした。主要施策のひとつは、有資格者の講習をうけ、認知症の何たるか、基礎的な対応を習得した「認知症サポーター」を1000万人創出するというもので、金融機関の反応も強い。認知症を患うお客様が来店され、印鑑と通帳を自宅に忘れてきたにもかかわらず、盗られた、さっき声をかけられた店頭案内の男の人が怪しい、パニックになって店頭ロビーで大騒ぎ。こんな事態を避けるため、認知症患者の物理的視野の狭さ、声掛けの角度や目線の位置などを学び、混乱を未然に防止する。必要に迫られた当然の対応だ。翻って証券会社では反応が鈍いように思う。金融機関対比で来店客数は圧倒的に少ないので、この認知症絡みで店頭トラブルになる可能性は極めて小さい。訪問時に異変を感じればその後訪問せず然るべき措置をとればよい。金融機関と証券会社の対応の差は、意識の高低の問題ではなく必要の度合い、ビジネスの構造上の問題なのかもしれない。

『ペコロスの母に会いに行く』

しかし当社にはこだわりがある。2021年アカデミー賞主演男優賞を受賞したアンソニー・ホプキンスは、映画「ファーザー」で時間と空間の座標を失った認知症の老人の不安と恐怖を見事に演じた。その2軸を失うことがどのような世界なのか、観客に体験させる監督や脚本も素晴らしい。そしてそこでは、一人娘の苦悩も描かれる。当社のこだわりはご家族への想いだ。「お父さんのように癌になればよかった、こんな病気（認知症）になって、本当に恥ずかしい。」こんな言葉も聞く。病気に恥ずかしいも何もないはずだが、認知症は健忘や徘徊という症状をもってご近所の目を意識せざるを得ず、家族もご近所に迷惑をおかけして申し訳ない、恥ずかしいという想いを抱くケースが極めて多い。

漫画『ペコロスの母に会いに行く』（岡野雄一）は、後に映画化もされ、キネマ旬報日本映画ベストテン第1位になった名作だ。認知症になった母を介護する漫画家の自伝だが、母は時々息子雄一のことが分からなくなる。そんな時、雄一の禿げた頭を見てペコロス（玉葱）、息子だと理解する。雄一は母と真正面で向き合い、徘徊も排泄物の食糞も、どんな局面でも今の母を理解し温かな心で包み込む。泣きそして笑いを誘う素晴らしい実話だ。しかし、なかなかこのようには振る舞えないのが悲しい現実だと思う。今がいつで、ここがどこかという、時間と空間の2軸を喪失することがどれほど恐ろしいことか。そこから生まれる不安と不信は、時には徘徊、時には暴力となって表れる。ご家族の近所に対する恥ずかしさと身内であるが故の遠慮ない怒りは、なかなか抑えられない。実母は自分を育んでくれた特別の存在だからこそ、現実の認知症の姿とのギャップを加速させ、その現実の姿を受け入れることを拒絶させる。認知症は本当に罪深い病気だ。

当社は長年お取引いただいたお客様に心から感謝している。それは新規顧客を増やせないという現実を踏まえればなおさらである。きめ細かな相続支援もそうだが、不幸にして認知症を患うことになった時、ご本人に対して適切な対応を取らせていただくことはもちろん、その大切なご家族にも想いを寄せ支えたいと考えている。ご両親が認知症だということを言い出せずご家族で悶々とされている、そんな状況にそっと寄り添いたい。ここは精神論だけでなく、施策として組織対応することにした。

呼応した支店長たち　若者たち

ただ、こういった活動が、毎日の営業を担っている現場に受け入れられるか、懸念があった。相続をご支援することは、お客様の顕在化されたニーズが確かにそこにあり、預かり資産流出防止という営業上の成果に直結もするソリューションだが、それでも営業現場の立ち上がりは遅かった。ましてや認知症対応となればその相続の、さらにうしろにある課題である。関心は示されるだろうか。

図17｜認知症サポーター

しかしその懸念は杞憂《きゆう》に終わる。

直ちに複数の支店長が手を挙げ認知症サポーター講習を支店内で開催した。その支店長に話を聞いてみると、皆、亡くなった両親が認知症で、自分がそのことについて無知だったがためにいまでも後悔するような言動を両親にぶつけてしまった、そんな痛恨の想いを今まで押し殺してきた。認知症患者が無表情なのは感情がないのではなくて、ただ会話についていけない不安感からだということを知らなかった。部下社員にはそういう想いをさせたくない、そんな気持ちで取り組んだという。そこは筆者個人の経験ともオーバーラップする。

当社はここでも業界に先駆け社員全員が講習を受けて認知症サポーターとなり、営業員の多くはその証しであるオレンジリングを腕や社員証に巻き付けて自主的に着用している。若手社員がゴム製でお世辞にも見栄えがいいとは言えないオレンジリングを嬉々として着用し、行ってきます！と外訪活動に出かけていく姿は、仲間として誇らしく思う。彼らが外訪活動中、交差点で実際に認知症の方をサポートしたこともあった。オレンジリングに目を留められたご息女が後日、気持ちが嬉しいとして相続手続きをお任せいただいたこともある。オレンジリングの着用は、「ＡＩＺＡＷＡ・ソリューション・サリュート（敬礼）」だ。当社は現在、全国50以上の自治体と高齢者見守り協定を締結し、地域社会の一員として活動している。認知症がもたらす世界とのクロスボーダー。当社の認知症対応はクロスボーダーソリューションの一環でもある（図17）。

キャラバンメイトの驚き

この認知症サポーターを社員に求めるに当たって、その意義を当社流に整理して明示することにも拘った。意義は公私それぞれ2つずつ、計4つある。一般的に企業の取り組みは、認知症の当事者に対するケアだと思うが、当社はそれに加えてご家族に寄り添うことも主題に定め、業務遂行上留意することにした。「公」の意義だ。それと並列して「私」の意義の第一は、社員自身のご家族に対するケアだ。あの支店長たちの想いを今に活かすことになる。筆者の体験だが、一人暮らしをしていた母を訪ねた際、片付け（られ）ずモノが散乱している部屋を見て、これは認知症の典型的な症状だと知っていたら直ちに治療に入り、もうすこし長く生きて貰えたかもしれない。消えない後悔だ。「私」の意義の第二は、その知識・意識をもってそれぞれが住まう地域に貢献できること。「公」「私」の意義は主従の関係ではない。いずれも大切な並列の関係である。

当社のこういったスタンスは、行政や医療関係者の方々に高くご評価いただくこととなる。例えば、西宮市との高齢者見守り協定では、市役所でこのような考え方を芦屋支店長が語ったことに市のご担当者が感激され、改めて上司の方が表敬来店された。証券会社の支店を市の幹部が訪れ感謝を述べられる、あまりないシーンかもしれない。柳井支店で行った岩国支店・下松《くだまつ》支店合同の認知症サポーター講習も印象的だった。「私では力不足です……」講師派遣のお願いに伺った支店長が語る当社のスタンスに市のご担当者が発した言葉だ。当初予定されていたご自身による講義を変更し、10名近くの地域の高齢のボランティアの方々と一緒に来店され、仮装も交えた渾身の寸劇の数々をご披露いただいた。俳優顔負けのボランティアの方々と共に過ごした笑いと納得の時間、講師に向けられた社員の万雷の拍手と感謝をいまも忘れることができない。

そしてキャラバンメイトへ

このような展開になると流れは止まらないものだ。

認知症サポーター講習の講師派遣を行政にお願いしても、多忙でなかなか応じていただけないことも多い。そうであれば、自分たちが講師であるキャラバンメイトの資格をとればいい、当社には

図18 | 認知症キャラバンメイト

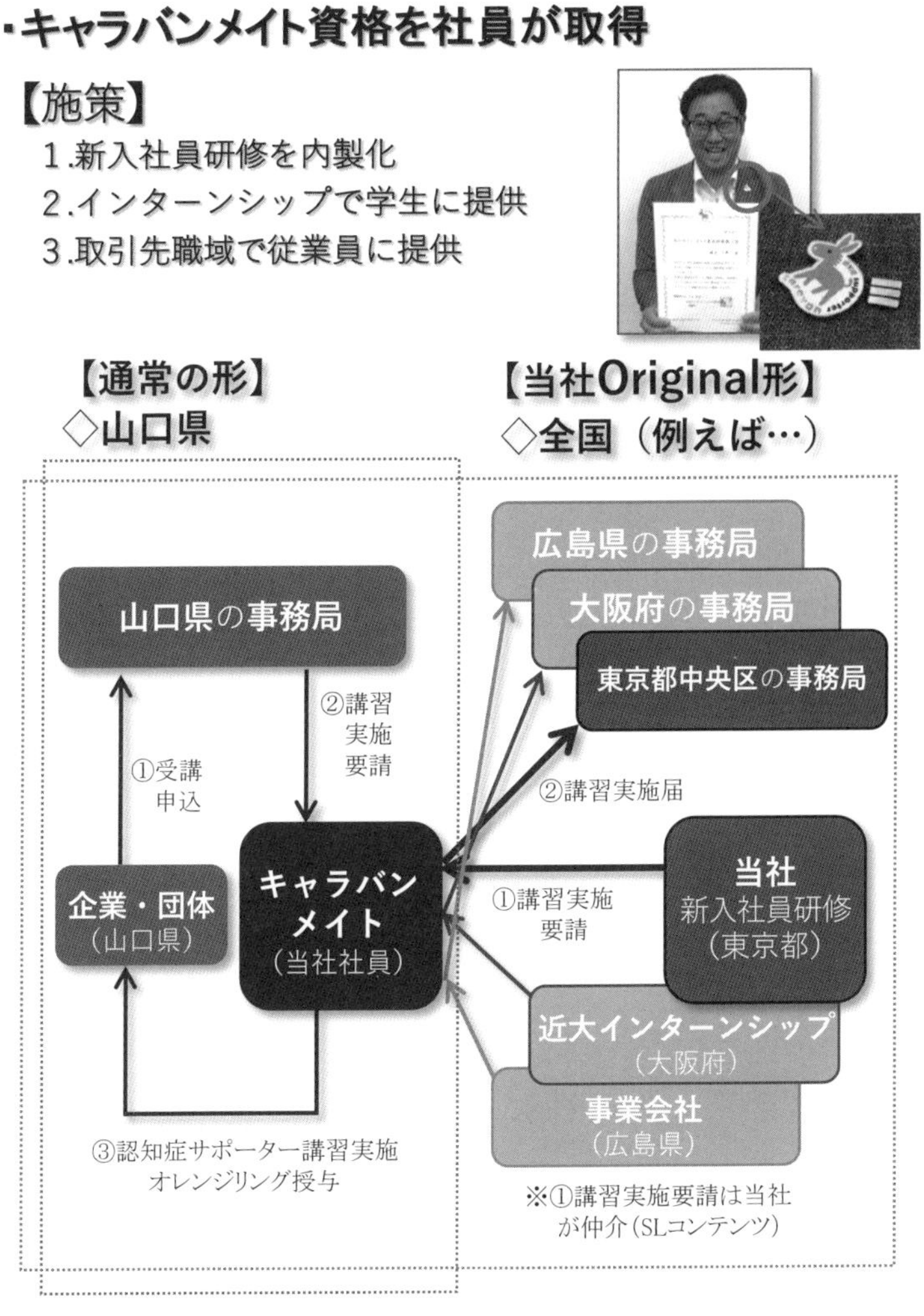

現在10名近いキャラバンメイトがいる。これは個人資格で基本的には医療関係に限定される。ただ、認知症対応の需給に鑑み、受験資格は自治体によって異なる。医療関係者以外でも受験可能な地域の社員が自主的に受験をして合格した。当社は彼等彼女等の力を借りて、新入社員に対する認知症の集合研修を内製化している。提携している近畿大学に提供しているインターンシップは毎年30名が参加する人気プログラムだが、そこでも内製化した認知症研修を組み込んでいる。就職活動で提出する履歴書の資格欄に認知症サポーターと記入したことで面接官に社会性を評価されるきっかけになったと、嬉しそうに報告してくれた女子学生もいた。中小企業の求めに応じて機動的に研修を提供してもいる（図18）。

遺影撮影会

高齢者や認知症の方々のお気持ちを多少なりとも理解できるようになった当社は、知見を活かして「就活」ならぬ「終活」セミナーを開催している。真打《しんうち》の落語家による跡目争いの「争族」の話、地域の医師による認知症の話、そして遺影の撮影会。そうは言っても遺影の撮影なんて縁起が悪いとお客様にお叱りを受けるのでは、という一抹の不安もどこへ、すぐに事前予約が埋まってしまう大人気のプログラムとなっている。特に女性には、友人のお葬式に行っても遺影は彼女らしくない、自分らしい綺麗な写真を残しておきたい、子供たちに面倒をかけたくもない、そういったお気持ちに寄り添った企画として受け入れられ、美しい和装や華やかな洋装で、満面の笑みでカメラマンの前に立たれる。この予期せぬ成功は、当社の営業を一歩前に進めることとなった。

1本の薔薇

阪神大震災では多くのボランティアが支援物資をもって現地入りした。大惨事発生から間もない頃、給食の長い列が続く。人々の表情は疲れ切って暗く、無表情で配給の水を淡々と受けとっていく。そんなある日、いつものように列に並んでいた被災者がペットボトルに添えられた1本の薔薇に目をやったとき感情が溢れだす。ほほ笑む人、涙を流す人、いろいろだったという。そんな記事を思い出す。無機質で灰色の瓦礫の山の中に、命を宿した小さな深紅の薔薇。明確なコントラストが凍った被災者の心を溶かしたのだろうと思う。心に残りインスパイアもされたエピソードだ。深紅の薔薇とオレンジリング、暖色のアイテムで当社も様々な心に寄り添いたいと願う。

相続診断士で知識を装備し、認知症サポーターで心を整える。ご家族は相続人、当社の将来のお客様候補でもある。新規顧客の獲得に苦戦する証券業界にあって、相続は顧客開拓のひとつの有力なチャネルであり、営業成果に直結するビジネスモデルとして取り組んでいるが、その底流にある当社の思想こそがなにより重要だと考えている。当社の相続支援に関わる多くの成果は、提携して力をお貸しいただいている税理士の先生方とともに練り上げた数多くのノウハウに基づくものである。細分化された差別化プログラムをここでご紹介することはしないが、業界の先駆として関係者

図19｜ソリューション実績

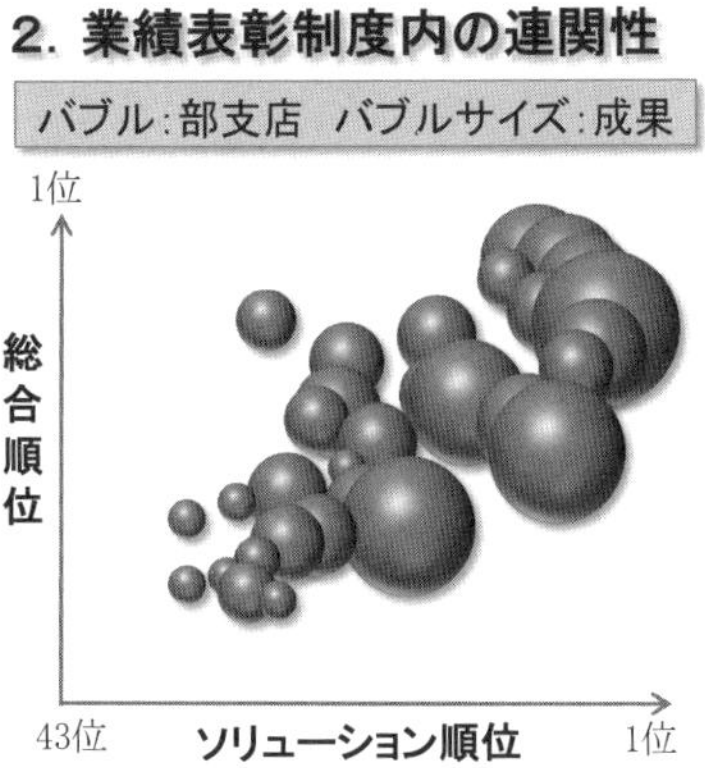

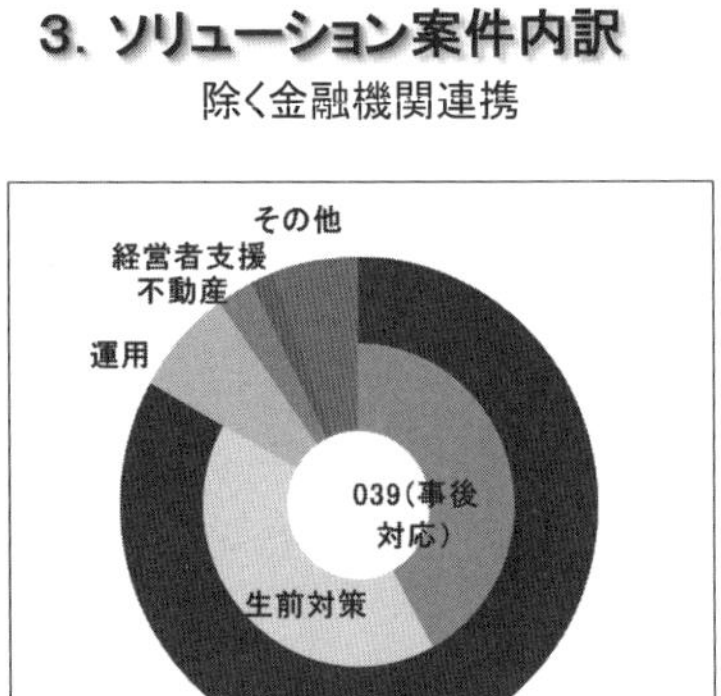

の方々に高くご評価いただいている。その背景にはこのような考え方がある。「花は謝し、樹に影の無し」（『碧巌録』）。花は散り、葉も落ちて木々には何も残っていない、当社の高齢のお客様の「人生を謝す」を想う。取り組みに向けられた熱量の低下だけは留意しなければならないと、気を引き締めて臨む毎日だ（図19）。

第4章 新たな課題

ニューヨークマンハッタン島42丁目の街角に
掲げられたランタン

ランタンの灯

相続支援を軸にソリューションのご提供を始めて数年が経過し、それなりの手応えを感じていた頃、2つの課題に直面することになる。1つめが「ランタンの灯」と呼んでいる営業上の課題だ。「深さ」の課題と言ってもいい。

アカデミー賞の長編アニメ映画賞を受賞した「千と千尋の神隠し」(2001年)は、異世界に迷い込んだ主人公千尋のロードムービーだが、彼女は銭婆《ぜにーば》を訪ねて旅にでる。幻想的な海を渡る列車に乗り、日も暮れた頃、ようやく6つめの駅「沼の底」に着く。さてどうしたら、という千尋を、足が生え一本足の生き物風となったランタンが道案内する。暗い森の中をぴょんぴょんと飛び跳ねて先を行き、離れたところで止まって明るく照らし千尋を待つ。近づいてきたらまた飛び跳ねて先導する。千尋は無事銭婆の家に辿り着いた。

この頃、お客様に喜んでいただくソリューションとして始めた相続や事業承継のコンサルティングで、逆にお客様のお叱りを被るような事例が複数発生していた。当社が相続に関して行った社内調査で、お客様のご不満は、税理士を中心とした支援関係者が不誠実、言われたことしかやらないというスタンスに向けられていたが、この時のお叱りはまさにその点にあった。分かっていた陥穽《かんせい》にそのまま嵌り込んだ形、痛恨の事態だ。相続や事業承継のご支援は長い時間をかけてお客様と並走する。従来型のリテール証券会社にとっては苦手な分野かもしれない。普通銀行と長期コンサルティング中心の信託銀行の連携でもシンクロさせるのが難しいこの時間軸の問題は、証券会社ともなればさらに難易度があがるのは当然ではあった。当然だが放置はできない。

「ランタンの灯」は「深さ」の課題だが、これは心と技量の2つに因数分解される。

千尋を導いたランタンのようになりたいと思うかどうか。そして、なれるかどうか。千尋のランタンとは違うシーンを頭に浮かべてみる。真っ暗な夜の森、お客様を前に行かせて自分は後ろから提灯を差し出し無言でついていく。お客様の足元は薄暗く、行く手はさらに暗い。不安になったお客様が振り返り、まだこのままいくの？　曲がらなくて？と問う。大丈夫です……。また沈黙の道行きが続く。もう曲がらないとだめじゃないの？とお客様。今すぐ曲がって下さい……目の前は断崖絶壁で真っ暗な海が広がっていた。こんなシーンは見たくないですね、お客様にとっても自分にとっても、と寄り添う心の重要性を問いかけるのは経営の仕事だ。だが技量も問われる。その心があっても技量が追い付かないのならそれは本部の仕事になる。コンサルティングの工程を管理し、クオリティ向上のため先生方とのＯＪＴを増やし、社内で磨き上げるトレーニングの場も設ける。どこにでもある処方箋だがここはシンプルに徹底した。このお客様の不安が消えないなら、当社はソリューションの提供から撤退した方が社会のためになる。

図20｜解説3部作

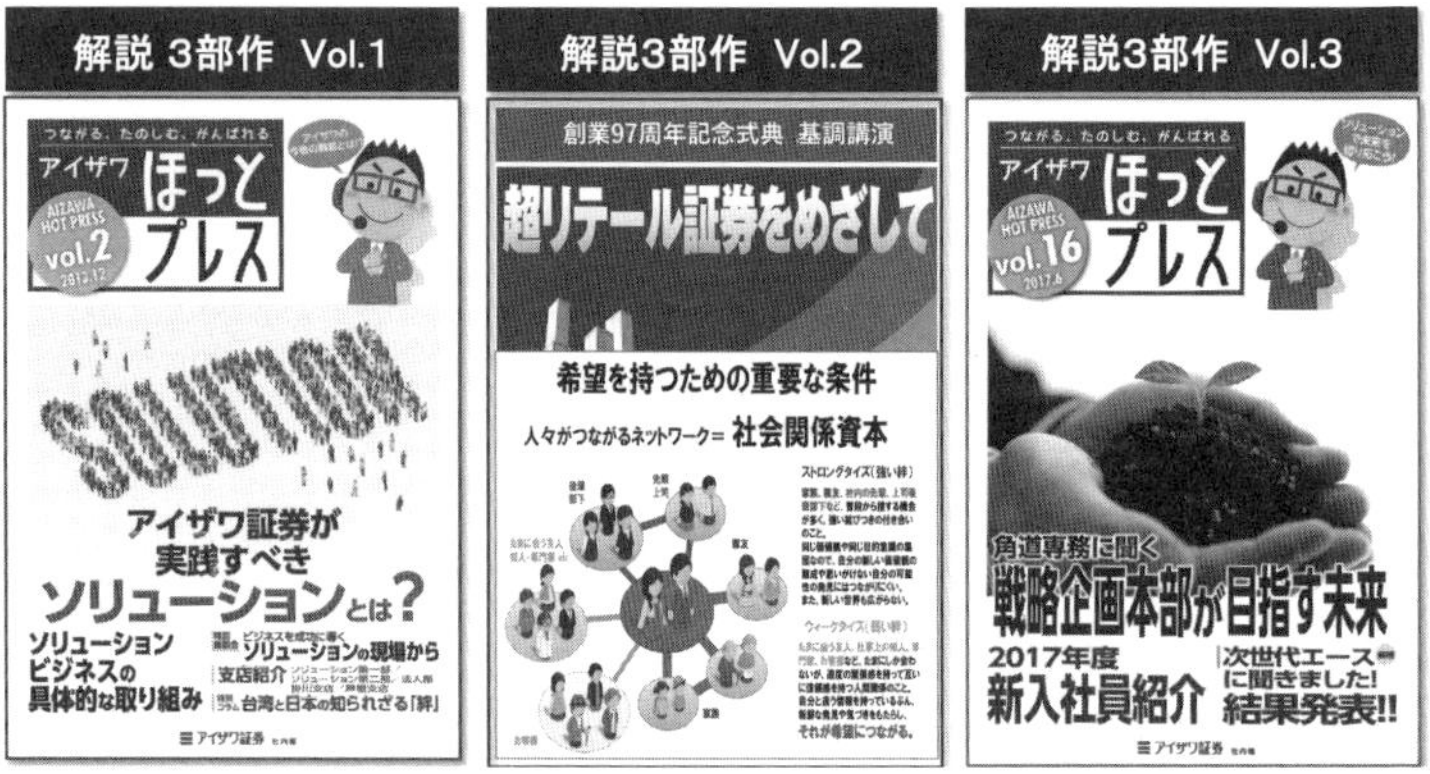

【方針のポイント】
ソリューションは…
1. 差別化戦略
2. 営業活動の根幹
＝営業姿勢そのもの

【方針のポイント】
1. ウィークタイズとの連携で
差別化したソリューションを
2. 新たなお客様を獲得
3. 地域金融機関との連携
・仲介ビジネス等で収益拡大

【方針のポイント】
ソリューションは最重点取組課題
1. レピュテーションは最大の武器
2. 相続対策で流出防止顧客獲得
3. 日本アジア証券に導入

商品のプロダクトアウト、押し売り営業を排するためにお客様の大きなご不安のひとつ相続の支援を始めたが、その相続支援とて、やり方と内容によってはプロダクトアウト、押し売り営業になってしまう。こんな話もある。ある証券会社の担当者に、高齢の母が持っていた投資信託を解約しようとして断られたお客様がいる。笑顔の担当者の言葉は「お母様が亡くなられたら相続でご自身の財産になりますよ。」母は認知症だった。その証券会社の手続きはおそらく正しい。しかしお客様は、まるで死ぬのを待てといわんばかり、自分の財産にしたい訳ではない、いまのうちに母にしてあげたいことがあるだけなのに、と受け止められた。少なくとも言葉は間違っていた。

当社では地道な改革を続けていった（図20）。お客様の心に寄り添うスタンスは改善していると信じている。

LOST in SOLUTION

個人を対象とした相続支援を軸に、法人の営業支援、そしてそのあとに続くことになる金融機関との連携に教育機関との連携……他の証券会社が行っていない、当社も過去に取り組んだことのない商品販売以外の行為の数々。企画は進むが営業現場との乖離《かいり》も気になり始めた。静止時からの転がり摩擦ではない、加速に伴う空気抵抗の話かもしれない。エンジンの回転数が車輪に伝わらない動力のロス感、直ちに起動しない時間のロス感は、いずれも現実のものになってきた。従来の日常業務に加えて見たことも聞いたこともない新しいことに次々に挑戦しなければならないのだから、無理もないかもしれない。事態の打開には、物理的にも精神的にも工夫が必要なことは明らかだった。まずはどう発信しどう伝えるかということ、そこに正面から向き合う必要がでてきた。これは厄介な課題だ。どの組織でも共通の課題ではあるが、特に証券業界、取り分けリテール証券は、これまで個人顧客向けに金融商品を販売するという比較的シンプルな事業内容に終始してきただけに、こういった複雑な施策（と見えるが実は至ってシンプルなのだけれども）に取り組む経験が少なく、歴史的に得意とは言えない分野だ。繰り返しここに立ち戻る。ここで2つめの課題、目標を共有し広めて浸透させていく「深さ」ならぬ「広さ」の課題に向き合うことになる。

組織に対して発信したことを自ら実践しそれを伝え広める役割は、本社ソリューション部が担う。「地域活性化伝道師」は政府の地方創生政策のひとつだ。ソリューションの伝道師、まずこの機能を強化した。ちなみにこの部隊は、もともとは東京の金融法人を顧客とする法人営業部だが、個人顧客を担当する営業店とは組織的には並列の関係にあるものの、リテール証券らしく収益貢献の逆較差は圧倒的で、しかも顧客の金融法人に提供する株式売買は、システムコストを勘案、大手のような複雑な手法を提供できず、情報の付加価値も提供できない、組織としてお願い営業に終始していた。そこにリスペクトはあっただろうか。しかし社員個人に目を向ければ、リテール証券内では稀少な法人、経営者に接する術を身につけており、その知見にも光るものがあった。当社は組織を捨て、個人を活かす道を選択する。法人部門と個人部門という薄く横に伸びきった鶴翼の陣を捨て、古代ギリシャのファランクス（重装歩兵の密集陣形）、集団が一団となって戦う体制に変えた。この部隊に与えられた新たなミッションは、当社のビジネスドメインである個人顧客に徹底的にこだわり差別化されたサービスを提供するため、その主力部隊である営業店と顧客を徹底的にサポートする役割だ。並列の関係を壊し、縦を厚くする。当社のビジネスドメインでひときわ輝く存在になるため、コアとなる技術やノウハウなどの経営資源を1点に集中し、そこを追求することにした。これは組織の選択と集中であり、法人対応も可能な部隊を個人顧客層に投入する形は、ドラッカー的に言えば離れた異なる2つの既存のものの結合。イノベーション、といえば過ぎた表現かもしれない。しかし後にこの部隊は、他社では見られない金融機関との包括業務提携を次々に成し遂げてくれることになる。本社ソリューション部は、ラッセル機能を持つ、少数精鋭の歌って踊れる営業店支援部隊となった。

1960年代に人気を集めた英国の特撮人形劇「サンダーバード」に夢中になった方は多いと思う。世界各地で発生する事故や災害で絶体絶命の危機に瀕した人々を「国際救助隊」(IR：International Rescue)を名乗る組織がスーパーメカを駆使して救助する姿を描く未来活劇だ。

ソリューション部隊は宇宙ステーションのサンダーバード5号のように全国の営業店のお客様の困っておられる情報を収集し、出動すべきと判断したら直ちに先行部隊、偵察機サンダーバード1号を派遣、その判断に基づいて必要な装備を積んだ後続部隊、サンダーバード2号を飛ばす。その積んでいく最新装備はもたらされる情報によって様々だ。相続対応の先生方もそのひとつ、M&A担当者に教育支援のための担当者、役員も装備のひとつである。そして海に陸に、宇宙へ。少し表現は違うかもしれないが、海兵隊のような役割もある。敵陣深くに降下し、拠点を作って陸軍本隊の到着をまつ。ソリューション部隊と営業部隊の役割分担、連携があって初めて目標が達成される。

劇中では、宇宙ステーションのサンダーバード5号は、世界に飛び交う電波に乗った人々の会話の中から自分たちの出動の必要性を判断する。しかし、北欧神話に登場するアスガルドの見張り番、ヘイムダルならまだしも、自分たちで情報収集するには限界がある。人々から、営業店から直接救助要請があった方が効率はいい。また、サンダーバード2号が積んでいく様々な装備は、性能を常に最高のものにグレードアップした最新鋭装置でなければならない。しかし現地で、営業店である程度対応できるなら、稀少な最新鋭装置は本当にそれが必要な時だけ使えるようになる。サンダーバード機能を担うソリューション部はどこまでも専門性を高める必要があるが、それは効果的に使いたい。人数は限られている。営業店は50以上ある。

本部が営業店の横にいて、実際に対顧客営業で協働する従来にはなかったこの陣形は、それなりにうまく機能し始めた。例えば相続対応では、お客様が亡くなられた情報は自動的に本社ソリューション部に伝えられる仕組みが導入され、課題だった動力のロス、時間のロス問題は解消に向かう。ただ、より効果的に機能させようとするには、経営や本部の考えていることをより広く正確に全社に伝える必要がある。伝える内容はもちろんだが、そもそもどのように社員1000人に対して細部まで徹底するかという問題だ。ソリューション部隊の個別活動を通じた草の根伝播を超える、なにかが必要となった。

I have a dream

I have a dream that one day on the red hills of Georgia, the sons of former slaves and the sons of former slaves owners will be able to sit down together at the table of brotherhood.（私には夢がある。いつの日か、ジョージア州の赤土の丘で、かつて奴隷だった息子たちとかつて奴隷の所有者だった息子たちが、兄弟として同じテーブルにつくことを）

1963年、ワシントンDCのリンカーン記念堂でキング牧師が行った有名な演説の一節は、すべての民族、あらゆる出身のすべての人々に自由と民主主義を求めた内容だが、このI have a dreamという短い言葉で、語り手の思考、当社風に言えば「超（beyond）」の壮大な世界の広がりとそれに向かう決意を聴衆は共有することができる。信念ある人物の心から絞り出された言葉に勝るものはない。どこまでもそれを追求していくのがリーダーの極めて重要な役割だ。だがそのような言葉を生み出すのは容易ではない。I have a dream のような言葉があちこちにある訳ではないのがその証左だ。

また全く違う視点も気になる。もっと物理的な問題だ。

ダンバー数

「考える人」（新潮社）２０１５年冬号で、山極寿一《やまぎわじゅいち》京都大学総長が「ダンバー数」という概念を紹介されている。ダンバー数とは、人間の脳は１４００〜１６００cc、その容量に適する人間集団の規模は１５０人だという。脳の容量は40万〜60万年前から変わっておらず、現実の集団規模は人類の進化に伴い急拡大したが、人間の脳で作れる共同体の規模、つまり信頼関係を構築して一緒に暮らす仲間の数は増えていないという。

文化人類学の組織論では最も小さい規模集団として家族をあげる。そして次はスポーツによくある規模だが、体を同調させて暮らす中でお互いがどう動けば（例えば筋肉の動き、目の動きで）何を要求されているのかまで分かる集団、共鳴集団と呼ばれ、その規模は10〜15人。ここでは言葉は必要ない。次はクラス。学校や会社の部（課の集合体）で、顔を突き合わせている中で、顔つきや仕草で互いの体調が分かる集団で規模は30〜50人。誰かが欠けていれば分かるレベルで、１つの目標を立てれば集まれる集団だ。そしてバンド。現代の狩猟採集民がつくる複数家族の集合体、地域の共同体で、常に顔を覚えていられ、ある程度の信頼関係を持てる形。規模は１５０人でダンバー数と同じだ。京都の伊藤軒という会社は、２０１２年から毎年2回、社員同士の意思疎通を高めるため、正社員に対しパートを含めた全員の名前テストを実施しているそうだ。社員数は約１２０名。

一方当社の規模は約1000人。こうした理論を鏡として当社の姿を映し出せば、以心伝心の共鳴集団ではなく、仲間を前に語る言葉で伝えきれるバンドでもない。ダンバー数の壁が立ちはだかる。さらに当社はお客様に提供するソリューションの多くを、外部組織との連携によって行っている。例えば重要な提携先の西京銀行とは営業現場同士でも親しく交流しているが、同行の役職員数は800人。併せて1800人の集団とみるべきかもしれない。そう考えるとますます難易度が高くなる。生の言葉は強い力を持つが、それはその場で消えていく。その場にいない者には伝わらないし、複雑なことを伝えるのは少し不得手な手段でもある。従来の証券会社が得意ではない、文字や図表で、全体感や因数分解されたコアを示していく必要がどうしてもあった。ここは精神論では乗り切れぬ課題として、冷静に捉えることにした。

A3文化

当社の「ぐるぐる巻き」と呼ばれるA4パワーポイント集は、ソリューションコンテンツを網羅した100ページを超えるプレゼン資料で外部から高い評価を頂戴している。マスコミの活用はこの時期から本格化させたが、この資料は対外広報や対外営業という視点でも有効に機能している。しかしもともとは、この社内問題を解決するための有力なコンテンツ、社員向け説明資料として位置付け、リリースしたものだ。

課題は次から次へと現れる。企画の練り手の問題だ。
ぐるぐる巻きは1ページ1テーマを100枚に綴り、ページを繰る流れをもって表現していくひとつの物語仕立てになっている。社内外に向けたプレゼンテーション資料としては優れているが、半面、自ら思考するには不適切なコンテンツでもある。ぐるぐる巻きの全てのページには、選択されなかった枝分かれの考え方、施策案が潜んでいる。選択肢のひとつだけを選び続けて100ページのひと筆書きストーリーにしたものがぐるぐる巻きというコンテンツだ。100回ある分岐、選択肢を自ら選んでいくのが企画だが、このコンテンツを読んでもその思考は養われない。また1ページごとにソリューションコンテンツをひとつずつ紹介しているが、その各ページに記載されたコンテンツが他のどのコンテンツとどう有機的に連関しているのか、一覧性がなく分かりにくい。美味しいアラカルトをたくさん食べているイメージかもしれない。

選択肢、分岐点はT字路だけではない。Y字路もある。右か左かではない、TでもなければIでもない選択は現実には多い。Y字路によって生み出される物理的な三角地帯は、本来使い勝手が悪いもののはずだがエアポケットのような何か不思議な魅力を醸し出すことも多い。ニューヨークのタイムズスクエアや渋谷109、東京谷中にあるそれは英語の旅行案内書『ロンリープラネット』の推薦コースになったことで外国人旅行者を惹きつけている。福井にもある。ただ仕事上の意思決定という視点では、T字路と違って大きくハンドルを切る必要がなく、方向は概ね同じだからと明瞭な判断をしない中で進むことのできるY字路だが、そうは言っても明らかに道は違う。Y字路の存在自体意識されにくいが、上空から俯瞰すれば、チーズケーキ然とした形とともに道は栄養分が流れる葉脈のようにも見える。魅力ある三角地帯を認識するためには俯瞰が必要だ。

行きついたのがA3を活用する手法だった。A4に文章を書きなぐることに書き手のストレスは少ない。論旨に漏れがあっても気付かず、また気付かれもせず流れていく。企画を練るには不適切な手法だ。なのでA4でもパワーポイントのポンチ絵を多用するぐるぐる巻きにした。△●に矢印などで企画を表現しようとすると、色々考える必要がでてくる。どの概念をどの形に割り当てるか。△●に加えて□もあった方がよいのではないか。矢印はこの方向だけか、逆方向に向かなくてよいのか、こことそこにも矢印は必要ではないか……とにかく考えることを要求され、思考は深まっていく。しかしこの手法では、ひとつの企画を推敲し表現できる一方で、複数の比較的複雑なテーマを表現することは難しい。物理的なスペースの問題が大きい。A4では太陽系を表現できても銀河系は表現できない、そんなイメージかもしれない。A3活用を導入したことは必然だった。白紙のA3を前に企画を書きだそうとするとスペースの広さに身がすくむ。どう書きだしてよいのやら分からず途方に暮れる。自分の思考の単純さ、狭さ浅さと否応なく向き合うことになる。そんなことを自ら体験してきた。だからよい。思考を深める訓練になる（図21）。

コマツの野路会長は2021年4月に旭日重光章を受章されたが、以前「A3文化」と題して寄稿された記事を読んだことがある。コマツには「A3文化」と呼ばれるものがあって、会議資料もA3一枚で簡潔に纏めることが求められるそうだ。A3だと「一度に全体ステップが見られ、矛盾や抜けの確認もできる。これを全て埋めるには大変な労力がかかるが……何年も続けることによって、この思考能力が自然と身につく。」「最近はA4の資料を何枚も作り、それで発表することが増えている……つい上手な話し方に引き込まれてしまうが、後になってから思い返してみると『何を言っていたのか』『どんな話だったのか』ということがままある。結局、ストーリーが十分に練られていないからだ。」同感である。大先輩によるわが意を得たりのお話だった。

余話：ダンバー数　LEXUSに学ぶ

レクサスオーナーが車に乗って販売店の敷地に入ると、すぐに店舗から社員がでてきて駐車をサポート、降車したオーナーを○○様、ご来店ありがとうございます、と笑顔で迎える。担当者はともかくコンシェルジュ、メカニックも同様だ。流石はレクサス、社員教育が素晴らしい。しかし社員は大変だろう、自分が担当する顧客だけでなくその店舗の全ての顧客属性を覚えなければならないのだから。店内で確認テストを定期的にしているのだろうか。納車の際、オーナーが車の横に立つ形で記念写真を撮るが、あれで顔を覚えるのだろうか。個者識別は「カクテルパーティ効果」と

図21｜**A3：当社ソリューション戦術の設計図（例）**

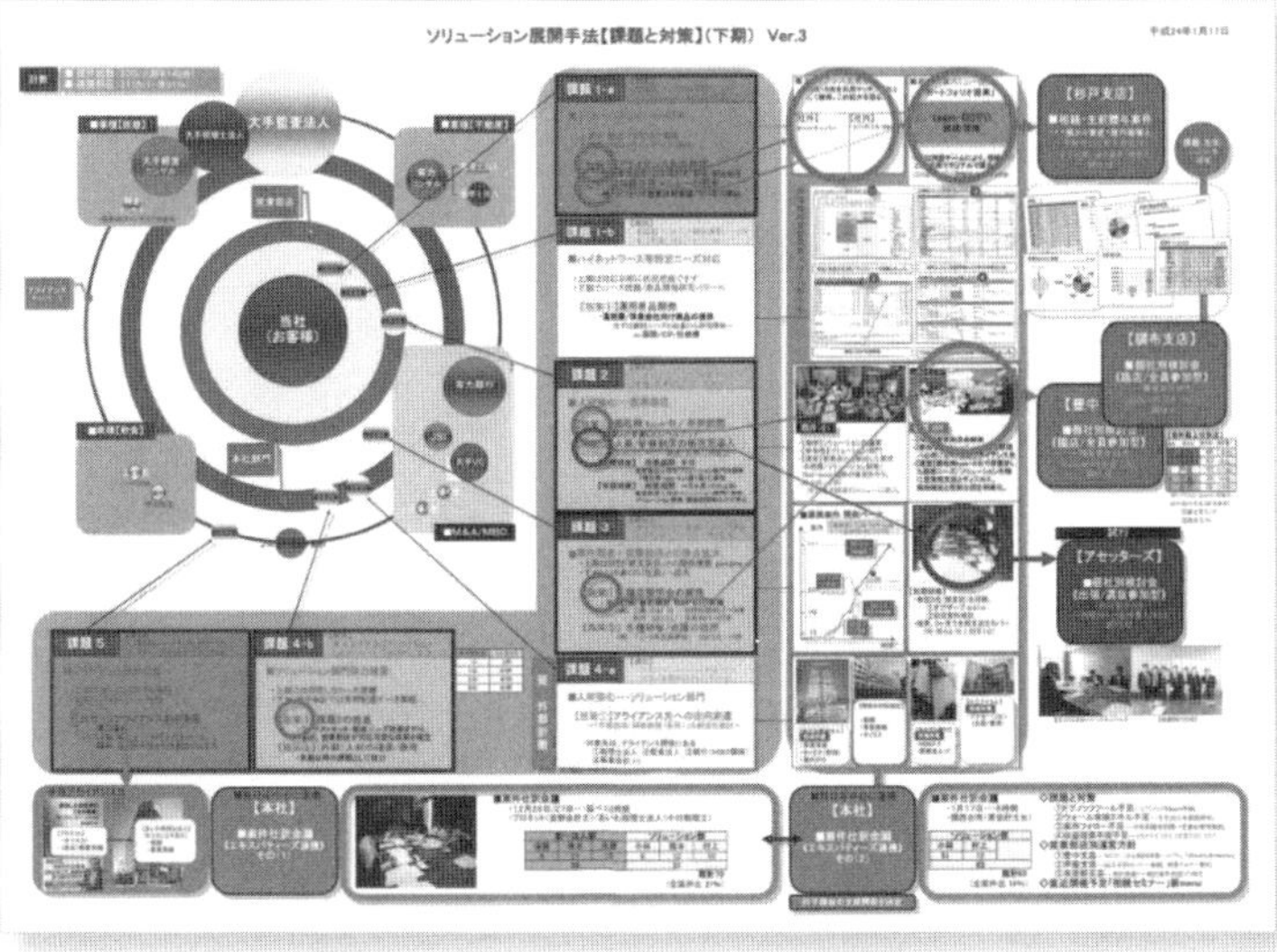

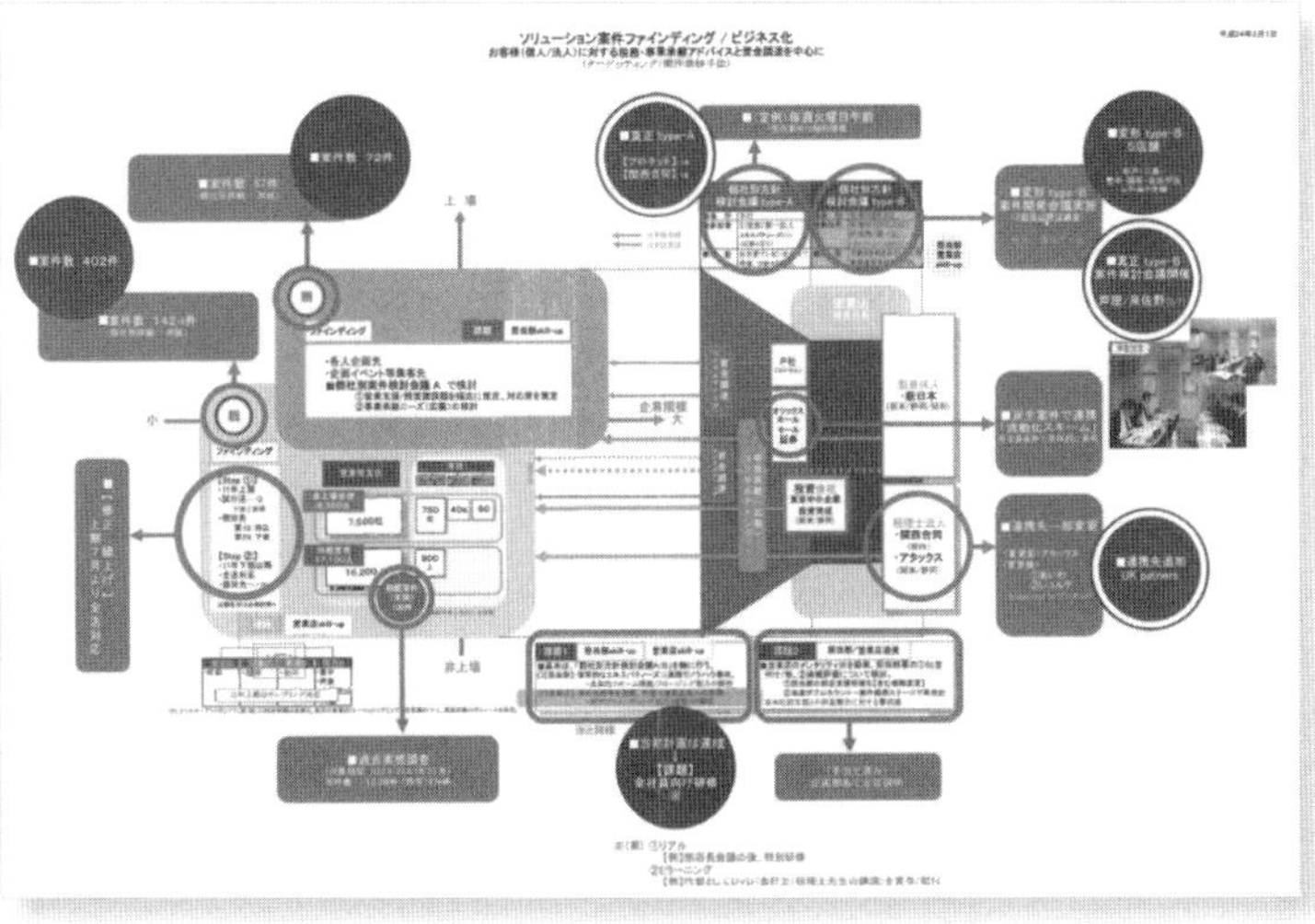

して有効性は証明されており対面営業の最高のサービスなので当社でもぜひそうしたい。

レクサスの担当者に聞くと、ひと呼吸置いて答えてくれた。お客様が道路から左折して店舗敷地内に入ってこられると、カメラでナンバープレートを読み込み、どなたかという情報がモニターに表示されるのです。インカムでも音声情報として提供されます。その情報を見聞きして接客しているのです……。当社の1店舗あたり顧客数は約4000。ダンバー数を超えている。お客様に喜ばれるのだから、大変だとは思うが自分の担当先以外も支店全体のお客様の顔と名前を覚えるように、差別化になる、などと社内で下手な指示を出さなくて本当によかった。営業店のお客様を想う心とそれを冷静にサポートする本社のシステム。これは時代錯誤の根性営業とは無縁だ。ここも当社の課題となる。

お客様に喜んでいただく相続支援という差別化コンテンツを創り、提携税理士法人を探して連携を進める中でご提供していく。そういった外に向けたベクトルで試行錯誤しながらも仕事を進めてきたが、足元を固める必要が出てきたのは、当社の取り組みがステージアップするために避けては通れぬ道、そこまでは来たという証左でもある。そう信じて今も改革を続けている。

ただここまでは、当社の取り組みが外部から注目されることは少なかったように思う。相続支援という個人のお客様に対するワン・オン・ワンソリューションが軸であり、また確実に進化は遂げていたが、体力のかなりの部分を、それを進めるための当社という器の整備に費やしていたからかもしれない。

ある時、次のステージに進む時がやってきた。

第5章

銀行との提携

ユキホオジロ（スズメ目ホオジロ科）
ユーラシア大陸と北アメリカの北極圏で繁殖、
海岸の砂丘や荒地に生息する。

1 ソリューション戦略の結実

ユキホオジロ

ＣＸ－Ｄ。Customer Experience Design。顧客の創造を行うために必要な概念だと考えている当社の造語だ。いかにお客様にとって価値のある体験を提供できるか。顧客の創造に苦しむ証券会社にあってはなおさらそう思う。これを実現するイノベーションを生み出す環境をどのように創り出し、どう整備し維持していくのか、環境創発をいつも考えているが難しい。

イノベーションめいたものでさえ、それを起こすには視点を変えて多くのものに触れ、欠落やザラつき感にも似たものを見つけ出し発信するスタンスと能力が必要だと感じている。言い換えればこれは現状に異議を唱えるということになる。異議を唱えるのだから既存組織との摩擦、軋轢《あつれき》が生まれるのは必然だ。最初に海に飛び込むファーストペンギンは捕食される可能性も高かろうと思う。それでも彼がいなければ変わらない。ヘーゲルの弁証法を持ち出すまでもなく、今の主流派はたいてい過去の少数派だった。

顧客を理解する、ザラつき感にも似たものを見つけ出すためには、いまの世界にしっかり身を置くことが有効かもしれない。街にでる。買い物をする。映画を観、音楽を聴き、雑誌や新聞を読む。ここが甘いようだと、あとあと苦労するだけでなく混乱に陥ることも多い。結論を求めてすぐ頭で考え始める。

しかし世界に身を置いても、それを知ることは容易ではない。ハーシェルは太陽光をプリズムで虹に分け、それぞれの色の光のところに温度計を置いたところ、青色より赤色の方が温度が上がった。更に上がったのが赤色の外側だった。赤外線、我々には見えない光だ。カラスは袋が有色であっても紫外線を通す袋なら中身が見える。我々には見えない。そしてたとえ可視光の世界にあっても、サン・テグジュペリの『星の王子さま』は、「大切なものは、目に見えないんだよ」と説く。「顧客は賢い、そしてニーズを知らない」とスティーブ・ジョブズは言う。顧客は目に見えるものは合理的に判断し選択するが、自らの潜在的なニーズを明確に把握している訳ではない。なので顧客に面と向かってあなたのニーズは何ですかと質問したところで、すぐに答えはでてこない。顧客から直接答えを得ようとせず、その真意はどこにあるのか、どのような背景でそういう気持ちに至ったのか、常に一歩奥まで踏み込んで考える、と教えてくれる。かくして安易なアンケート調査は無為に終わる。意見回収ボックスでさえ底は浅い。

観察することが重要となる。

ＧＰＳのない時代の航海士、ハロルド・ギャティの『自然は導く』（１９５８）は自然観察というものの力を教えてくれる。グリーンランドの海岸をカヤックで進むイヌイットの集団が、濃霧の中、突然向きを変え入り江に入っていった。そこには彼らの村がある。視界数メートルの状況でどうして正確に位置が分かったのか。海岸に沿ってずっとユキホオジロの巣があった。オスは鳴いて縄張りを主張しているが、その鳴き声には微妙に個体差がある。イヌイットたちはその歌声を識別していて、自分たちの村近くに営巣しているユキホオジロの歌が聞こえたとき、櫂を漕ぐ向きを変えたという。視覚だけでなく聴覚を使った観察もあるのか。ルネサンスの巨匠ミケランジェロは、徹底した素描を弟子たちにもとめた。東京大学は文系、理系を問わず、専門家を講師としたドローイング（デッサン）の授業を学生たちに提供している。対象を注意深く見つめる訓練だと思う。これは受講してみたい。

ユキホオジロの歌を聞き分けるイヌイットを想う。当社のユキホオジロは何だろうか。羅針盤は何か。当社のソリューション戦略はリディスカバーＡＩＺＡＷＡという取り組みから始まった。当社の有形無形の経営資源を棚卸ししてタグ付けし分類した。たとえれば開けたことのない部屋にはホコリを被ったものもあれば、床に転がっていたものもあった。様々な分野でタグ付けされた部品をたくさん持っていれば、偶然の結びつき、意図せぬケミストリーが起こる可能性が高まるような気がする。そうしたタグ付けした部品のひとつがクロスボーダー概念であり、経営統合して仲間になった八幡証券の歴史だった。それが日本初の地方銀行と上場証券会社の包括業務提携に繋がっていく。

図22 金融機関提携ネットワーク

（2021年7月時点）

「貯蓄から資産形成へ」という課題に真正面から取り組むため、当社は自らの立ち位置や課題を踏まえたうえで、外部組織との提携により問題解決を行っていく戦略を採用した。その提携戦略の中核となる2本柱のひとつが金融機関との提携である。当社は現在9つの金融機関と提携している。地域は7都県に跨り、業態も地方銀行、信用金庫、信用組合と様々だ（図22）。業態ごとの特性があり、組織ごとの特性もある。その特性に合わせてカスタマイズした地方創生施策を協働して展開している。提携先の数だけ連携のカタチがある、カスタマイズできる引き出しの多さと寄り添う心が当社のこだわりだ。これが当社のステージアップのひとつだと考えている。

そして当社の提携先は、みな、それぞれにこだわりを持つ方々ばかりだ。こだわりには独自のストーリーがあり、それが受け手の心を打つ。当社との「志の連携」、ネットワークにより、その価値がさらに高まっていると信じたい。

2 西京銀行（山口県での取り組み）

❶ 銀証共同店舗

銀証連携で生まれたシンボリックな施策が共同店舗だ。銀行と証券会社の共同店舗といえば、銀行の証券子会社がその母体行との間で行うものがほとんどで、資本系列の異なる銀行と証券の共同店舗は、ごく限られた例しかない。その中でも、証券会社の既存全店舗を銀行の本店も含めた旗艦店舗に移転させる形は山口県だけの取り組みとなる。共同店舗はハードの戦略ではない。器を作ればうまくいくというものではない。それを動かすソフトの戦略である。そこに地方創生のひとつの秘訣が隠されている。

日本初　共同店舗ネットワークの誕生

2021年5月6日、山口県周南市にある西京銀行本店で当社との共同店舗がオープンした。近くて遠い、世に厳然と聳《そび》え立つ銀証の壁が大きく崩れた瞬間だ。コロナ禍によりお披露目のイベントは控えたが、日本初の地方銀行本店における上場証券会社との共同店舗である。1階の本店営業部のフロアを両社でシェアする形で応接室は共用される。来店されたお客様への両社の協働と機動的な帯同訪問により、お客様が望まれる形で様々なソリューションを提供していく。お客様への記念品は、当社が提携している山梨県の都留信用組合のお客様、前田源商店に作っていただいたオーガニックコットンのタオルとし、東京本社である当社の出店と併せて山口県外からのクロスボーダー価値を演出した。奈村常務のご指導で大きな成果が期待されている。2015年9月、西京銀行と当社は日本初の地方銀行と上場証券会社の包括業務提携を行ったが、それ以降様々な分野で特徴的な連携を深め、そこで培った信頼関係をベースに、当社の山口県にある7店舗全店を西京銀行の地域旗艦店に移転させ共同店舗化することで合意している。共同店舗は1月の新下関支店、2月の周南支店に続く3つめ。今後2年間で、今回の本店への新規出店を含めた8つの共同店舗ネットワークが山口県で誕生する（図23）。

進化する狙い

実は共同店舗の出店は両社の連携の進捗に応じて2段階で進めてきた。

本店での共同店舗から遡ること2年半前、下関IC近くにある大規模商業施設「ゆめモール下関」に、西京銀行は移転、当社は新規出店して初の共同店舗を設置している。開店時には下関市長や下関商工会議所会頭にもお越しいただき、盛大なお披露目を行った。両社の社名が並んだ巨大な看板が目をひく、そんな共同店舗は両社の店舗網のアンマッチから生まれたものだ。

包括業務提携に基づき、当社の金融商品を西京銀行が販売する証券仲介連携を開始し、連携は順調に進んだが、山口県における西京

図23｜共同店舗

西京銀行との共同店舗（新下関支店）

西京銀行との共同店舗（周南支店）

銀行の店舗は44、対して当社は6と戦力較差は明らかで、連携が進めば進むほど、うまくいけばいくほど当社のカバーが遅れる事態が顕在化してきた。その際たる地区が下関である。山口県最大の都市下関では、西京銀行は岡田取締役をブロック長として若手の有力支店長たちが脇を固める陣容で業績を伸ばしている。店舗数は6。かたや当社はニッチ戦略から下関に拠点はなく、最も近い宇部支店が高速道路を使って片道1時間かけて対応していた。一度ご紹介いただき口座開設していただいたお客様のフォローに十分手が回らず、下関地区は他の地域と比較して、証券仲介の顧客数は最も多いが1顧客当たりの収益額で劣後していた。当社の二の手不足と西京銀行の当社に対する遠慮の産物だ。処方箋は当社の新規出店、その必然が生みの親となる。当社としては12年ぶりとなる新規出店は、西京銀行との連携強化という目的を勘案すれば共同店舗の形態がベストだった。ちなみに、両社にとって初の共同店舗となった本件は、金丸副頭取にご相談したその場で場所まで内定する。スピード感が両社の強みであり互いのリスペクトの源泉でもある。

一方、今般の本店を始めとした他の地区の共同店舗は、こういった物理的必然性から構想された訳ではない。うまく稼働している銀証連携成果を双方で確認し、それをさらに進めるための加速装置として設計された。

流通チャネルが補完する

金融機関と証券会社が顧客の資産運用業務で連携する場合、金融機関が持つ幅広く強固な顧客基盤を活かして、そこに証券会社の幅広い投資商品を販売していくというのが基本形だと思う。金融機関は、基盤は強いが商品は少ない、証券会社は、商品は多いが基盤が弱い。金融機関が証券会社の商品を販売する形をとることで、相互の強みが弱みを補完して付加価値が生まれる。

当社が同業他社の多くと同様、社会との距離感により新規顧客を獲得できていないことは経営上の大きな課題だった。得意と自認している対面チャネルではこれまで大きな成果がでていないが引き続き頑張る、得意とは言えないが無視はできないインターネットチャネルでも何とか頑張る、両方のチャネルをミックスしたサービスも用意して何とか頑張る、証券会社のHPをみれば、表現こそ違え同じような戦術が並んでいる。頑張ることは、時としてお客様にとり迷惑な行為にもなりかねない。自らの得手不得手を冷静に直視し、現実にある離れた2つのことを組み合わせることで、不必要な頑張りを廃したお客様に優しい新しいチャネルを創る。西京銀行と当社の銀証連携はそういう発想で誕生した。

西京銀行は当社の新たな流通チャネルとなっていただいた。お客様とは何か。支払う者ではなく買うことを決定する者だといわれる。購入の意思決定権を持つお客様は2人いる。購入者ご自身と、何を取り扱うかを決める流通チャネルだ。かくしてパートナーである西京銀行は当社のお客様となった。

32%

5年間の連携で成果は右肩あがりに伸び、伸び率も上がっている。山口県で生まれた新たなお客様の数は1万を展望するが、当社が過去100年かけて全国で獲得した顧客数が約20万、このチャネルの価値が分かる。両社の利益は双方それぞれで年間数億円、役務収益強化を企図する金融機関にとっても評価できる数字ではないか。また、金融機関にとってシステムやミドルバック業務対応要員などのインフラコストも必要ない。お客様とのトラブルがほぼ皆無、逆にご評価をいただいているという事実とあわせれば、両社の協働により金融商品をご提供することで地方創生に貢献できているように思う。当社が願っていた理想形である。

当社にとっての価値をもう少し深掘りしてみる。

フローベースでみれば、西京銀行連携でもたらされる新規顧客数は、当社の中国地区全店舗が獲得する新規顧客数の95%を占める。当社の全店舗を分母にとっても約3割に相当する規模感だ。当社の営業員は約500人、西京銀行という1人の営業「員」(パートナー)から3割がもたらされるインパクトは強烈だ。そしてもたらされた新規顧客の属性にも注目している。元々当社が獲得する新規顧客の多くは、他の証券会社とも取引のある方がほとんどで、それはとてもありがたい話だが、初めて投資に取り組む方の割合は僅か数%にすぎない。一方、西京銀行連携によってもたらされる新規顧客の32%は初めて投資をされる方。金融機関の信頼感、顧客グリップ力により当社の商品が活かされ、「貯蓄から資産形成へ」という当社単独では叶わぬ国民課題に少なからず貢献できていることが何より嬉しく、また誇らしい。

キャッシュレス化が進まない。キャッシュレス決済を利用した消費者に次の買い物に利用できるポイントを付与する試みも大きくは進展していない。そんな中、ある大手スーパーでは電子マネーの使用率が大きく向上した。そのスーパーのレシートには利用金額に加え、電子マネーの残額も記載されている。これによって利用者は現金並みの支出額管理ができ、使い過ぎの不安は解消され安心できるようになったという。お客様の本当のニーズ、願いは利便性以前の安心にあった。支払い手段に支出管理機能を埋め込む、2つのことの結合は小さなイノベーションだ。翻って当社に置き換えてみる。お客様は金融資産を増やし余裕ある老後を確かなものにして安心したい。そのために行う投資も安心して行いたい。残念ながら今、証券会社に安心を求めていただけないなら、それをもたらすことのできる金融機関経由でご提供する。お客様の声ならぬお気持ちをくんだのが銀証連携の戦略だ。

予期せぬ要望

「医者でも積み立てでしょう。」

数字以外の成果も多い。西京銀行との連携でたくさんのお客様が当社と取引を始めて下さった。下関で医師や医療法人を顧客としてコンサルティングを行っている有力な税理士先生もそのおひとりだ。先生は外国債券（アジア）を購入されたが、「アジアのアイザワ」の特徴のひとつベトナム株にも注目し、別途追加購入された。その資産形成上の魅力を実感された先生はクライアントの医師にも薦めたいとお考えになり、投資セミナー開催のご依頼を頂戴した。「医者でも……」は、打ち合わせをさせていただいた時の先生のお言葉だ。「え、でも相手はお医者さんですよね、それなのに積み立て、ですか。」「医者でも初めて取り組むなら積み立てでしょう。不安もあるしリスク分散は必要です。ドルコスト平均法。もっともいくらずつ積み立てるかは分かりませんが。」わが身を恥じる。積み立てというのは毎月数万円のもの、医者は富裕層なのでハイリスクハイリターンのレア商品を相当な金額でまとめ買い、こんな先入観が砕かれた。保有金融資産の額は様々だがリスク分散の基本方針は富裕層でも同じこと、毎月数百万円規模でも積み立てでリスクを分散させる、言われてみればその通りだ。長年の先入観で曇っていた目に気付かせていただいた。先入観を覆すのが当社ソリューションではなかったか。ドラッカーは顧客の「予期せぬ要望」は重要だと説く。下関で学ばせていただいた「予期せぬ要望」だった。

西京銀行にとっても学びがあると考えている。ある法人経営者の方が外国債券（アジア）を購入されたが、ベトナム株にも注目、別途追加購入された。先ほどの税理士先生と同じパターンだ。「ありがとうございます。でも、どうしてベトナム株なのでしょう。」「実はベトナムで商売を始めたんだがベトナム経済を知るためにも株式を持っておきたいと思ってね。」海外進出に伴う為替取引は？　設備等の新規貸金は？　金融機関として新たなビジネスが誕生するはずだ。チャンスだが、ライバル行に取引先を奪取される危機でもある。顧客ニーズの発掘に資する新たな武器としても銀証連携を位置付けることができる。西京銀行に並走させていただく中で体感している。

❷銀証連携の本質

このように銀証連携の成果は大きい。社会に付加価値を発信できるスキームだと考えているのは当社だけではないと思う。しかしその実例は決して多くない。銀行が自らの証券子会社と連携する事例を除けば、ほんの数例しか存在しない。うまく稼働しているかといえば、それはまた別の話だ。なぜなのか。銀証連携には特有の難しさがある。

今昔物語

金融サービスの顧客利便性を向上させる仕掛けとして、今世紀初頭に銀行と証券の本格的な共同店舗は生まれ、少し時間をかけてやがて全国に拡大していった。基本的な発想はいまに同じだが、法的な規制や行政上の指導も手探りで、当時、大手銀行・系列証券子会社双方の立場で直接かかわった経験から、様々な課題が山積みだったと記憶している。例えば、一般の商業施設で店舗が物理的に並んで協働することには何の問題もないが、銀行と証券の場合はそうはいかない。行える業務はそれぞれ法的に規制されているので、どちらの店舗なのかお客様に誤認させてはいけない、情報をお客様の同意なしに共有してはいけない、それはその通りだが具体的な話となると困ったことも多かった。例えば共同店舗として両社が同居する場合、「銀行のロビーにあるATMスペースを通って証券会社の店舗に行くことは認められない。ATMは銀行のものだから。」「え、でもATMを利用されているお客様の後ろを通っていく、ただ通るだけですよ?」「認められない。」「建物内にある食堂を共用してはならない。そこで顧客情報を共有する可能性がある。」「え、でも道で会っても共有しようと思えばできますよ。そんなことは決してしませんから。」「可能性はゼロではない。」……そんなやり取りを思い出す。今は、その後の実態を踏まえ、いずれも問題ないとして認められている。業界や当社が抱えている本質的な課題、社会的認知の問題が行政においても噴出していた。

当時所属していた大手銀行で企画したのは、銀行ロビーに数坪の証券子会社店舗をブース形式で設け営業職員2名を配置して連携を進める形、それを150店舗に設置することにした。数年で預かり資産1兆円を獲得し収益も百億円を超え、当初設定した計数を上回る成功をおさめることができた。だが、実は、当初の目論見は大きく外れてしまい、別のサブシナリオでこの数字が作られることになる。企画担当としては冷や汗ものだった。

最近、銀行店舗の来店客数は大きく減少し、何割減という状況も耳にする。しかし2000年当時は、来店されるお客様で溢れかえり、毎日数千人、万を超える来店客数も普通にあった。ロビーでお待ちいただいているお客様を証券ブースにご案内し資産運用のご提案を行って、時間を有効に活用いただく。銀行も証券も新規収益を獲得できる。このワンストップショッピングで成果をあげようというのが企画の骨格だった。1日の来店客数が5000人、その5%を誘導するとして250人、その1割に口座開設いただければ25人、100店舗で行うとして毎日2500人の新規を獲得できる、預かり資産は、収益は……緻密に計算したことを記憶している。そのためのファシリティも美しく仕上げ、CNNニュースを流す最新プロジェクターなども設置した。しかし結果は散々、全く数字があがらない。お客様を誘導できなかったのだ。

考えてみれば自明かもしれない。そもそも銀行に来店され窓口に並ばれるお客様には目的がある。

振り込みだったり多めのお金を引き出されたり。一刻も早く用事を済ませて帰りたいのに番号札を引かされてソファに座って待てという。受け付けさえして貰えない。ようやく順番が来て窓口に行ってもまた待たされて、自分の書類がどこへ回されているのかカウンター越しに目で追う。イライラしながら時計を見ているお客様に、資産運用のことを考えませんか、ちょうどそこにグループ会社の専門家がいますよ、と笑顔で声をかけても、そうですか、お願いします、となるだろうか。むしろ反感を買ってしまったかもしれない。店頭での大規模かつ組織的な送客は計画を大きく下回る。お客様のご都合ではなく自分都合の企画は失敗に終わった。

恥ずかしながら、当社も同じような失敗を経験している。相続支援が定着しつつあり、営業店から提携税理士への出動要請が加速度的に増加していた時の話だ。増加に伴い、お客様をお待たせすることが目立ち始め、ビジネスチャンスを喪失する可能性もでてきた。しかし増加といっても営業店が持ち込む案件の質にはまだまだバラツキがあり、先生方に増員をお願いするのは危険だった。打ち手として、本社ソリューション部担当者がお客様と面談して前捌きを行い、重い案件だけを先生に送る形にしたが、自分たちの前捌きについても渋滞気味であることから、訪問に加えリモート相談会を導入することにした。効率的に捌く、お客様をお待たせもしない。執務室の一角にTV会議専用室を設け万全を期したが利用実績は1件だけ、ほどなく部屋は開かずの間になった。お待たせしない、は手間をかけずに上手くやりたいという当社都合を甘くコーティングした言い訳だった。

お客様からすれば、会ってみて本当に相談するかを決める、ということだろうか。しかしそもそも何のために提携戦略をとったのか思い出さなければならない。顧客との距離が遠いことを詰めるためではなかったか。自分都合の企画は失敗に終わる。今はコロナ禍でお客様の状況とニーズも変わったが、それだけではなく当社のレピュテーションがあがったことも影響していればよいのだが、と願う。

最近は銀行の業務範囲の見直しで、地域商社を設立する事例を見聞きする。確かにこのような機能を果たすビークルに期待することは多々あると思う。ただ餅は餅屋という言葉もある。銀行員と商社マンのマインドセットは異なるので、例えば既存の総合商社・専門商社と組んで人材供給を受け取り組む形はどうか。単純に人を転用する、組織改正を行って浮いた人材を活かす、というオペレーション、言い換えれば自分都合の発想ならば、この時の共同店舗や相続支援の陥穽が待っているのかもしれない。

話をもとに戻したい。銀証共同店舗の成功、では救いの主は誰だったか。それは銀証双方の担当者たちだった。

成功の方程式

共同店舗における成功の方程式として、本部企画は当初2本準備していた。ひとつめが銀行来店顧客の証券会社宛て送客。ふたつめが、両社社員の機動的な帯同顧客訪問。現実にはこのふたつめが機能することになる。ただこれも本部が考えたような形で進んだ訳ではない。計画では、銀行側で抽出した顧客をリスト化して、まずは銀行員が当たってセールスし、その後証券側に繋ぐこと、またはそのリストを両社で帯同訪問することが営業店に指示された。だがリストの塗りつぶしは遅々として進まない。業績表彰上の牽引も十分ではなかったが、どうもそれだけではない。とにかく腰が重い。親しくない。そのような状況だったが、そうはいっても時間の経過とともに当初はよそよそしかった両社の社員が食堂で食事をともにし、お互いの行動を視認できる距離感で生活していくなかで次第に打ち解けていく。

ある時から各店舗で急に帯同訪問が増え始めた。そこには奇しくも共通のパターンが存在した。❶本部指示に従った形で証券仲介を行おうとした訳ではない❷親密取引先の企業に対し融資取引で他行と提案合戦をして膠着状態にある❸何か新しい話題でも持って行かないと訪問しにくい状況で共同店舗の証券職員を帯同させた❹相場の話などさほど関心はないと思っていた社長が思わぬ反応を示し、自行の保険営業では把握できなかった大手証券との個人取引が判明、しかも相当な取引金額❺面白いと社長にご評価いただき、証券取引を頂戴するとともに連動して融資取引でも成果が上がった……。およそこのようなことが、計画的ではなくたまたま、いきあたりばったりと言ってもいいふうで行われ始めていた。これが銀証連携の萌芽、預かり資産1兆円獲得の銀証連携の起源、いにしえのカタチである。

その後様々な形に変形し、全国場所を問わず連携は爆発的に拡大していく。それはなぜなのだろうか。

ボストンの気遣い

当時、そのグループ証券会社では、半期ごとに業績優秀者20名を研修旅行としてボストン、ニューヨークに送っていた。ボストンローガン空港に到着して、同地の投信会社などで研修を行い、ニューヨークへ移動して証券取引所などを見学して観光もし、JFK空港から帰国する1週間のご褒美研修だ。筆者はボストンに駐在していて現地でそのお世話もしていた。到着したばかりで長旅の疲れも見える一団をロブスターのウェルカムディナーで迎えたが、隣に座った20代の女性社員が「おみやげは明日買えますか」と不安気に聞いてきた。買えないこともないが、ニューヨークでたっぷり時間があるし今買えば荷物にもなる、何かこだわりがあるの、と聞くと「こだわりはないのですが、お世話になった人たちにお土産を持って帰らないといけないんです。絶対に。もしニューヨークで何かあって買えなかったらと思うと落ち着いて研修に打ち込めない。だから明日買いたいのです」という。事情を聴いてみると、彼女は銀証共同店舗に勤務していて連携実績が顕著で海外研修に選ばれたが、それは、証券子会社では優秀者が米国研修に行けるという話を聞いた共同店舗の銀行員たちが、業後食堂に集まって相談したそうだ。彼女は普段どんな時でも帯同訪問に付き合ってくれる、空振りもあるのに、突然のお願いにも嫌な顔ひとつせず応じてくれる、今回は何としても彼女を米国に送ろう、でないと俺たち男が廃《すた》るよ、と相談し、従来にも増して集中的に顧客を紹介してくれたのだという。「私はお土産を持って帰って感謝の気持ちを伝えたいんです。じゃなきゃ女が廃ります！」そういう現場でのケミストリー、願ってやまなかった信頼関係が今、銀証連携で生まれ始めているのだと実感した。互いに相手を気遣う仲間意識、このインプリケーションは大きかった。

北陸の決意

「私は紹介したくありません。」

「ボストンの気遣い」から遡ること2年前の冬、銀証共同店舗展開の黎明期に、北陸地区にある銀行中核店舗を訪問、支店長他職員の皆さんにグループ内連携を進めるようお願いした時、突きつけられた言葉だ。顔をあげ、目線を合わせて発言したのは窓口のベテラン女性行員だった。「私には投信と保険の販売目標が与えられています。あるお客様が私のもっていない商品にご関心があって、それがグループ証券会社にあったとして、私が紹介すれば手数料は半分だけれど手に入り、目標達成に近づくかもしれません。でもそのあと、あの人たち（グループ証券会社）は、私に断りなしにそのお客様を訪問し、挙句の果てに私がお勧めして買っていただいた投信を売却させ、株だの仕組債だのを買わせてしまうかもしれません。ご損をおかけしてしまうかもしれません。目先の収益のために1人のお客様をとられてしまう、こんな愚かなことを私はする気になりません。私は自分の力でしっかりと目標を達成します。私、間違っていますか。」

説明会場は静まり返る。グループ証券会社はそんなことはしないし、させもしない、グループ会社を使うことでお客様の選択肢を増やして差し上げることにもなる……自分の言葉が相手に届いていないことだけははっきりと分かった。彼女の主張は、物事の核心を突いていた。銀行本部が、特に持ち株会社が証券子会社を使って連結決算の数字を上げたいと考えるのは当然、どちらで収益があがってもよいと思うのも当然だ。だが現場は違う。担当者それぞれに目標達成の世界があってそれを成し遂げたいと思うのもまた当然だ。そこから派生する問題は、銀証連携が二律背反の側面を持っていることを教えてくれる。単純ではない。

ボストンの話も真実、北陸の話も真実。要は信頼関係の問題だ。なので、例えば業績表彰上の仕組みだけでは簡単に解決できない。クリント・イーストウッドが監督した映画2部作、「父親たちの星条旗」と「硫黄島《いおうじま》からの手紙」は、第二次世界大戦時、太平洋の戦略拠点硫黄島を巡る攻防を日米両国の視点で別々に描いた連作だ。「父親たちの…」では米国側の目線で描かれ、若い兵士が日本軍の死守する硫黄島に送られる。上陸、そして、摺鉢山の至る所から発砲の閃光とともに弾丸が雨のように降り注ぐ、撃ち抜かれて次々に倒れる仲間、閃光の向こうにいる顔も見えない悪魔を何としても倒す。一方「硫黄島から…」は、今度は日本側の目線で描かれる。二宮和也が演じる日本兵はパン屋を営み西洋文化で生計をたてる一般人で、渡辺謙が演じる指揮官栗林中将も家族を愛するひとりの男性だ。1932年のロサンゼルスオリンピック馬術競技で金メダリストとなり、バロン西と呼ばれ欧米人の尊敬を集める西中佐も硫黄島にいた。そんな彼らも、米国兵士からすればただの顔の見えない不気味な悪魔となる。

スペイン人の巨匠ゴヤは「マドリード、1808年5月3日」でスペイン戦争の悲劇を描いた。ナポレオン率いるフランス軍がマドリード市民を弾圧する場面だが、恐怖の表情を浮かべる民衆に発砲する8人の兵士は、みな、顔が見えない。

ドイツの教科書にグリム童話『赤ずきん』が載っている。載せているのは実践哲学科の教科書で、「観点を変える」という項目の題材として15、16歳が学ぶ。ただ話の内容は我々が見知っているものとは少し違う。オオカミの目線で「赤ずきん」のストーリーが語られているのだ。「わたしは森の中に住んでいた、…かごを持った女の子がこちらへやって来るのが見えた…女の子は姿を隠すかのように、頭を覆い隠し、全身赤色のとてもおかしな恰好をしていたので怪しげに見えた…」(『ドイツの道徳教科書』明石書房)。

知るという行為の重要性を想う。アウン・サン・スー・チーさんは「埴生の宿」を口ずさむ。映画「ビルマの竪琴」で日本兵と英国兵の心を繋いだ曲だ。知れば理解もでき愛着も湧く。共同店舗の意義は、実にシンプルなところにある。シンプルだからこそ話を聞いても効果を疑う。人が他の組織、他の人と繋がって仕事をするということ、このことに横たわる普遍的な障害を極めて古典的な手法で解決するのが共同店舗と言える。そしてそこで生まれた機動的なお客様対応、帯同訪問がこれまでにない大きな成果を導き出してくれる。つまるところ銀証連携でも互いを知るということが事の成否を左右する最も重要な要素だ。

100年戦争

・感情論

ただ、事は簡単には運ばない。

銀行と証券会社の関係は格別微妙だ。資金調達と資金運用、いまやいずれの業態の仕事でもあり、ライバル関係にもある。また、今の銀行の幹部が大学を卒業して就職した頃は、大手銀行は就職人気ランキングでトップ10の常連。地方銀行も都道府県内では就職人気の頂点にたっていた。高度成長期にエズラ・ヴォーゲルの『Japan as No.1』がベストセラーになった頃、それを裏であるいは表で支えていたのは自分たちだという強烈な自意識も、人によっては潜在的に強く残る。企業への資金供給こそ日本にとって重要な仕事、個人向けの資産運用などは付け足された程度の仕事にすぎない、と公言する銀行員もその昔には相当数いた。確かに高度成長期においては6％の預金金利を享受し、明日は今日より必ず良くなる、給料はあがるという時代だから、給料をあげるための企業金融こそ最上位なり、とする考え方も当時としては合理的だったかもしれない。何より確かに融資業務はロマンに溢れた仕事でもある。ただ少なくとも時代は変わっている。年金をあてにできない時代だ。銀行でも個人部門のウェートが高まり、以前は法人部門に集中させていた優秀な人材を個人部門にも配置している。臨店した際、個人向け国債の金利を尋ね、副支店長は答えられず若い女子行員が正解する、そういう実地指導をされる頭取もおられた。

そういったことが、銀証連携においてどう発露するか。役務収益を増強したいという銀行自らの目的のもとに本部施策として行っているにもかかわらず、顧客を紹介するのは自分たちの方だ、紹介してやるからそこで控えておれ、しゃしゃり出るなと言わんばかりの、時代劇的な光景も実際に見聞きした。分かりましたと証券会社が控えていれば、なぜ動かない、主体性がない、やる気があるのか、提案能力は大丈夫か、と畳み掛ける。これでは証券会社は一緒に汗を流そうという気持ちにはなれない。本社にはなくとも営業店では見かける構図だ。しかし一般論として、自分たちだけでは獲得できない収益をもたらしてくれる有難いパートナーに、ああでもないこうでもないと差配し尊大に振る舞うことなどあるだろうか。

一方、証券会社にも銀行に対して複雑な思いがある。そして連携の過程で感じた尊大な態度には当然反発もある。何様だという嫌悪感が生まれ反発もする。相手のそれは望ましい態度であるはずもない。しかし、金融機関は自分たちの商品を販売してくれる流通チャネルだ。商品購入の決定権を持つ本当の顧客は2人いる。最終購入者と流通チャネルだ。一般論として、自分だけでは獲得できない新規顧客と収益をもたらしてくれる有難い既存顧客に、態度が気に入らないと露骨に反発することなどあるだろうか。お客様にそのようなことをするだろうか。

・構造論

普通ではない関係だ。「甘えの構造」がここにはある。それだけ根深いものがある。それは感情論とは無縁の、業務の進め方の違いに端を発する根深い問題だ。

［事例］❶銀行が資金運用提案で提携証券会社を取引先企業に紹介した❷証券会社は金融商品を提案し購入いただくことになる❸縁を得た証券会社は別の企業を買収するM&A買い案件を提案した❹企業は良い提案だと判断し快諾、買収資金の調達はその証券会社を紹介してくれた銀行に

依頼した❺ところが銀行は寝耳に水で、その企業にはもともと与信判断上これ以上の融資ができない❻企業は両社の連携はどうなっていると怒り、銀行取引を見直す❼銀行は証券会社に対して、当行はメインバンクとして企業のRM全般に責任をもって臨んでいる、なぜ勝手なことをしたと怒り❽証券会社はM&A情報は社内でもウォールを立てて限定している、外部の銀行に話す訳にはいかないと反発する。

いずれの主張にも一理ある。融資という会社の資産を商品として売る銀行は、組織として意思決定するために情報共有を不可欠な要素として重んじる文化。投資商品に関するコンサルティングという社員個人の資産を商品として売る証券会社は、そこに重きをおかない文化。農耕民族と狩猟民族という表現は古典的で正しい表現ではないが、文化較差を言われる構造的事由はここにある。いずれにしてもそこには間違いなくリスペクトはない。それぞれの目的のために嫌々もしくは無表情で付き合っているという構図なので、そこからは何も生まれない。利益も、社員のやり甲斐も、地方創生も。そしてこの問題はグループ会社でない、資本系列が別の銀証連携ではより重くのしかかる。だからこそ、対外的な告知効果も含めて共同店舗の価値はより大きくなる。

現れる2つの壁

銀証連携をテイクオフさせ、お客様と両社に、そして社会に利益をもたらすためには2つの壁が立ちはだかる。１つめは、金融機関と証券会社の間に曇りのない信頼関係が醸成できるか、という壁だ。特に銀行員の猜疑心の払拭が重要となる。自分の顧客を一旦紹介したらその後は勝手にコンタクトされ、顧客を根こそぎ奪いとられてしまうのではないか、という不安感をどう払拭するか。当社では、まず個人ベースの話として、連携担当者に紹介顧客対応の主導権は金融機関にあり、金融機関との意思疎通を徹底することを課している。それに加えて、会社ベースの話として、金融機関とは金融商品販売の単項目ではなく包括業務提携とし、幅広い分野で顧客や地域に貢献する事業を協働するようにしている。お客様や地域からご評価を頂戴する中で信頼関係が醸成されていく形だ。その分野は多いほうがよい。醸成された個人と組織の２つの信頼感が、この１つめの壁を超えていく原動力となる。

そしてこの壁を乗り越えると２つめの壁が現れる。この世界では、すでに両者に信頼感はある。紹介したい、したくないの気持ちの問題は存在しない。紹介するという世界だ。だが連携はスタックしてしまう。「案件がでてきたら必ず紹介しますから。」「しっかり案件を開発してご紹介します。」こういった積極的で責任感ある考え方自体が意図せぬ壁となる。このやり方では案件はさほど多くはでてこない。共同店舗の帯同訪問の事例でもご紹介したが、金融機関職員の顧客グリップ力は強く、おそらくそれは証券会社職員の比ではない。しかし、投資に関する知識はもちろん、その案件を発掘する力は及ばない。「案件を発掘してから連携する」のではなく「案件の発掘自体で連携する」、ここがポイントとなる。この構えない自然体の連携、帯同訪問が叶うかどうか。共同店舗ではお互いの姿を常に視認でき、空気も共有できることが大きな力となる。

深い信頼関係の構築、これが銀証連携の課題だ。ドラッカーは、イノベーションとは既存の知識、製品、顧客のニーズ、市場などすでに存在するものを、はるかに生産的なひとつの全体に発展させるために、小さな欠落を発見し、その提供に成功することだと説いている。銀証連携、金融機関との連携において、その欠落は販売する商品ではなく信頼関係だ。それは公然とは語られないので小さな欠落に見える。あるいは見えない。大英博物館に展示されているロゼッタストーンには、ヒエログリフ以下3種の言語による文章が3段に分かれて刻まれている。ヤングやシャンポリオンの知恵のおかげで我々は今、それが同じ内容だということを知っている。お客様を想う心も、銀行と証券、異なる言葉で書かれている。共同店舗やその他の様々な施策というヤングやシャンポリオンにより、互いの共通項を確認しあってきた西京銀行と当社は、2つの壁を超えて山口県に住まう方々や地域に向け様々な付加価値を提供している。

❸ 証券会社経営の視点から

ED Jones証券の世界

この2つの壁を乗り越えた時、当社が到達できる世界がED Jones証券だ。ED Jonesは米国セントルイスに本拠を置く証券会社で、米国で社員満足度がトップクラスの会社として知られる。1922年の創業で当社の4年後輩だ。個人向けリテール証券でありながら、拠点数は1万を超える巨大企業でもあり、独自の営業方針を貫いていることも特徴だ。拠点の大半は1人店舗。例えば学校長や消防署長などの地域の名士を採用し、主としてその地元で1人店舗を開設させる。人脈はあるが証券営業のプロではない彼らに対して、フロントセールスやミドルバック事務は本社部門が徹底的にサポートし、従業員のもつ人脈を最大限に活かして顧客を獲得していく。

この営業スタイルと顧客満足度、従業員満足度は証券会社や金融機関だけでなく日本の多くの業態でも耳目を集め、個別企業や団体のデリゲーションが数多く視察を行っている。実際、同社を訪問したことがあるが、インスパイアされることは多かった。最も記憶に残っているのは、新規先の開拓について行った議論である。同社は毎年素晴らしく多くの新規顧客を獲得しているが、その9

図24｜ED Jones

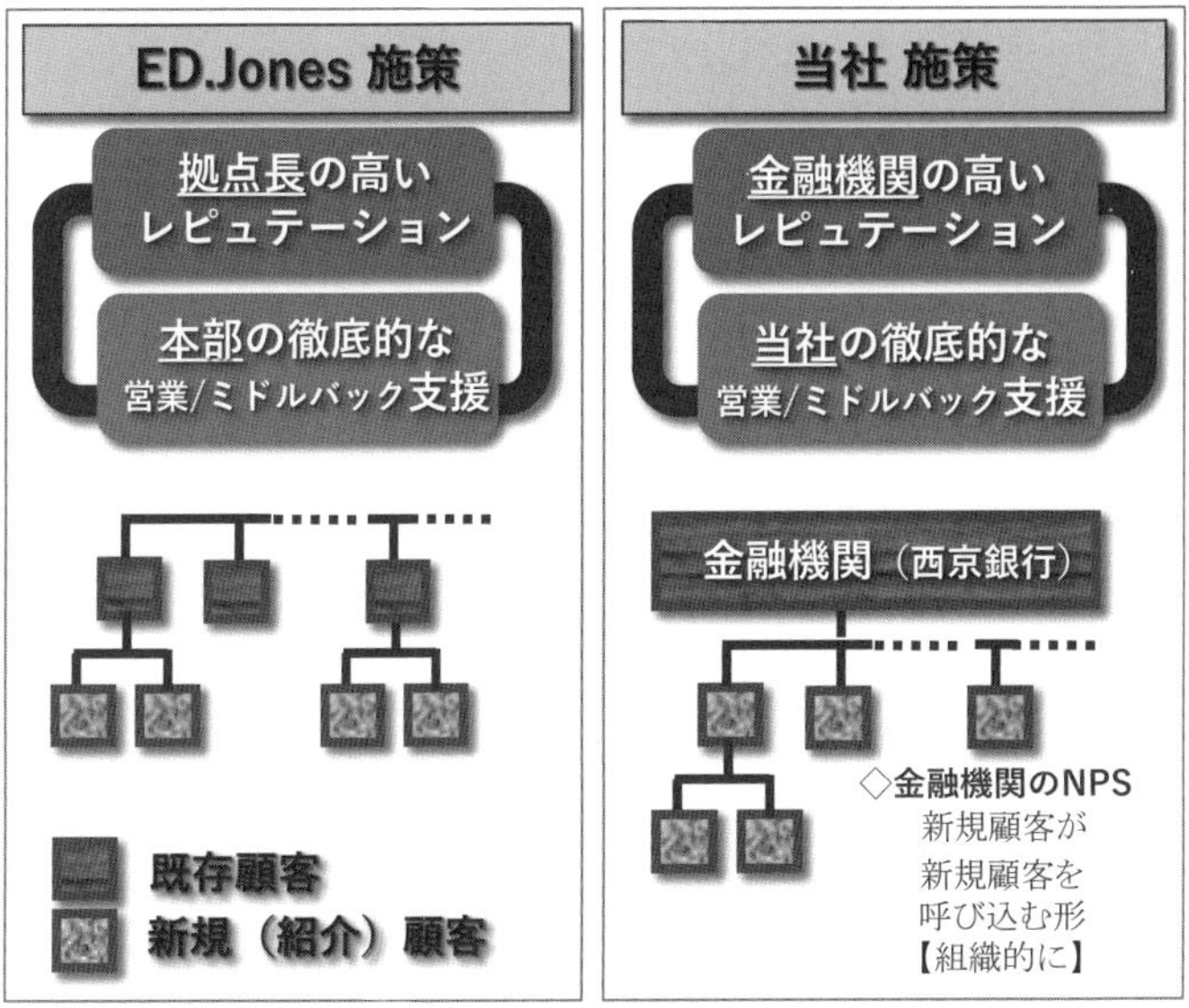

・多数の既存顧客に
　徹底的にきめ細かなサービスを提携
・既存顧客から新規顧客の紹介あり
　⇒１件毎に受動的に実現

・１人の既存顧客（金融機関：西京銀行）に
　徹底的にきめ細かなサービスを提携
・既存顧客（金融機関：西京銀行）から
　新規顧客の紹介あり
　⇒面で受動的に実現

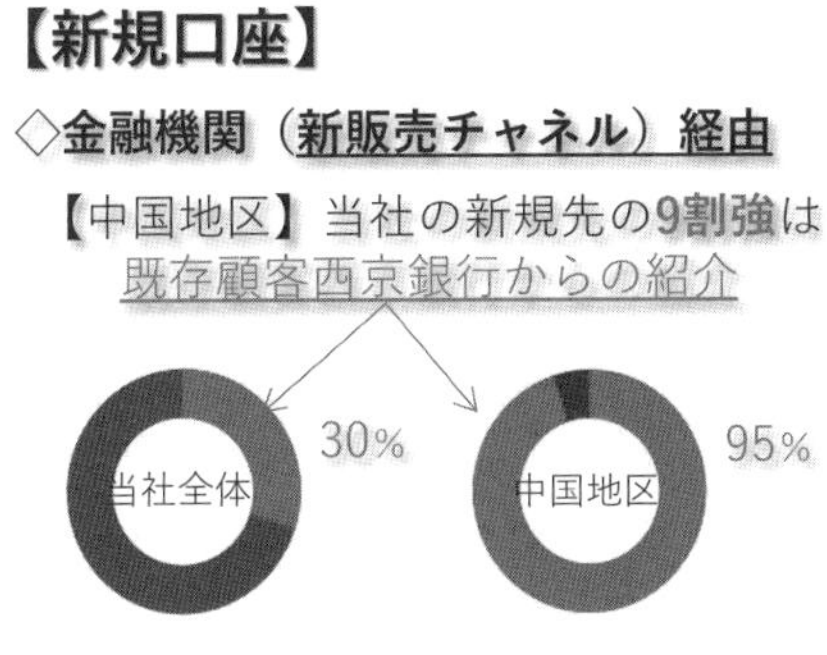

割は既存顧客からのご紹介だという。それは素晴らしいが自らも新規顧客を開拓しないのか、と問うと、そんなことをしたら大事な既存顧客に十分なサービスを提供できない、貴方の会社はそこのところをどうしているのかと逆に問われ、答えに窮したことを覚えている。

ED Jones 証券の営業員1人当たり預かり資産は当社の2倍であり、当社としては、同社と同様の顧客本位の営業が容易になる指標として意識している。そこまでもっていけば、自然体でじっくり取り組めるのではという考えだ。その世界にどうにかして辿り着いて、ED Jones 証券と同じ営業スタイルを定着させる、というだけでなく、そこに辿り着く手法もまた真似することはできないか。キーワードは金融機関連携だった。当社の金融機関連携の成果をED Jones 証券と比較してみると、ED Jones 証券は、地域の名士である「拠点長」の高いレピュテーションを活かして「本部」の徹底的な営業／ミドルバック支援のもと新規顧客の9割を獲得している。一方当社は、地域の「金融機関」の高いレピュテーションを活かして、「当社」の徹底的な営業／ミドルバック支援のもと新規顧客の95％を獲得している。証券会社経営のモデルとして喧伝されるあのED Jones 証券の世界を、当社流にではあるがパラレルワールドとして再現できつつある、そのことは当社の大きな自信になっている（図24）。金融機関は地域の名士、その名士の人脈、顧客基盤を活かすべく、金融機関に対して当社の商品、セールス力、ミドルバックの事務サポートをストレスなく提供し、証券会社がなかなか実現できていないドラッカーのいう「経営の目的は顧客の創造」を手中に収め、そしてそれはわが国の課題、人生100年時代を踏まえた「貯蓄から資産形成へ」に資する形、地方創生にも繋がっている。

戦略の確かさを実感している。

NPS

CX(Customer Experience)、顧客経験価値戦略を重視しているのは米国チャールズ・シュワブ証券だ。CX戦略では、合理的な価値に信頼性・利便性・安心という感情的な価値を上乗せすることで、顧客の受取価値全体を上げて差別化を図る。この考え方には納得感がある。この流れでNPSを見てみたい。

NPS(Net Promoter Score)は、自分が取引している組織を親しい友人や同僚に薦めたいと思うか、という顧客推奨度の指標だが、証券会社のそれは極めて低い。当社は過去に、お客様にお客様を紹介していただこう、紹介して下さった既存のお客様にはプレゼントをお渡しして、というよくあるお客様キャンペーンを行ったことがあるが、結果は質量ともに課題を残した。他社では如何だろうか。キャンペーンの取り組み姿勢云々以前に、そもそも企画自体が業界として有効なものではないのかもしれない。ノイズ除去後のNPSを金融機関と証券会社の比較でみても、証券会社の数値は著しく低いという指摘がある。自社が開催するセミナーで、事前にご予約いただいたお客様が実際に参加いただけるか、参加率についての当社データでは、金融機関の93％に対して当社は65％。顧客グリップ力の証左だ。当社が金融機関と提携・連携して新規顧客を獲得しようとする戦略は理に適《かな》っていると考えている。

ちなみに、当社が包括業務提携を行っている岡山県の笠岡信用組合は、山本理事長の方針で飛び込み営業を廃し、全て既存顧客からのご紹介で新規を獲得し大きな経営成果をあげている。信用組合は、金融当局に認可された地域での営業を義務付けられているが、笠岡信用組合は県境を超えて広島県福山市に進出、出店することが認められた。福山支店でこのような新規顧客獲得運動を進め、従来通りの高い成果をあげたことから、2つめの越境新設店舗の出店を目指しているという。金融機関の顧客満足度の高さを示す象徴的な実例として、ED Jones証券と同様、身近に勉強させていただいている。

当社の販売チャネルは店舗、そこにネットが加わり2本柱となって久しい。チャネル議論が深まらない状況下で、3つめの販売チャネルとして確立しつつある金融機関チャネルは、これまでとは一味違う別の価値をもたらしてくれた。外の組織や人と繋がることの価値、その価値は金融成果だけではなく繋がることの愉しさでもある。そしてさらにその先を思い描く、金融機関以外の様々な外部連携も構想してみたいと、考える力も与えてくれた。

❹様々な共創

これからご紹介するいくつかの事例は、そのそれぞれに意義があり地域社会にも貢献していると当社では考えている。そしてその連携で醸成された親近感が積み重なって両社の信頼感になり、リスペクトに昇華していった。これこそが大きな金融成果を生み、全店共同店舗が誕生する基盤となる。

推し、半沢直樹の流儀

西京銀行は山口県周南市に本社を置く第二地方銀行で、預金量などのボリューム指標は大手には及ばないが、業績は増収増益基調、高い収益率や変化率は業界トップクラスだ。医師の開業コンサルでは県内シェア5割を誇る。平岡頭取は以前、雑誌「GOETHE（ゲーテ）」で「本当にいた！地方銀行の〝半沢直樹〟」と取り上げられたこともある。ご本人の名誉のために付言すれば、隈取りし充血した目でエキセントリックに何とか返しだ！と叫ぶタイプでは決してない。むしろその真逆で、にこやかな笑顔がチャーミングな周りの人を惹きつける方だ。だがやっぱり半沢直樹でもある。既存概念を次々に壊すクラッシャーであることに疑いはない。そのクラッシャーの底流にあるのは、強い地域愛と冷静な合理性である。平岡頭取の中にある、溢れる地域愛と究極の合理性は別々に存在している訳ではなく、ひとつの事象に対して同時に発動される。

例えば相続の手続きだが、ほとんどの金融機関は、相続人が窓口に来られお葬式の費用に充てるので故人の口座からお金を引き出したいという申し出に、相続関係書類がなければ出金は無理だと答える。その段階でそのような相続書類などある訳もないので事実上出金できない。一方、西京銀行では、念書はいただいて100万円まで出してあげなさい、となる。その後、データの蓄積を行った結果、出金金額は今では1000万円まで増額された。基本的にすべての案件で対応しているが、1件の苦情も寄せられていない。この対応は平岡頭取のご実父が逝去された時の体験から生まれたものだ。施策の発信者と受領者、その双方の視点をもって果敢に行動するのが平岡イズムだと理解している。生活実感がある。名著『百年の孤独』で知られるノーベル文学賞作家のコロンビア人ガルシア=マルケスは、幻想的サーガとも称される彼の作品について、どの一行をとってもカリブの現実に根差している、故郷の日常に基づいているとした。力の源泉を想う。

地域愛と合理性は店舗についても発動される。平岡頭取は従来の銀行店舗をおかしな存在と考える。自分たちの執務スペースが大きくお客様に提供するスペースが小さい。例えばドコモの店舗と比較してみればどうか、という視点だ。西京銀行では事務効率化を進め、営業店から事務を撤廃する。キャビネットも撤収、空いた大きなスペースはお客様利便性向上のために惜しみなく提供する。

提供の仕方は子供たちの遊び場であり、当社との共同店舗でもある。そのような平岡イズムは行内に徹底されている。金融機関は、カラーボールを常備するよう当局から求められている。強盗に入った犯人が逃げ去る時に投げつけ、割れたボールの中から塗料が噴き出し強盗に付着すればその後の逮捕が容易になる、だから協力するように、というものだ。西京銀行ではカラーボールを撤去した。そんな金融機関は聞いたことがない。強盗に入られた時、最優先しなければならないのはお客様の命と行員の命。折角出て行ったのにカラーボールを投げつけでもしたら強盗は逆上して舞い戻り酷い事態になりかねない。そもそも逃げる強盗の背後からボールを投げて当てることができる行員などどれだけいるのか。この施策の実効性は本当にあるのか。担当の山岡常務は大学野球の花形選手だ。

そんな西京銀行には支店長会議を山口市菜香亭《さいこうてい》でも開いてほしい。菜香亭は幕末の文久3年に開業した料亭で、贔屓《ひいき》の井上馨が命名した。政治王国山口の政財界で利用されたが平成8年に廃業、今は交流の場として広く開放されている。100畳の大広間には20以上の扁額が飾られていて、伊藤博文・山県有朋・木戸孝允・井上馨といった明治の元勲をはじめ、岸信介・佐藤栄作から安倍晋三ら山口出身の偉人たちの書が壁面上部にところ狭しと掲げられている。元勲たちに囲まれて畳で行うおよそ銀行らしからぬ支店長会議。きっと多くを語らずとも参加した幹部行員は襟を正し、地域へのコミット、ミッション達成を誓うに違いない。1万円程度で借りられケータリングも可能だ。いや、それは違うよ、と全く別の観点から平岡頭取に叱られたとしても、それもまた楽しい。

とにかくこういう西京銀行と幅広く協働していると、常に安心感と緊張感が同居する。ベースは安心感だが当社の施策、判断、提案がそれでよいのか、個別判断では緊張感が同居する。それは当社が継続的に成長できるありがたい環境でもある。

「ファーストペンギン」が頭に浮かぶ。最初に海に飛び込みエサを探す勇敢なペンギンだが、真っ先に捕食される可能性もある。ただ彼が彼女が、家族が一族が、生き残り繁栄するためにはどうしても必要な存在だ。リスペクトを込めてファーストペンギンと呼ばれる。

オールドノース橋

マサチューセッツ州ボストン近郊にコンコードという街がある。北駅からコミューターレイルで45分程の静かな街は、たっぷりの自然の中に閑静な住宅が散在する。オルコットの『若草物語』はここで書かれここが舞台だ。駅から30分ほど歩き左折して森の中に入ると、小川に架かった木造の小さな橋、オールドノース橋が見えてくる。傍らには銃を持って立つ男性の銅像。ここはアメリカ独立戦争で英国軍と植民地軍が橋を挟んで睨みあい、その発砲で独立戦争が始まった場所だ。エマソンの詩「全世界に響き渡る発砲 Shot heard round the world」は米国人なら誰でも知っているという。傍らに立つのは「ミニットマン」。一般市民がいざ戦時となればあっという間に準備して銃をもって駆けつける、独立戦争の名も知れぬ英雄たちだ。あたりの静寂が訪れる者を激戦の歴史に誘う。この橋から少し離れたところに、小さなコンコード博物館があり、そこにはガラスケースで覆われたランタンが飾られている。来襲した英国軍が植民地軍の武器補給庫のあるコンコードを攻めるのは分かっていたが、海路か陸路か、そこが問題だった。夜半、判明した行路をランタンによる信号で知った銀細工職人のポール・リビアが夜中に馬を駆って知らせた。ロングフェローの詩「ポール・リビアの騎行」とともにその象徴としてこのランタンも有名で、誇りをもって語られる（図25）。

「ファーストペンギン」や「オールドノース橋」「リビアのランタン」の共通項は、果敢な行動とそれに対するリスペクトにある。平岡頭取率いる西京銀行の強みは間違いなく果敢な行動であり、当社は強くリスペクトしている。西京銀行に並走することで、お客様のためのファーストペンギンとなり、リビアのランタンの役目も果たしたい。

図25｜**オールドノース橋**

オールドノース橋　ミニットマンの像　ポール・リビアのランタン

遠心力とエンゲージメント

当社の金融機関連携は、当社自身を今一度整理しなおし、強みを再発見する中で生まれたものが多い。当社は個人名を社名に掲げているが、実は多くの同業他社と経営統合を繰り返して業容を拡大してきた。経営統合により期せずして吸収される形になった社員たちには通常遠心力が働く。自信を持ってエンゲージメント（自発的な貢献意欲）を上げて貰えるように、持っていたシーズを当社のコンテンツで花開かせる、2つが結合することで新たなケミストリーを生み出したいといつも考えている。そんな想いが西京銀行とのファーストコンタクトに繋がっていく。

2013年に子会社化した広島市に本社を構える八幡証券は、広島県に4店舗、山口県に6店舗を構える地場証券で企業規模は当社の10分の1。しかし両県に店舗を持たない当社にとって現地の知名度はゼロであり右も左も分からない。八幡証券は水先案内人を務めてくれる貴重なパートナーである。まずは彼らが接点を持っている法人先を訪問してみたい、最初に案内されたのが西京銀行の子会社だった。

提携前のこと

八幡証券は西京銀行と何かビジネスを共有できていた訳ではないが、顔見知りではあった。しかしこの顔見知りということが重要だ。同じ山口県で仕事をしている、社員の多くは同じ小学校、中学校、あるいは高校の先輩後輩、同級生でもあった。これは何物にも代えがたい財産だが、そうは認識されていなかった。その空気感の中、当社がご挨拶に伺う。西京銀行は既成概念に捉われない意思決定とスピード感が強みであり、だからこそ初対面の当社をまずは受け入れ、観察してみようとなったのだと思う。

・シフォンケーキ

飛鳥時代の推古天皇の御世、この地の松の木に大星が降り注いだというロマンティックな伝説、それが地名に反映されている山口県下松市。牛骨ラーメンという郷土食を誇る同市の山間部に、農事組合法人21世紀フラワーファームの農場がある。２０１４年3月、中国経産局や山口県・周南市・ニュービジネス協議会そして西京銀行が協賛する「第28回周南ベンチャーマーケット」に、当社が接触していた西京銀行の子会社のお導きで初めて参加し、お役に立てる何かを探したが、そこで同社と出会うことになる。西京銀行取引先の奥様とご息女がブルーベリー、アスパラガスなどを生産しており、最近それらを練り込んだシフォンケーキを焼き上げたばかりで、販売のためブースで一生懸命説明を行っておられた。商品のクオリティもさることながら、子育てや配偶者の事業サポートを終えて起業し挑戦を始めた奥様に惚れ込み応援を決める。

兵庫県の加古川に当社の取引先でこだわりの自然食品だけを取り扱う通販会社があって、そこを経由して全国に販売するお手伝いをした。また、広島修道大学に提供していたインターンシップのプログラムに組み込んで、学生をマイクロバスに乗せて広島から下松まで連れていき、農作業を手伝いながら起業の想いをお聞きする。教育支援も行う農事法人としてHPで世に発信していただいた。当社にとっては、営業支援もインターンシップもクロスボーダー型、後に商標登録を行う起点となった取り組みの原点でもある。農林水産省の「2020年農林業センサス」によると、農業従事者は5年前に比べて22%減少し、高齢者の割合は逆に5%増加、団体経営のうち法人の割合は8割まで上昇している。経営者の藤田シゲ子さんは、担い手の減少と高齢化に一石を投じ、その投じ方は最近のトレンドである法人方式を採用された。その後、下松市を代表する6次産業&ダイバーシティの旗手となられ、市主催のイベントでパネラーを務めるなど大活躍を続けておられるのは当然のことだ。魅力的な商品の数々は、山口県のアンテナショップ「おいでませ山口館」(日本橋)で購入することができる。

・BiPicon

鳥取県境港市の伯州綿《はくしゅうめん》を下関の老舗企業に紹介するなど、西京銀行の取引先との連携が続く中、2015年2月、地域の起業家や熟練の経営者までの幅広いプレゼンターと会場のサポーターを結ぶビジネスピッチプランコンテスト「BiPicon」、昔のスタア誕生のようなイベントを西京銀行が企画され、参加かたがた審査員就任のご要請がある。大変光栄なことだ。参加サポーターは地元山口県の方ばかりなので、当社はアイザワ賞を設けて東京や大阪でのクロスボーダー販売支援で付加価値を提供することにした。当社としては初めて公式の場で金融機関との繋がりを外部に表現する晴れ舞台となる。審査員の経産省課長から、伯州綿のヒストリーとクロスボーダー・ソリューションについて高くご評価いただいたことも、当社の戦略に自信を深めることとなった。

当社はこういったイベントでプレゼンテーションを行う企業には、必ず個別に接触させていただく。そのこと自体はよくあることかもしれないが、当社ではHPなどで事前にその事業内容を調べ、現事業を延伸するためにご紹介できる先、そして新たな関連事業を起こすためにご紹介できる先を洗い出し、接触する企業の社名を宛名とした提案書「ぐるぐる巻き」を事前作成して会場に入る。そして初対面のご挨拶の場で名刺交換だけでなく提案書をお渡しし簡潔にご説明することにしている。もちろん立ち話だ。大したことはできない当社だが、その熱意は伝えたい、差別化で少しでも喜んで貰いたい、スピード感も大事、そんな想いでこのスタイルを徹底している。

「ぐるぐる巻き」を渡された企業は、いきなりの自社名入り提案書に驚き、内容を確認されてまた驚かれる。この時もそうだった。違ったのは、会場におられた方々から次々にお声かけいただいたことだ。「あの、西京銀行の者ですが、アイザワ証券さんですよね。何を渡されているんですか。提案書……初対面で……いや、勉強になります。」見ておられたことに驚いた。支店勤務の方も多かったように思う。後日お聞きした話だが、平岡頭取が当社の行為を行内に紹介され、銀行こそ、そのスタンスが求められていると発信されたそうだ。予断と偏見のない自由な心に感激した。既存の銀行に対する先入観が吹き飛んだ当社社員も多かったように思う。

突然の言葉

「提携しませんか。」

そのBiPicon会場、お昼の休憩時間に金丸副頭取からいきなり切り出された。証券仲介契約を結んで当社の商品を販売したい、その連携のカタチは状況を見ながら発展もさせていきたいし、様々な形で協力しあいたい。それは、当社がまさに望んでいたことだが、この段階でお話があるとは思っていなかった。自分たちが考えている以上にご評価いただいていることは驚き以外の何物でもなかった。外部目線の変化。ここに当社が願ってやまなかった銀証連携が内定する。

それでは早速トップ同士の引き合わせを、となり、期末の3月は避け4月早々、周南市の寿司屋で密かに会談を行う。終始和やかな懇談となり、その後数ケ月かけて松岡専務を筆頭に実務方でミーティングを重ねていく。資本関係のない地方銀行と上場証券会社の包括業務提携などは前例がなく、関係者には高揚感もあったと思う。9月、西京銀行本店で提携の記者会見を行った（図26）。テレビや新聞社の取材が入る中、マスコミから質問が飛ぶ。「平岡頭取、証券会社との提携に抵抗感はなかったのですか。」「正直、トップはどんな押しの強い株屋の人がやってくるのだろうと思っ

図26　西京銀行：記者会見

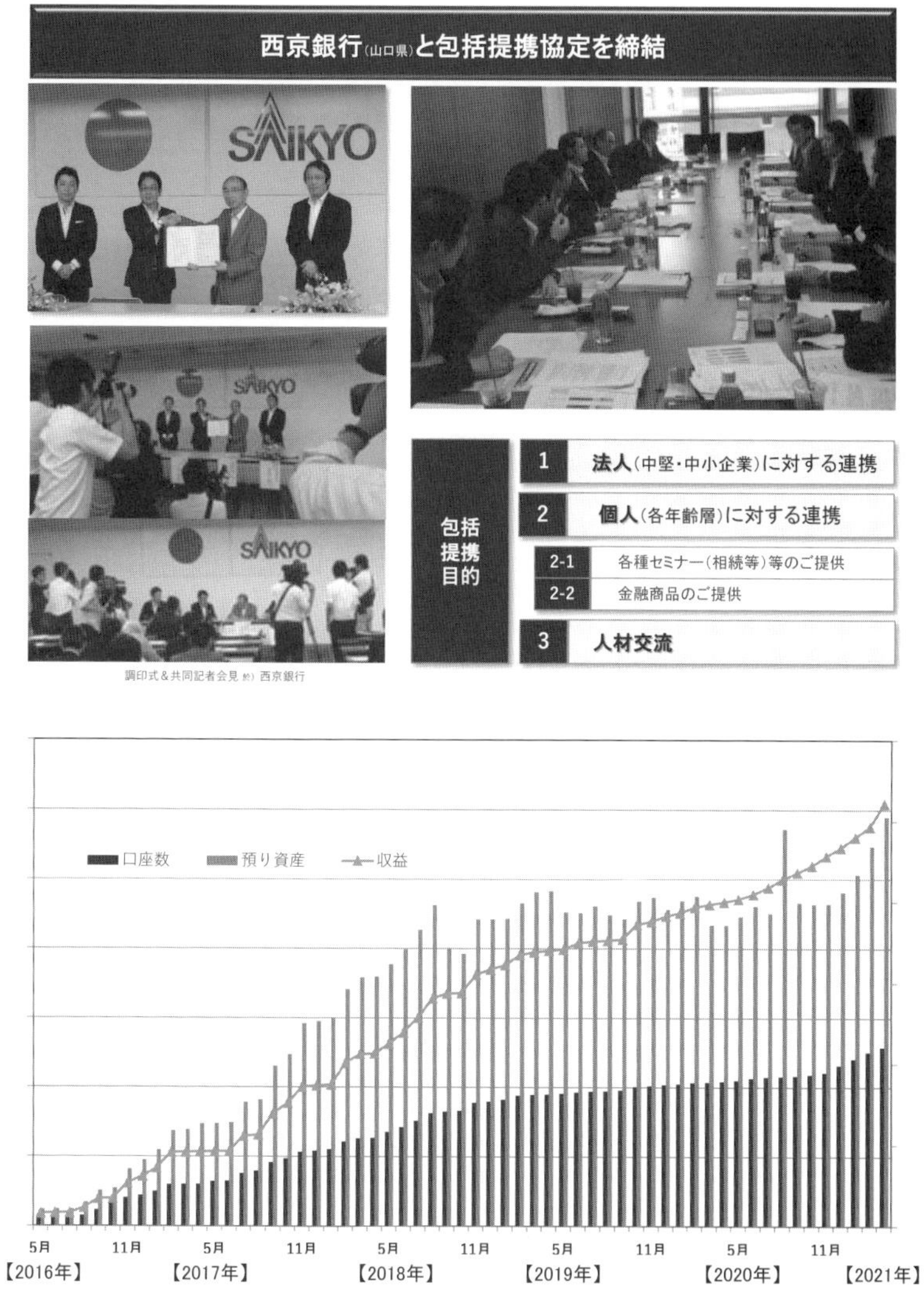

ていましたが、実際はこのような紳士な方でした。報告通りアイザワ証券はパートナーにふさわしいと確信しました。」

今はもう廃業されてしまったが、周南市のあの寿司屋と金丸副頭取にお声かけいただいたBiPicon会場は、当社にとって銀証連携の聖地として記憶されている。

成功の秘訣

提携の軸である当社の金融商品を西京銀行が販売する証券仲介連携は、その手法を進化させながら大きな成果をあげている。そこはご紹介した通りだが、成功の秘訣はいくつかある。

「男が廃る。」

岩国と下関でお聞きした言葉である。証券仲介の連携は新興国の外債販売から始まった。募集物として発行した外債は、設定額を販売しきらねばならない。売れ残ってしまった場合をどうするか、初めてのことでもあり両本部間での相談が続いた。いよいよ始まる証券仲介連携のお願いに西京銀行の各店舗を訪問したが、その時、支店長方は力強く仰った。「アイザワ証券には当行の傍店のお客様がビジネスマッチングで大変お世話になったと聞いている、自店の話ではないが支店長は皆知っている、そんなアイザワ証券に今回の外債販売でご迷惑をおかけするわけにはいかない、西京銀行員として男が廃る、必ず売り切ります。」事実、岩国支店を皮切りに当初計画以上の需要が集まり、追加で商品を手配し販売させていただくことにもなった。岩国市にある5連木造アーチで有名な錦帯橋《きんたいきょう》は、スペインのガウディ作品の特徴であるカテナリー曲線（懸垂線）を200年以上前に採用した進取精神あふれる名建築物だ。西京銀行連携でもその先進性を想う。そして金融商品販売に関する単項目提携ではない包括業務提携の力を、言葉と結果で強く実感した。ここも当社の差別化された強みである。

また、間違いなく両社の帯同訪問手法も鍵になっている。証券仲介を始めるにあたっては、銀証両社がどのような役割を担うか事前に決めて、その体力負担に応じて収益を分け合うという形も考えられる。例えばトスアップ方式と呼ばれる、銀行は案件抽出だけを行いセールス以降の全ての業務を証券会社が行う形もあれば、銀行がセールスまで行って証券会社は事務だけを行う形もある。前者では証券会社の負担が大きく、後者では銀行の負担が大きい。それに合わせて収益配分のテーブルを細かく設定するという考え方は合理的かもしれない。しかし西京銀行と当社はこういった取り決めを一切行っていない。収益配分は一律折半だ。全く新しいことを行う場合、それを担う担当者の腰が重いのは当然で、ましてや異業種の銀証連携。どうしてもやれというなら少しでも収益をとれる方で、となりがちだが、それでは先に触れた銀行員の案件発掘力の問題を直撃する。結果的に連携案件、成約案件は進まない。両社は何より連携案件数を増やし、お客様の感謝を積み上げることを優先した。

形にはこだわらない。金融商品ごとのセールス錬成度に応じて、当社が西京銀行行員と帯同する割合は大きく異なる。初めての商品は帯同率100%で、慣れてくれば過去には2%まで低下した。難易度の高い案件はいくらでも帯同するし銀行が自分でできるならできるところまでやっていただいてもいい。いずれにしても収益配分は折半でテーブルはない。テーブルを決め案件ごとに体力負担を認定し、その認定結果を巡って両社で言い争うのはよくある話だが、銀証連携の難しさの本質に鑑みれば、避けるべき事象だ。角を矯《た》めて牛を殺す。当社のご評価いただいている強みは、全案件帯同訪問を軸とした大らかな基本スタンス。西京銀行も過去に大手証券と証券仲介を試行されたが実績はゼロだったとお聞きしている。両社は大きな枠組みの中で互いにリスペクトしあい自由に協働する。そのことはお客様に伝わり、安心感として受けとめていただけるはずだ。このことは間違いなく成功の秘訣のひとつと言える。

当社は自身の立ち位置をしっかり把握し、志を同じくするパートナーとの間で現場レベルも含め気脈を通じ一体感をもってお客様にサービスを提供している。この形が評価されている。そして俯瞰すれば、この金融機関連携は、先行して進めて成果をあげた税理士法人連携の転写でもある。

提携後のこと

西京銀行と当社の協働は、金融商品販売や取引先の経営支援にとどまるものではない。とにかく地域に付加価値を提供できるならそのジャンルに一切の制約や躊躇はない。西京銀行とご一緒して、お客様のご縁で本物の音楽を山口にお届けしようという企画もあれば、日本でトップクラスのスポーツを地域と共有もしている。

・本物：アカデミー賞

「やっぱり本物は音が違うね。」

ウィーンフィルの第2バイオリン首席奏者、クリストフ・コンツェを招いた、西京銀行・大学生・高校生の混成吹奏楽団とのコラボコンサートを協賛した。県や市の教育委員会やKRY山口放送の後援を得て、下松市民1000名をご招待した無料コンサートだ。当社のお客様も200名、旧八幡証券時代を含めて初めての企画である。コンツェは第72回アカデミー賞音楽賞を受賞した映画「レッド・バイオリン」に出演したこともある多彩な才能の持ち主だ。

アルミ製のバイオリンも登場した。JR新幹線の先頭車両は機械だけでは仕上がらず、職人の繊細な手作業による板金加工が必要だという。それができるのはここ下松の山下工業所だけだ。同社の「打ち出し板金」技術を使ってアルミ製のバイオリンをつくり、その音色をこのコンサートで披露するという企画も盛り込まれている。本場ウィーンと地元下松を同時に聴く企画。2つの場所に想いを馳せて驚きの音色に耳を傾ける粋なクロスボーダー企画は大人気で、開演前からお客様が殺到し、協賛させていただいた当社にも多くの感謝の言葉が寄せられた。当社単独では提供できない企画である。コンツェが山下工業所作のアルミ製バイオリンを目の前で弾いてくれたことは忘れられない記憶だ。閉幕後、帰路に就く皆様の満足感溢れる笑顔がなんとも嬉しい。

・本物：日本トップリーグ

２０１６年2月14日（日）、国立代々木競技場第2体育館に２００名を超える黄色の集団が陣取った。ACT SAIKYO の応援団である（図27・28）。西京銀行は女子バドミントンチーム ACT SAIKYO を擁し、日本のトップリーグでリオデジャネイロオリンピック金メダリストのタカマツペアらと戦っていた。西京銀行はホームの地元山口では大応援団でチームを支えるが、各地を転戦して行うリーグの最終戦は東京代々木体育館。最終順位を左右する重要な試合だが、山口と東京はあまりに遠い。そこで当社が１５０人の応援団を組成し西京銀行応援団と合流して声援を送った。平岡頭取や選手のご父兄、山口から駆け付けた西京銀行応援団と当社の混成応援団は会場でひときわ目立ったかもしれない。ACT SAIKYO とは合同合宿も行って親しいタカマツペアの高橋選手は、自分たち（所属は日本ユニシス：東京）より応援団が多いのはどうして?と聞いてきたという。ACT SAIKYO のメンバーは翌日、当社本社を表敬訪問してくれた。提携している両社の堂々たる親善大使だ。今、日本代表選手2名を抱えパリオリンピックを真剣に目指す強豪チーム。メンバーはかわっても、変わらず応援を続けている。これもまた、当社単独では味わえない世界を、提携関

図27 ACT SAIKYO

図28｜ACT SAIKYO

係が見せてくれている。

オリンピックに想う

「よろしくお願いします！」

吉田沙保里さんに声をかけられた。あのオリンピック３連覇、国民栄誉賞の吉田沙保里さんである。

事業関係者なら、オリンピアンに簡単に会うことができるイベントが定期的に開催されている。東京都・公益財団日本オリンピック委員会（ＪＯＣ）が主催する「アスナビ」説明会だ。「アスナビ」は企業とアスリートをマッチングする制度で、この説明会では、仕事をしながら競技活動を継続していくことを希望する現役アスリートがキャンディデイトとして企業関係者数十名の前でプレゼンテーションを行い、関心のある企業がコンタクトするというお見合い、緊張感溢れる真剣勝負の就職／採用最前線である。経団連もオリンピックの成功に向け、アスリートの雇用促進やセカンドキャリアの形成支援を重要テーマとして掲げて、会員企業向けに説明会を開催している。主催者は「アスナビ」制度の概要を説明し、制度を利用して実際に採用した企業の紹介も行う。さらに、メダリスト級の著名なアスリートが講演し、アスリートの厳しい生活や練習環境、セカンドキャリアに就いても語り、企業関係者に協力を訴えかける。フェンシング銀メダリストの太田雄貴さんや、陸上５位の千葉真子《まさこ》さんのお話は心に染みた。現役アスリートの話も鮮烈だ。日本選手権３位でオリンピックも展望できる、しかし生活のため遠征費のためアルバイトを3つ掛け持ちしているので練習時間も十分確保できない。休息も身体能力向上のためには必要だが、睡眠時間を削る毎日でもある。何とか雇用していただけないか、会社の名をあげるよう精一杯頑張ると聴衆に訴えかけるその姿は、同じ年ごろの子供を持つ親なら感じるところはあるはずだ。プレゼンテーションを行う選手たちのほとんどが団体種目ではなく個人種目であることも、彼らの孤独を想起させる。

経済で世界3位なのにどうしてこんなに金メダルが少ないのか、強化方法が間違っているのではないか、隣国と比較しても効率よくメダルを獲得するためのマーケティングが足りないのではないか、過去にこんな批判を口にしたことを後悔した。今、日本の株式上場会社は約3800社。単純に1社1人を応援するとしても3800人のアスリートが支援を受ける。支援額も、20代の社員1人の給与に遠征費として年間数百万円が乗る程度、上場会社が協力できない金額ではない。利益を社会に還元する仕方のひとつに加えてもよいのではないか。何よりアスリート社員を核とした愛社精神の醸成は多くの採用企業が語るところだ。当社もACT SAIKYOを通じてそのことを知っている。このような企画は下からの積み上げではなく、経営トップが参加して志の判断をする、そのような形で説明会が運営されることを望みたい。

ちなみにこの「アスナビ」に参加すると、希望者は東京都北区にあるナショナルトレーニングセンター（ＮＴＣ）の内部を視察できることもある。道路を隔てて宿泊棟もあり、カヌー以外の全ての種目の日本代表選手がここで練習を重ねているそうだ。関係者以外立ち入り禁止の練習場は、全く違うタイプの種目をあえて隣り合わせにして、選手たちの気付きを促しているという。異業種とのクロスボーダー戦略を想う。５つ程度ご案内いただけるが、レスリング場に入った時は幹部が打ち合わせをしていた。冒頭の言葉は、我々が「アスナビ」参加者だと気づいた吉田さんが、選手を雇用してくださいね、という趣旨で発した言葉だ。メダリストを筆頭に選手たちを支援しようという取り組みと気持ちがストレートに伝わってくる。

そもそもこの「アスナビ」に関心を持ったのは、西京銀行との連携が起点だ。ACT SAIKYOの選手やご父兄と親しく交流させていただくようになって、短い選手生命のなか、ケガや様々な困難に常時向き合いながらチームとして日本一を目指し、個人ではパリオリンピック出場に挑戦する選手たちの姿を見てきた。娘を応援するため山口に移り住み、スタンドで精一杯の声援を送る母、自分は何もアドバイスできないからと試合当日は必ず神社にお参りし、会場では目を閉じ手を合わせただ祈るばかりの母もいる。スランプに陥った娘を黙ってしかし必ず応援される母もいた。応援団の大声援、それに応え雄叫びをあげる選手。涙もある。息をのむ緊張感。湧き起こる愛社精神。行員の感謝、選手の感謝。それら全てを当事者のように体験させていただいた。

西京銀行は専用体育館を造りチームをささえている。オリンピアンに占める女性の割合は、１９

64年東京大会の13%に対し2020年東京大会は48%。西京銀行は時代の潮流をとらえている。タカマツペアを育てたコーチも招聘した。それに対する選手やご父兄の感謝の気持ちは、応援をご一緒するなかで筆者は共有している。徳山大学高田学長もACT SAIKYOとの連携に乗り出された。素晴らしい地域への社会貢献、そのことをもっても当社の西京銀行に対するリスペクトは深まるばかりだ。当社と西京銀行の連携のヒストリーはACT SAIKYOの躍進ストーリーとも重なる。埼玉、東京、奈良、兵庫、岡山、山口、福岡。選手やご両親は全国から集まって、西京銀行の旗のもと、平岡頭取や金丸副頭取とともに夢を追いかけ闘っている。スポーツを通じた感動はクロスボーダー、あらゆる垣根を超えていく。

❺地方創生大臣表彰　再び

金融機関との提携は、当社第3の販売チャネルとしてだけでなく、当社単独では叶わない様々な体験を当社にもたらしてくれる。そのひとつとして、提携先が抱える潜在的なニーズに応えた企画もテイクオフした。それは地域社会にとっても価値あるものと信じている。

日本初　異業種人材交流制度

当社は2020年5月、内閣官房まち・ひと・しごと創生本部から、「地方創生に資する金融機

図29 人材交流制度

内閣官房まち・ひと・しごと創生本部
「地方創生大臣表彰」受賞
…地方紙23紙でも記事掲載

	新聞名	都道府県	掲載日
1	神戸新聞	兵庫	2018.10.13夕
2	山陽新聞	岡山	2018.10.13夕
3	信濃毎日新聞	長野	2018.10.13夕
4	室蘭民報	北海道	2018.10.13夕
5	山口新聞	山口	2018.10.14朝
6	埼玉新聞	埼玉	2018.10.14朝
7	宮崎日日新聞	宮崎	2018.10.17朝
8	伊勢新聞	三重	2018.10.20朝
9	熊本日日新聞	熊本	2018.10.20夕
10	山梨日日新聞	山梨	2018.10.21朝
11	南日本新聞	鹿児島	2018.10.22朝
12	沖縄タイムス	沖縄	2018.10.23朝
13	奈良新聞	奈良	2018.10.24朝
14	山陰中央新報	島根	2018.10.25朝
15	秋田魁新報	秋田	2018.10.26朝
16	茨城新聞	茨城	2018.10.29朝
17	長崎新聞	長崎	2018.10.30朝
18	静岡新聞	静岡	2018.10.31夕
19	山形新聞	山形	2018.11. 3朝
20	佐賀新聞	佐賀	2018.11. 8朝
21	産経新聞	（全国）	2018.11.14朝
22	中部経済新聞	愛知	2018.11.29
23	中国新聞	広島	2018.12. 1朝

関等の特徴的な取り組み」として、西京銀行を中心に共同運用している「異業種間人材交流制度」で地方創生大臣表彰された（図29）。その内容は、内閣府の「地方創生カレッジ」で動画コンテンツのひとつとして公開されている。「地方創生カレッジ」は登録さえすればeラーニング方式で地方創生に資する様々なコンテンツ動画を視聴可能なので、一度ご覧になってはいかがだろうか。当社は過去に3度、地方創生大臣表彰をいただいているが、本件は2回目の受賞企画である。当社が進める金融機関連携が生んだシンボリックな施策ともいえる。この「異業種間人材交流制度」はNHKクローズアップ現代＋で取り上げられた他、フジテレビや毎日放送、毎日新聞、産経新聞や地方紙23紙でも紹介され、日経電子版やYahoo!ニュースでの取り上げもあって、各地各層で大きな反響を呼ぶこととなる。専門誌「人事実務」での特集は、金融機関から照会をいただく呼び水となった。

その内容、仕組みを要約すれば、「地域金融機関との『異業種間シームレス&可逆型人材交流制度』の設計と実装」、という具合になる。職員が、結婚や配偶者の転勤、親の介護などの理由で勤務先の店舗のない地域へ転居を伴う移動を余儀なくされた場合、その地域に提携先の店舗があれば、役職も収入も落とさないまま「移籍」し、有休も引き継ぐ。将来、また元のエリアに戻れる場合は、移籍先で獲得した処遇をもって元の勤務先に「復職」することも可能で、「処遇シームレスかつ可逆性もある制度」に設計されている。同じ業界内で人材バンクのようなものを運営する事例はあるが、ただその大半はハローワークのような人材登録が中心であり、処遇のスライド、可逆的に復帰が担保されている訳ではない。採用形態も臨時雇用的なものが多いと聞く。この辺りの差異が注目した事由だと、多くのマスコミから教えていただいた。人生100年時代「貯蓄から資産形成へ」を担う貴重な金融スキルを有する人材を、埋もれさせず活用するスキームといえる。

この制度は、西京銀行との包括業務提携の内容を詰める過程で、地域金融機関が抱える人事戦略上の課題が浮き彫りになって、それを解決するための処方箋として企画したものである。それは創り上げたというよりは、埋もれていたものを掘り出したという表現が適切のように思う。いくつかの事例を、ご本人の語りでご紹介したい。

［事例1］なぜ私が――結婚相手が転勤族でも

《ご本人》

山口県の高校を卒業して九州の大学に進学し、卒業後は故郷に戻って西京銀行に総合職で入行しました。支店勤務を経て本店営業部に異動し、そのあと総合企画部で広報を担当することになりました。仕事は楽しく職場環境も素晴らしくてなにもかも順調だったのですが、実は悩みが1つありました。結婚を考えていた相手は高校の同級生なのですが、当時は姫路で勤務していました。西京銀行の拠点は基本的に山口県内ですし、結婚するなら退職せざるを得ません。姫路に転居しても地縁も人の縁もないのでパン屋さんのバイトでもしようかとぼんやり考えていました。

ただ一方で、彼は同級生で、会社は違いますが同じ総合職の立場で就職し、お互い一生懸命頑張ってきました。それなのに結婚となると、なぜ私の方が当然のようにキャリアを捨てなければならないのか、整理できない気持ちもあったことは事実です。そんな時に平岡頭取からアイザワ証券との人材交流制度を利用しないか、とお声かけをいただき、今後も転勤が続く可能性があるけれども、それでもこの制度の利用は可能だとお聞きして、それならぜひお願いしようと一も二もなく決めさせていただきました。

決めるにあたっては、西京銀行とアイザワ証券は提携関係にあり、どんなことを一緒にやっているかもよく知っていましたので、移籍に伴う不安のようなものはあまり感じなかったです。移籍して、銀行時代と同じ金融資産の運用の仕事を続けることができ、自分のキャリアを折らずにすんだことは本当に嬉しく思っています。この制度を提供していただいた西京銀行とアイザワ証券には心から感謝しています。

ここはお話ししなければなりませんが、実は夫も大変感謝しています。彼は結婚を控えて退職を考える私の悔しい気持ちを理解してくれて、自分の方が道を変えることも考えてくれました。この制度のおかげで、自分が私のキャリアを折らずに済んだと、ほっとしていました。数年前アイザワ証券の１００周年記念パーティに２人で参加した時、彼は心からお礼の言葉をお伝えしていました。

アイザワ証券に移籍して以降、夫が姫路から埼玉県大宮市に転勤したことに伴い、自分も加古川支店から本社に異動させていただき、その後出産して現在は育休を取得中です。復帰して、感謝の気持ちを成果でお返ししたいと考えています。

《配属店の支店長》

西京銀行と提携していることは知っていましたので、移籍された方が配属されると聞いても、一般的な中途採用とは違って、当初から違和感は全くありませんでした。営業手法では参考になるところも多くて、お互い学び合う形となったことがとても良かったと思います。リカレント教育、学びなおしと言われますが、それを職場の通常業務の中で実践した感じ、かもしれません。良い刺激になりました。

[事例２] 自分のキャリアを――親の介護で帰省が必要に 勤務先優先かキャリア優先か

《ご本人》

私は、西京銀行の下関支店で、個人金融資産の運用の仕事をしていました。母親が広島でひとり暮らしをしており、一昨年の中国地方を襲った台風の時避難をする際、近所の方に大変なご負担をおかけすることになってしまいました。そういうこともあり介護のために広島に戻ることを決めました。しかし直面したのが仕事の問題です。

西京銀行は、山口県外でも広島には支店があって、転勤することで介護との両立は可能でしたが、広島支店は法人業務に特化した店舗で、個人金融資産の運用アドバイスという自分のキャリアを活かせないことになります。一方、アイザワ証券の広島支店に移籍すれば、それが可能ということで、不安も多少はありましたが、提携先でもあり、キャリアと介護との両立が可能という選択肢をとることにしました。

慣れないことも多いのですが、異業種の中で、自分の経験や人脈を活かせる場面も多いと感じています。西京銀行やアイザワ証券には本当に感謝しています。

ACT SAIKYOも

制度利用者の生の声を2例だけご紹介した。

1例目の女性は西京銀行の本店営業部で見事な実績をあげたことを評価され、将来のステップアップを目指して組織全体を俯瞰できる総合企画部に配置換えされた。その異動が発令されると、本店営業部時代のお客様から、なぜ営業から外すのだ、と銀行がお叱りを受けたほど皆様から愛される行員だったという。そんな時に退職しなければならなくなった。将来を嘱望《しょくぼう》された人なので、配偶者の転勤を巡って本当に悩まれたのだろうと思う。またこのような優秀な人材は、一旦故郷を離れたのちまた戻れることになっても、古巣へ復帰するかどうかは微妙だ。優秀なだけに自分の処遇も当然にこだわる。戻れればいい、という単純な話ではないかもしれない。一般的に再雇用された場合、トップクラスの処遇が適用されることは少ない。自分ではない家族の都合で離職したにもかかわらず、同僚の後塵を拝することに抵抗感もあろう。この人材交流制度では自らの頑張りが継続的に評価され、元の職場に戻る際は、処遇シームレスの原則が適用されるのでそういったリスクは減少する。これは実際に行ったフィールドワークによってもたらされた視点である。

2例目の女性は長年にわたって資産運用ビジネスで銀行に貢献されたが、実母の介護と自らのキャリアの狭間で悩んでいた。2人ともこの制度を導入した西京銀行に感謝しており、銀行としてもこの制度を導入して良かったと考えておられる。

本制度を導入することで、その制度利用の有無にかかわらず、職員に対する具体的な選択肢を提供することにもなる。今は利用する予定はないが将来を考えると安心して働ける、という社員の満足度は、新入社員の採用でも好影響が出ている。女性の就業率が子育て期に著しく下がる「M字カーブ」は近年解消し、女性活用が進んだといわれてきた。しかしその内情を見れば、半数以上を非正規労働者が占めることに加え、新型コロナウィルス禍では多くの非正規雇用者の女性が失業し、再就職をあきらめる人も目立つという。正規雇用を維持する我々の制度は安全弁として機能する。

そして今後も様々な事由で利用されることが考えられる。先ほど触れた「アスナビ」にも繋がる話だ。例えば西京銀行のACT SAIKYOは東京の次のパリオリンピック出場を目指して、有力選手を全国から集め強化しているが、選手寿命は残酷にも短い。ラグビーやサッカーではトップレベルの選手の約4割が心の不調を抱えているという調査があり、引退後の生活に悩む傾向もあるそうだ。ニュージーランドのオールブラックスは、現役選手だけでなく引退した選手を含めてキャリアサポートなど多岐にわたるケアを提供する。我々のこの制度は、メンバーのセカンドキャリア対応の選択肢としても提供されている。現役を引退したあと、西京銀行で勤務を続けるほか、故郷に帰ってバドミントンに関わりながら、引き続き金融の仕事はしたいというケースだ。ACT SAIKYO のファンは当社でも多く、スポーツの力が両社の紐帯関係を強固にしている実感がある。この形が実現すれば多面的なケミストリーが起こる気がして愉しみだ。

また、当社に移籍した人材が、環境が整い西京銀行へ復帰する形も考えられる。これはこの制度の可逆性、人材をループで囲い込むという機能の発動となり、それが実現することでこの人材交流制度は完結すると考えている。

さらに、当社の社員がこの制度を使って提携金融機関に移籍することも考えられる。例えば、当社の営業担当者の配偶者が山口県へ転勤となり社員が随行転居する場合は、ご本人も当社の山口県内店舗に転勤することで対応は可能だ。だが、その当社社員が本社事務社員だった場合、山口県内の当社店舗には営業以外の仕事は少ない。そんな場合は西京銀行に移籍して同じ本社事務として専門性を発揮していただくことも可能だ。可逆性のもうひとつの発露となる。社員目線では、西京銀行との提携自体が当社社員、特に旧八幡証券社員に対する地域限定職の導入とも言える。旧八幡証券社員は、その入社動機として地元山口・広島での勤務という人生設計を選択していたに違いないが、全国展開している当社との合併によってそれは崩れてしまった。だが、西京銀行との提携にもとづく連携、共同店舗運営という重要施策に携わることによって、引き続き地元で勤務できる可能性が高まる。地域金融機関との提携は、営業戦略を起点とした社員に優しい新人事施策の導入という側面もある。

制度の価値

「転勤」というテーマは、以前のように自分自身の事情だけでなく、東京一極集中の経済や社会の高齢化を受け、働く配偶者や親の介護、しかも認知症絡みと変数の数が増えて問題が複雑化している。最近はそもそも「転勤」自体をなくしてしまおうと、人事制度改革に取り組む会社も出てきているが、本人とともに配偶者の勤務する会社も同時に転勤制度の廃止を決めるという組み合わせは、少なくとも確率論的に多くない。またこの処方箋では親の介護の問題は解決できず、根本的な解決には繋がらないと考えている。

当社と提携先で運営しているこの異業種人材交流制度にも課題がある。処遇シームレスという制度利用者にとって魅力的な仕組みは、2つの組織の給与水準に大きな較差がある場合は運営しにくいという本質的な難しさがある。また、西京銀行の平岡頭取が仰っていたが、この制度は深い信頼関係のうえにこそ成り立つものなのかもしれない。処遇シームレスかつ可逆性ある制度に乗って人材がクロスボーダーに両組織間を異動する。両組織は互いの信頼関係に基づいてこの制度を導入し運営している。制度利用者自身もその意味合いを十分に理解して勤務をして貰えるはず、ということだ。提携関係にある会社同士で導入する制度だが、信頼関係の深さに拠る部分は大きいのかもしれない。ここはやはり色々な施策のミックスが必要で、その意味においてこのスキームは社会のニーズにお応えできるひとつの有効な選択肢として位置づけている。

大臣表彰を因数分解してみる

この制度は、スキルを積んだ貴重な人材を囲い込む形で、当社や提携先にとっては大きなメリットがある。また、人材の地方から都会への一方通行を、ループで囲い込む形によって是正するシステム、という視点から、地方創生にも貢献しているとご評価いただいている。当社が地方創生大臣表彰を受けるのは本制度で2度目だ。この表彰は金融機関との連携に絡めた企画だが、前回は教育機関との連携で、当社が提供しているインターンシップが表彰の対象となった。ここは後でご説明したいと思う。

この2度の表彰を因数分解すれば、共通項は、人を対象として、提携先とクロスボーダーで協働する、ということになる。金融機関との間で、職員を対象に地域を超えて雇用を維持する。教育機関との間で、学生を対象に地域を超えて知見を与える。当社はビジネス上の強みとして、「クロスボーダー・ソリューション」という言葉とロゴを商標登録している。人材交流の対象業種・職種の壁を超えて、例えば、おもてなしのプロである旅館の仲居さんをお預かりしたら、社内で起こるケミストリーはまた愉しみだ。発想豊かに、大きなループでこの制度が育っていくことを望んでいる。ちなみに、当社にとってこの地方創生大臣表彰制度は、1年に1度の人間ドックのようなものだ。鏡と言ってよいのかもしれない。申請の検討を通じて1年間の自らの取り組みを顧みる。綻びと不足を診断し手当てを行い、実った果実に焦点を当て収穫、新たな処方箋も講じる、そのように活用させていただいている。

❻カスタマイズした地域金融機関連携

提携のバリエーション

当社の金融機関連携は様々なバリエーションがあるのが

図30｜銀証連携のカタチ

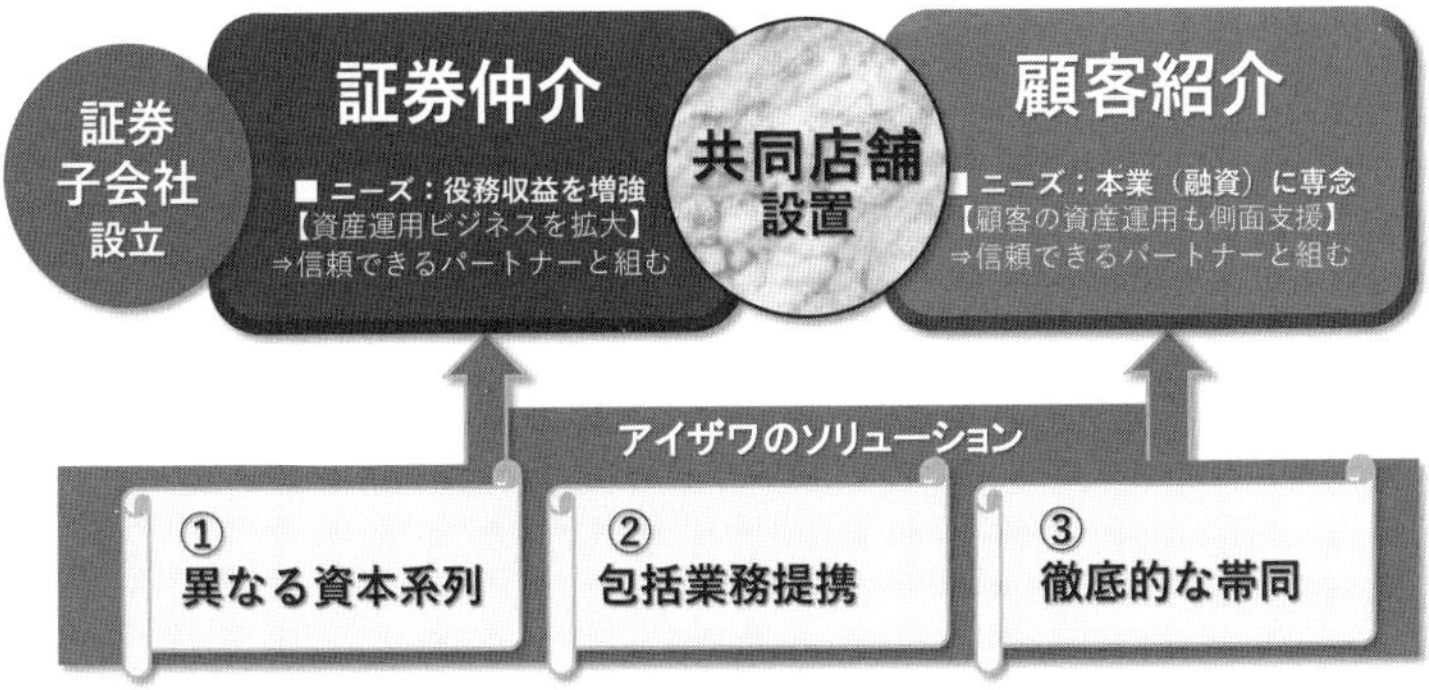

特徴だ。西京銀行との提携は間違いなく当社戦略のひとつの頂点であり、各所で再現したいと考えている。しかし連携の仕方を固定的には捉えていない。金融機関は第一地方銀行、第二地方銀行、そして協同組織金融機関と呼ばれる信用金庫や信用組合と業態も様々であり、それぞれに規範がある。また組織規模や地方性、経営方針等の個別も様々で、連携のカタチはそれぞれ異なるのは当然だ。当社はいかようなカタチでもご一緒して地域社会を学び、お客様を学び、協働して付加価値を発信したいと考えている。そのしなやかさは当社の強みとして確立しつつある。そしてそこから生まれる社内外のケミストリーは、当社の経営をより強固なものにしてくれる(図30)。

3 福邦銀行(福井県での取り組み)

ローヤルさわやか

当社は福井県に店舗を持たない。

だが、2019年9月、福井県の福邦銀行(本社:福井市)と包括業務提携を行い、連携を積み重ねている。そもそもは同行の役員が福井から上京され当社を訪ねて来られたことが起点だ。福邦銀行はトップラインサポートと称するお客様支援を展開している。お客様に対する営業支援の仕方は色々あるが、何かをご紹介して、あとはお任せしますというスタイルが一般的かもしれない。福邦銀行はそれとは一線を画し、責任を持ってご紹介し売り上げアップに繋げる、そのためには事業について色々教えていただいて何が課題か、何が必要かを分析する、うまくいけばその幾分かをフィーとして頂戴するという有償契約で、多くの取引先と締結している。同じ船に乗る手法だ。福邦銀行がそれぞれの事業に資する先を紹介するためには多くのパートナーが必要であり、とりわけ大都会東京にその必要性を認めていた。その拡充は急務だとして、提携先の第一勧業信用組合（本社：東京）に相談したところ、それならと当社を紹介されたという。第一勧業信用組合は当社とも提携関係にあり、当社のソリューション戦略をよくご存じだが、福邦銀行にしてみればさて証券会社？　とにかく会ってみようと上京された。

当社は福邦銀行を紹介したいと第一勧業信用組合からご連絡をいただき、一も二もなくお受けしたが、創業以来日本海側に拠点はなく、福井県についての知見もなかった。まずは福井県のアンテナショップに駆け込んでみる。銀座と南青山の2ケ所にあること自体、それだけでも他県とは違ったが、特に南青山の瀟洒《しょうしゃ》な街並みに溶け込んだアンテナショップは、大野市で発掘された恐竜フクイラプトルの模型が来場者を迎え、傍らには三国温泉の高級料理旅館「望洋楼」の食事処が併設されていて、郷土料理の越前おろしそばやソースカツ丼なども味わえる仕掛けにより多くの来場者で賑わっていた。店内ではロサンゼルスオリンピック女子バレーの銅メダリスト、三屋裕子さん（勝山市出身）の姿もお見かけしたし、年末に顔を出した時は、コロナ禍で福井に帰省できない多くの方々が谷口屋の油揚げや上庄の小芋、小浜の鯖缶やへしこといった懐かしい故郷の味を求めて次々に来場される。そしてそれをローカルテレビが取材に来て放映する……そんな光景も目の当たりにした。

福井県民の福井愛を知る。東京にある各県のアンテナショップは、東京都民の旅心を誘うという役割だけではなく、ベクトルの向きが逆の、東京に住まう当県民が故郷を想う場としても機能しているのだと、恥ずかしながらその時学ばせていただいた。余談だが、以来、各自治体の東京アンテナショップを巡って、少しばかりの持論も得た。

卓上には緑が鮮やかなローヤルさわやか。

地方からお越しになる方にはその地の飲み物でもてなす。当社の小さな心配りだ。アンテナショップで仕入れたローヤルさわやかは、昭和の香り満載のメロンソーダ。店員の話では銭湯でコーヒー牛乳ならぬローヤルさわやかを飲む、間違いなく県民飲料だそうだ。そこに小林役員、吉岡次長をお迎えする。お気付きになられた瞬間から全ては打ち解け、トップラインサポートはもちろん、証券仲介の手法を使って福井の方々に当社の金融商品を販売し資産形成のお手伝いを行う、福邦銀行は役務収益を獲得する、共同店舗も面白いじゃないか、2時間で意気投合した。翌月、当社から福井に渡邉頭取をお訪ねし、長時間の会議と夜の会食もご一緒して包括業務提携の骨格をご相談する。いま思えば、全国初の同県内第一地銀と第二地銀の経営統合、福井銀行との提携準備でご多忙を極められていたのだろう。あの時の渡邉頭取のおもてなしには心から感謝している。ローヤルさわやかのおもてなし、その返礼は当社にとってとてつもなく大きなものとなる。

まずはトップラインサポートのご支援を始めよう。当社はネットワークや知見をフル回転させ協力させていただくことにし、最初の対象は嶺南地区、若狭小浜市にある2社に絞り込む。

トップラインサポート

[支援1] お水送り

奈良東大寺二月堂の「お水取り」はあまりにも有名だが、故事に拠ればその水は福井若狭の小浜で汲み上げられる。「お水送り」の神事は今も続く。その小浜には江戸時代から続く造り酒屋があったが、後継者不足で廃業となった。「お水送り」の神事に地酒がなければ始まらない、行政や地域の支援でご一族が東京から呼び戻され、新たな企業「小浜酒造」として再スタートを切ることになる。ここを応援して欲しいという福邦銀行のご要望だった。

早速現地を訪れ社長と懇談させていただく。海外勤務のご経験もあってグローバルな視点で事業を捉えておられる俊才だった。当社の提示したコンテンツの中で、特に気に入っていただいたのが大学との産学連携、とりわけ当社と提携関係にあり大変親しく協働している近畿大学との連携だ。福井県は北陸に区分されるが、若狭小浜は鯖街道で京都に繋がっており、関西の文化圏にあるともいえる。当社が仲介して奈良キャンパスで農学部教授と懇談、品質改良をすり合わせる。東大阪キャンパスでは経営学部教授とお会いしマーケティングで連携することになる。山口県岩国市の獺祭《だっさい》がいかに成功したか、マーケティングは現代の日本酒販売では不可欠なファクターだ。コロナ禍で大学の状況が厳しくなってしまい本格稼働はこれからだが、とても楽しみな展開になった。

【支援2】6代目田村長左衛門

小浜は鯖街道の起点としても有名だ。小浜で獲れた鯖を海のない京都へ送るための古道は、鯖街道としてそれを辿るファンも多い。小浜で鯖を扱う老舗「田村長」をご支援することになった。お会いしたのは6代田村長左衛門を名乗る田村仁志社長だ。その昔、大量に水揚げされた鯖は浜で串にさして焼かれ「浜焼き鯖」として当地の名物となり、いまでも各地で行われる福井県物産展の目玉商品となっている。田村長ではその焼き鯖を缶詰とし、1缶1000円の高級商品として大手百貨店で販売しているが、浜焼き鯖は物産展を巡回しても販売されていた。新宿京王百貨店、そごう大宮店、早速フィールドワークを行う。東京や埼玉の浜焼き鯖をご存じないお客様がどのような反応をされるか。お客様の後ろに立って、あるいは一緒に歩きながら会話を聞いた。「美味しそうだけど食べきれないね。」「ちょっと飽きちゃうかも。」浜焼き鯖は長さ40センチ近いサイズで迫力がある。東京では2人家族、あるいはひとり暮らしも多いなか、とてもその日には食べきれない。社長、数日位は大丈夫ですか？　3、4日は全く問題ないよ、え、でもそれじゃそう言わないと……、いや当たり前でしょ、それは。小浜の常識は東京の常識ではない。典型的な核家族都市である。「冷蔵庫で3、4日もちます。常温に戻して生姜醤油でどうぞ！」社長は次回のイベントからパウチにして売り場に掲示された。そうすると次は「生姜醤油」の問題だ。「ちょっと飽きちゃうかも」というのも移り気な東京の感覚だろうと思う。当社の女性社員が21種類のレシピを考案して写真入りでA4横1枚にまとめ、それを電子データにしてお送りしたが大変喜んでいただけた。このことを皮切りに、今後は経営支援に踏み込んでさらにお役に立ちたいと考えている。

最初に手掛けたこの2つの事例は、福邦銀行の夫々のお取引先に喜んでいただいただけでなく、福邦銀行にもご評価いただき多少のリスペクトも頂戴した。2つのご支援を整理すると、［支援1］は近畿大学産学連携という特別な武器をつかった支援であり、［支援2］は誰にでもできる汗と少しの知恵を使った支援だが、手掛けるには東京という視点の転換が必要なものだ。いずれもクロスボーダー・ソリューションであり、当社との連携に価値を見いだしていただいたように思う。

そして証券仲介へ

信頼を深めた両社は、2021年4月から当社の金融商品を福邦銀行で販売する証券仲介の連携に踏み出した。共同店舗は将来の検討課題として、当社からは人材を派遣し推進役として福井県中を飛び回っているが、業態も文化も異なる両社の親善大使として、通訳としての機能も期待されている。日本の百年企業数を都道府県別にみれば①京都②島根③新潟④山形と続き、福井が6位にランクインする。百年企業を因数分解すれば、共通項は北前船。福井県嶺南地区にある小浜での銀証連携でその歴史に触れることができた。今後は当社本社からも、大阪や京都からも連携推進支援のため福井入りする。鯖江河和田地区の山うにや武生の中華そばといった、東京では知られていない地元ならではの素晴らしさを全国に発信もしながら、福井県の皆様の資産形成のお手伝いをしていく。福邦銀行と福井銀行の「Fプロジェクト」でもお役に立てるよう、しっかり実績を積み上げていきたい。

4 提言

地方銀行の経営環境は以前と比較にならないほど厳しく見える。マクロ的な環境変化により、稼ぐことがとても難しくなっているのは否めない。自己資金運用もままならない中、商社化や人材仲介ビジネスへの進出等、選択を問われる課題は多い。株式会社としての収益性と地域へのコミットの2つを二律背反としないために、社会的意義が高く、ロマン溢れる融資業務をこれまで以上に美しく進めていくために、当社の機能を使ってリレバンを強化いただければと思う。当社は今でもそれに参加できるチケットを持っていると信じているが、よりふさわしい存在になるため研鑽を重ねている。

当社の提携戦略は、拠点のない地域へも進出することになった。当社には西京銀行との包括業務提携で練り上げた知見と想いがある。クロスボーダー・ソリューションとして産学連携もご提供できる。共同店舗も検討は可能だ。ここでは触れていないが、地域の地場証券をご支援する形で金融機関と3者連携するプログラムも当社にはある。異業種人材交流制度の導入はその輝きを増すばかりだ。当社の提携戦略は、そのコンテンツラインによって、もはや地域のくびきからフリーになっていると考えている。ぜひお力になりたいと思う。

第6章

協同組織金融機関との提携

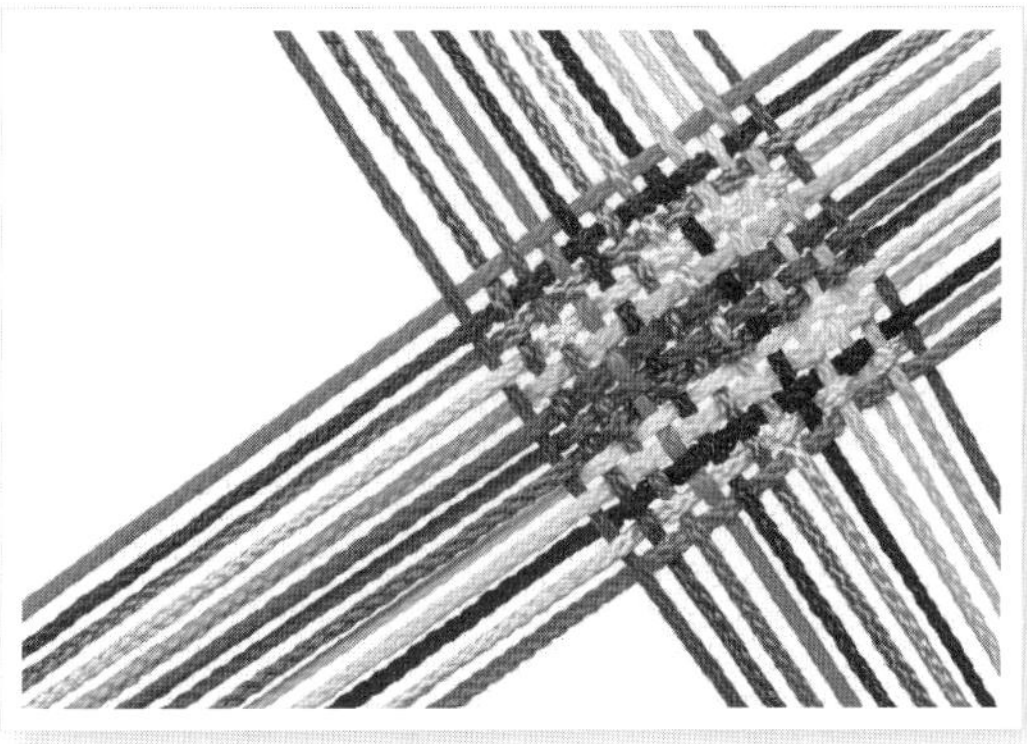

「たていと」と「よこいと」で織物を編む。
繊維業界では「経糸」「緯糸」と表記する。「経緯」。

当社の金融機関提携の特徴はいくつもあるが、そのひとつが協同組織金融機関、信用金庫や信用組合との提携だと言われる。証券会社との組み合わせは銀行以上に珍しいかもしれない。しかし株式会社の銀行とは価値観の異なる組織との提携は、当社がなぜ金融機関と提携するかという原点に立ち返れば何の違和感もない。そしてここでも銀行と同様、提携の数だけ連携の仕方がある。

1 第一勧業信用組合（東京都都心部での取り組み）

出会いはメガにあらず

関東財務局の金森理財部長が突然来社された。地域のために大変良い事をやっている、同じ目線の先をご紹介したい、全く予期せぬご提案だった。金森部長はその後中国財務局長に栄転されるが、官民の壁をこえて金融界にファンも多い素晴らしい方だ。その目線はどこまでも現実に向けられていて、言葉に力がある。金森部長の言葉はストレートに受け取るべきものだが、一瞬躊躇した。それは筆者も第一勧業信用組合の新田理事長も同じ大手銀行出身だったたからだ。自らの矜持《きょうじ》として出身母体の大手銀行に纏わる人脈は一切使わないと決めていた。それは何か意地のようなものではなく極めて実務的な理由だ。大手銀行やその取引先と当社ではビジネス規模が違いすぎる。個人の人脈を使って一時期的に取引が生まれたとしても、それを定着させることは容易ではない。釣り合わない無理な関係にはリスペクトは伴わない。互いにリスペクトがない関係はむしろ有害だと考えている。社員が外部と繋がることを嫌がるようになる。歪んだ意識をもつようになってしまうからだ。大手企業ＯＢが絡むこんな悲劇を数限りなく見てきた。

ただ金森部長、お導きに従うことにした。

お会いして自らの不明を恥じることになる。新田理事長は第一勧業信用組合という信用組合のトップとして、素晴らしい経営をされていた。そんなことは多くの方には周知のことではある。その象徴のひとつが「地産地消」ならぬ「地産〝都〟消」。地方の産物を大消費地東京で販売して地方を潤す。それを実現するためのネットワークづくりが進められており、全国各地の同業と提携を進めその数は30を超えていた。業態を超えた提携にも躊躇がなく、信用組合として初めて証券会社である当社との包括提携が実現する。この「地産〝都〟消」の観点では、後日、茨城県の常陸大宮高校が大変お世話になった。こうして当社は初めて信用組合と連携を行い、株式会社の銀行とは成り立ちや考え方が異なる協同組織金融機関のなんたるかについて、ひとつひとつ知見を積み重ねていくことになる。

卑弥呼の贈り物

第一勧業信用組合との連携の特徴は、互いのネットワークを紹介しあう関係だ。産学連携を進めたい第一勧業信用組合の求めに応じて、当社は提携している近畿大学をご紹介し両者は提携する。福邦銀行に当社を推薦いただいたのは第一勧業信用組合だし、当社の求めに応じて笠岡信用組合をご紹介もいただいた。都留信用組合との提携はその笠岡信用組合とのご縁に拠るものだ。

「魏志倭人伝」は、邪馬台国の女王卑弥呼が赤と青の目の細かな絹を献上したと伝える。最上の贈り物は色彩の明瞭なコントラストが際立っていたはずだ。2色別々の織物だったか、2色の経糸《たて》と緯糸《よこ》だったかは分からない。第一勧業信用組合の提携戦略を蜘蛛の巣に例えれば、当社は緯糸を張って全体の強度を高めているように思う、といえば過ぎた表現かもしれない。ただ地方創生を進めるうえで、こういった両者のもつネットワークの共有と補完は、証券会社と地域金融機関というはっきりとしたコントラストにより極めて強力なコンテンツになることを、当社は体感しながら学んでいる。

2 笠岡信用組合（岡山県での取り組み）

ご縁は第一勧業信用組合から

岡山県の笠岡信用組合（本社：笠岡市）との提携は、当社が第一勧業信用組合にお願いしてご紹介いただくことから始まった。それは当社の店舗ネットワークに関する課題に起因している。当社は八幡証券との経営統合で中国地区に10店舗を構えることになったが、そのうち山口の6店舗と広島支店は西京銀行との提携により、従来にはない新たな営業のカタチを手に入れることができた。残された広島県の3店舗、とりわけ最東部の福山支店は人口50万都市福山にあって、本社として競合他社との差別化に具体的な処方箋を用意できずにいた。ただただ支店の頑張りに期待する形だ。ここに日本アジア証券（本社：東京）との経営統合でさらに岡山支店が加わる。福山（広島最東部）と岡山（岡山中部）、この2店舗に対して本社が差別化された処方箋を渡す必要があった。

吉備の国の雄

岡山県笠岡市（岡山県最西部）は広島県福山市と県境を挟んで隣接しており、古より長く吉備の国として同じ経済圏に属している。その笠岡市には第一勧業信用組合の提携先で信用組合の雄、笠岡信用組合があり、地域シェア5割のガリバー的存在でその顧客グリップ力は強力だ。同組合に認可された営業エリアは岡山県全域だが、直近で広島県福山市にも越境進出が認められ、新店舗を開設したばかり。越境店舗は全国でも珍しいという。当社としては、当社福山支店を活かす形で営業支援を行うなど笠岡信用組合に対して必要なソリューションをご提供し、逆に地域シェア5割を超える顧客グリップ力で新規顧客をご紹介いただく。西京銀行と笠岡信用組合という有力な金融機関との連携によって中国地区営業店を差別化することを企図した。新たな提携の模索である。

2018年8月、初めてお目にかかった山本理事長はすぐに提携意義を見抜かれ、翌9月、笠岡信用組合本店で提携記者会見を行う。席上、理事長は記者の質問に対して、停止している投信販売は今後当社との連携で対応していくと付言され、包括業務提携により様々な課題で協働していくことに期待を示された。まずは2つのテーマに取り組むことになる。

ナマハゲ面と浮世絵と

1つめは、笠岡信用組合が音頭をとって毎年開催される「しんくみビジネスマッチング」大会での協働である。当社はブース設置とともにクロスボーダーの仲介者として毎年必ず参加している。大会全体の成約率は35%と高く、当社もこの数字に貢献している。この種の企画は他の地域でも行われているし、岡山県では他業態も実施しているが、県外からの参加で賑わう事例は少ない。秋田からは秋田県信用組合北林理事長がイベントに出店されるお客様を連れてやってこられる。北林理事長とは当社が初めて地方創生大臣表彰をいただいた時、大臣室でご一緒した以来のご縁だが、人口減の先頭を行く秋田県にあって、協同組織金融機関の立場で秋田県の地方創生に取り組む信念の人だと、お話しすればすぐ分かる。創業70周年を記念してリニューアルされた笠岡信用組合本店は、外壁に巨大な笠岡諸島の空撮パネルが嵌め込まれ、本社に入れば床は日本文化遺産に指定された北木島《きたぎしま》の石が敷き詰められている。その本社の応接室には、赤と青に彩色された秋田ナマハゲの一刀彫り面とともに、市川團十郎を描いた江戸の浮世絵版画が飾られているのが当社の自慢だ。全国を行脚した富山の薬売りはクロスボーダーそのものだが、もともとは備前岡山藩の医師から伝来した胃腸薬「反魂丹《はんごんたん》」を2代目藩主前田正甫《まさとし》が服用していたことが影響しているという。岡山発の価値発信を当社もお手伝いしていきたいと強く思う。

逆さ地図

笠岡信用組合では、飛び込み営業を禁止し既存のお客様からの紹介で新規を獲得するという山本理事長の方針が徹底され、高い営業成果をあげている。質・量を同時に確保することができる戦術だが、既存のお客様との深い信頼関係がなければ成り立たず、やろうと思ってもなかなかできるものではない。まさにED Jones証券の経営を岡山で実践されている。預貸金はいずれも順調に伸びているが、唯一の課題は他の金融機関と同様、自己資金運用だと認識されている。

多くの証券会社は金融機関の自己資金運用を狙って営業をかけ、仕組債や私募投信など様々な商品を売り込んでいる。だが当社はそれを行っていない。当社は金融機関と提携するにあたって、競合他社と差別化できる比較優位なこと、特別にお役に立てることしかご提案するつもりがない。ここは徹底している。金融機関と連携してそのお客様や組合員の資産運用のお手伝いをすることは、連携手法を含めてどの証券会社にも負けない絶対的な自負が当社にはある。金融機関と一緒にカスタマイズされた形で地方創生を行うこともそうだ。しかし自己資金運用のお手伝いは少なくとも現在はその範疇にはない。公共性の高い金融機関の自己資金運用は、一般企業のそれとはまた違う規律を求められている。金融機関ご自身の自己資金運用をご支援できない訳では決してないが、協働したいとご提案したことは過去に一度もない。しかし当社のそういった顧客本位のスタンスをご信頼いただいたが故に、逆に笠岡信用組合から支援要請を頂戴した。安心を買いたいということだと思う。繰り返しご要請があり、そこまでのお気持ちには今の当社ができること全てを出し切ろうと、お受けすることにした。自己資金運用においても当社が比較優位なものが無い訳ではない。それはご評価いただいた徹底した顧客、パートナー目線のスタンスだ。そこは絶対に劣後しない。

当社から幹部クラスを派遣し、逆に笠岡信用組合の若手職員を受け入れて教育させていただいた。この手法で間違いなくお役に立てたことが1つある。それは当社が派遣した人材が、セルサイド、

図31｜逆さ地図

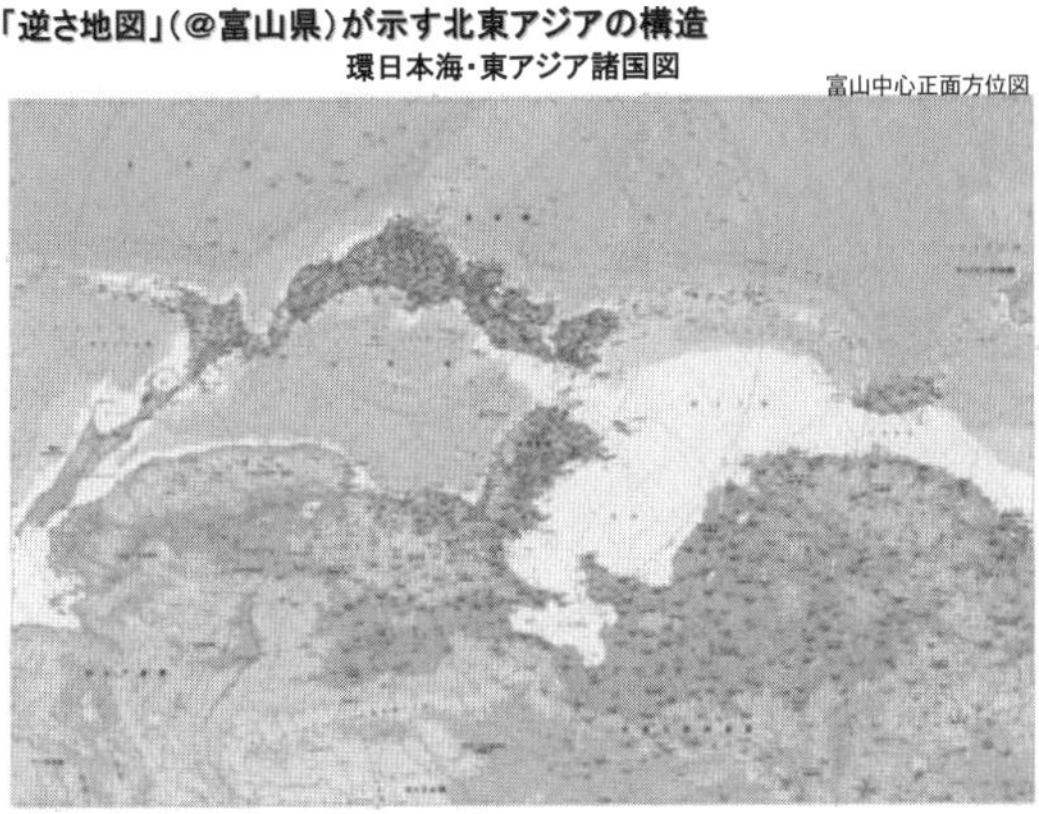

［出所］この地図は富山県が作成した地図を転載したものである。

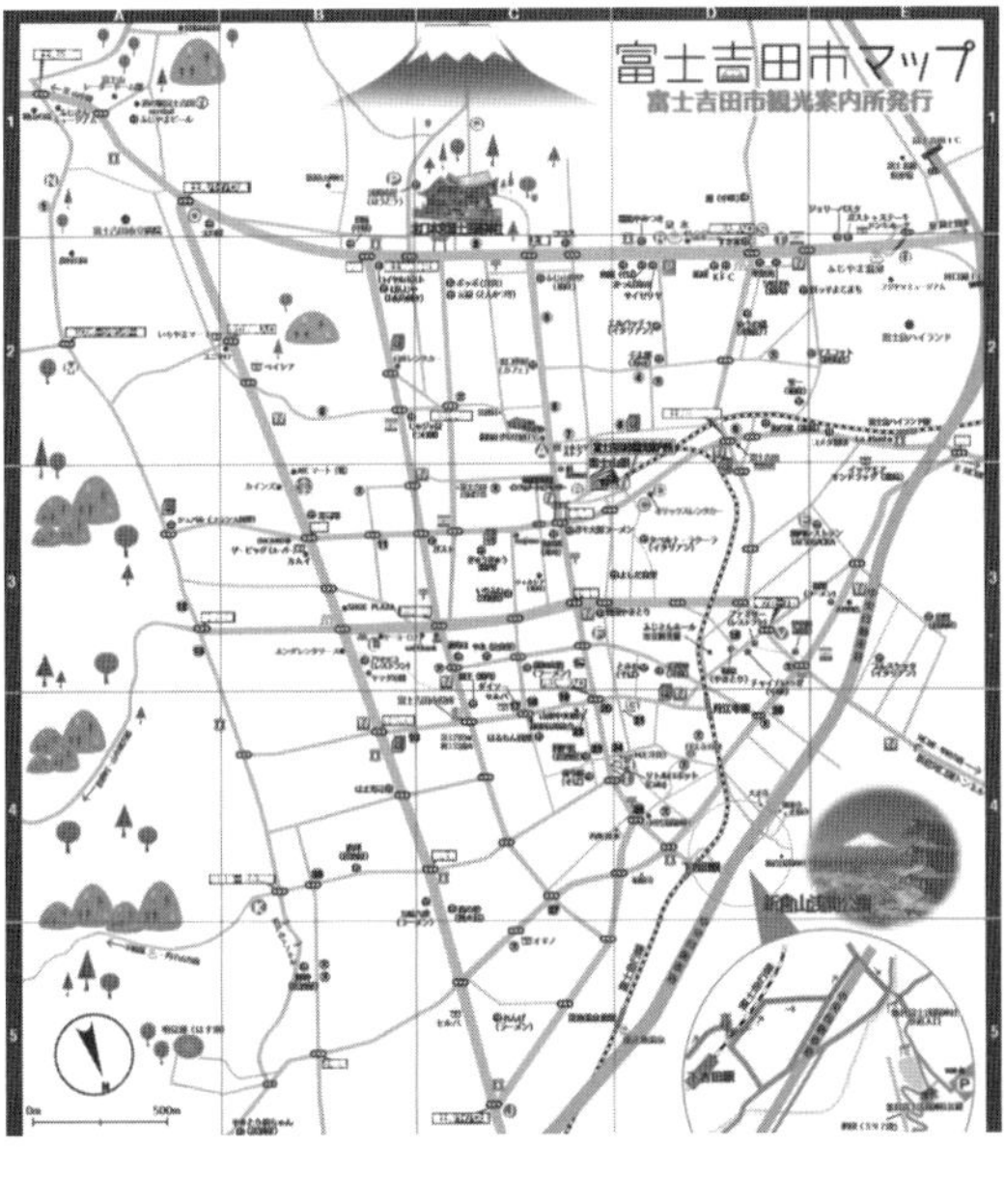

売り込んでくる証券会社の感覚を持って、実際に提案にやってくる多くの証券会社に笠岡信用組合職員として対峙《たいじ》し、その提案の質を評価することだ。売り手側の目論見《もくろみ》はよく分かっている、本当に顧客本位か、ニーズに合っているか。地元岡山県浅口郡出身の明治の文筆家、薄田泣菫《すすきだきゅうきん》は、巧み

な話術で知られ、著作『茶話』でその力を遺憾なく発揮しているが、その話術をもってしても、多分売り込み側からすれば厄介な存在だったに違いない。襟を正さざるを得なくなる。当社からの出向者もまた、新たな成長の機会を得た。証券会社の営業を、それを受けるお客様の立場で体験できたこと、この視点の逆転は大きな学びとなり、当社に戻った後、活かされることになる。

視点の逆転という観点では、富山県が制作した世界地図がある。南北が逆転したユーラシア大陸から上方の日本列島を見れば、台湾まで続く島嶼《とうしょ》ラインが上弦の月のような形で覆いかぶさっているように見える。大陸目線で見れば、封じ込められたような、通常の地図では感じられない結構な圧迫感だ。富士山の北麓に位置する山梨県富士吉田市で一般に使われている地図も南北が逆転している。この点では富山と同じだが、こちらは当事者である住人の生活実感をもとに使われている。市の南側にある巨大な富士山の存在感が大きく、それに向かって上り坂を意識する生活では地図の上部は南になる。富士山を背にそれを見ない形の下り坂、上部が北の普通の地図は、実際に現地で確認しても確かに違和感があった。生活実感がない。視点の逆転は違う世界を見せてくれ、インスパイアの源泉となる（図31）。

笠岡信用組合は山本理事長の方針が徹底された強い組織だ。数字がそれを表している。当社はパートナーとして選んでいただいたことを誇りに思い、これからも経営ニーズにお応えして一歩ずつ

動を支える基盤として、店舗を工夫したいとも考えている。

提携交渉の過程では、地方銀行による証券ビジネス強化というシナリオについても議論した。銀行証券子会社では、概して仕組債などのハイリスクハイリターン商品を個人富裕層に販売する事例が目立つ。都市部ではないぐんない地区の顧客に、都留信用組合と当社の連携によって適切な資産運用をきめ細かくご提案する意義は大きい、このような共通メリットを確認しあった。

この想定は今、現実のものになっている。

総代

当社はここで、それまで十分に知見のなかった協同組織金融機関の総代という存在を強く意識するようになる。都留信用組合との提携において、真の起点は、総代の前田源商店前田社長かもしれない。第一勧業信用組合主催の地産都消イベントが東京大手町のサンケイビル前広場で開催された。当社は、当社の取引先と提携先である西京銀行の取引先をお連れして出店を支援したが、その時、都留信用組合の支援で出店されていたのが前田源商店だった。偶然のご縁だったが、同社のオーガニックコットンを使った商品はデザインも織りも上質だったこと、何より前田ご夫妻がとてもチャーミングだったことから、当社は後日予定していた西京銀行共同店舗オープンの記念品に採用させていただくことにした。当社の心掛けている誠意や行動力は、前田社長がご自分の言葉で都留信用組合幹部にお伝えいただいたように思う。多分間違いなくそのはずだ。当社と前田社長は意思疎通を深めていく。

そして教育機関へ

❶山梨県立大学

「副社長、面白い人を紹介しますから。」

その前田社長にご紹介いただいたのが、公益財団法人やまなし産業支援機構の手塚理事長だ。柔軟な発想と行動力、そして幅広い人脈をお持ちの実力者だが、機構との連携プランについて意見交換したあと、ご同席のうえ山梨県立大学をご紹介いただく。当社の教育機関連携や地方創生への取り組みを評価いただき、当社と山梨県立大学は包括業務提携を行う。初面談からわずか3ケ月後のことだった。ご紹介の連鎖はED Jones流、それは当社の誇りとなっている。

❷ひばりが丘高校うどん部

「吉田のうどん」をご存じだろうか。吉田うどんではない、吉田（という地域）のうどん。

コシの強さと味噌醤油の出汁、それにスリだねと呼ばれる辛み調味料が特徴の、地域の経済文化に根差した郷土食だ。ダイバーシティ性にも注目したい。標高800メートルの富士吉田では米作はなじまず畑作で小麦などを栽培していた。貴重な現金収入は機織りで、昭和初期にはガチャマン景気で賑わう。その担い手は女性であり、昼食の手間をかけさせないように、また炊事で手が荒れないように男性が小麦を力任せにこねてコシの強いうどんを作り女性に食べさせていたが、全国から集まる織物のバイヤーにも振る舞ったことで評判を呼び、自宅を改装して店舗にした。現在約50店舗が営業しているが、ご多分にもれず後継者難が課題となっている。そんな現状に鑑み、地域の食文化を紡ぎたいとして立ち上がったのが大久保教諭率いる県立ひばりが丘高校うどん部だ。「吉田のうどん」を常設店舗で提供するだけでなく自校商品も開発している。「顎砕きＭＡＸ」は道の駅に入荷すれば数時間で品切れになるヒット商品で、茹で時間は驚きの20分。サブスクリプション（定額課金）形式のサービスも提供している。

地元のスーパーセルバの桑原社長はその取り組みに共感され、店舗スペースを提供するほか、様々な事業支援を行っておられる。その姿に強く共感した。ぜひお力になりたいと思う。当社も都留信用組合と協働してご支援を始めることにし、まずはうどん部が7万部発行する「うどんなび」に共同広告を出稿し支援した。渡邊理事長自ら各所に動いていただいたことに感謝している。今後は茨城県立常陸大宮高校HIOKO HDとのコラボも検討したい。実は両校は、高校生ビジネスの大会で何度も顔を合わせる強豪校同士だ。我々の知らないこのような生徒たちの世界もある。世界はスポーツだけではない。今後、当社と都留信用組合がそれぞれバックについてクロスボーダー企画を推進し、地域に付加価値を発信していければと考えている。

農業を活かす

都留信用組合も地方創生大臣表彰を受賞されている。富士吉田の冷涼な気候を活かして夏イチゴを栽培することを軸とした地域おこしだ。当社は役職員が苗の植え付け、植え替え農作業を現地入りしてお手伝いした。慣れない作業でどこまでお役に立ったか、甚《はなは》だ心もとないところだが、2日間地域の方々とご一緒したことで想いを深めることはできた。貴重な体験である。農業の持つ力はシンプルで強い。「農福連携」という発想もある。障がい者や認知症の高齢者の就労を支援する取り組みは、オランダでは「ケアファーム」と呼ばれ、認知症の進行が緩やかになったという報告もあるという。「農福連携」は単に雇用確保ということだけでなく、生きがいの創出や介護予防といった意義もあり、多面的な目的を同時解決できるスキームだ。認知症ケアに心を寄せてきた当社としては、何かお手伝いしたいと思う。今後、この協働を発展させ、両者の職員の研修の場としても活用したい。大臣表彰という勲章もいただいた農作業で共に汗を流すことにより、両者の職員が仲間意識を醸成する良い触媒になりそうだ。それはその後の両者の幅広い連携の基盤となるに違いない。新入職員には特に記憶に残る体験になるだろうか。また新たな金融機関連携のコンテンツが誕生しそうだ。

都留信用組合との提携はこれからが本番だが、店舗戦略、顧客紹介、総代との関係、県の外郭団体、県立大学に県立高校、農業を使った合同職員研修、その他にも新たに周囲を巻き込みながら、連携ジャンルは当社にとってこれまで以上にどこまでも大きな広がりを見せている。提携して僅か半年だが、山梨県には色々コミットできそうで今後がとても楽しみだ。

4 青梅信用金庫（東京都多摩島嶼部での取り組み）

青梅という街

東京都の西深部に位置する青梅市は、どこか懐かしいふるさとの原風景を感じる里山の風情もあれば昭和レトロな香りもする少し不思議な街だ。青梅街道といっても都心のそれとは全く違う。まさしく街道の趣たっぷりの道を歩けば、少し前までは昭和の手描き映画看板がそこかしらに溢れていた。「東京物語」「第三の男」。最後の映画看板師と呼ばれ、「板観（ばんかん）さん」と親しまれた故久保昇さんはここで生まれた。最近では猫の街としても有名だ。映画の看板が「猫と共に去りぬ」に変わっているのはご愛敬だが、写真家岩合光昭さんが巡るどこかの島のように猫が自由に闊歩して、という訳ではない。イラストレーターの山口マオさんが青梅の街を歩いているうちに、萩原朔太郎の短編小説『猫町』の世界に迷いこんだ気分になったことも起点だという。『猫町』は、主人公が紛れ込んだ町が現実のものではなく幻燈の幕に映った影絵のように思え、ある瞬間、家々の窓口から猫の顔が額縁の中の絵のように浮き出して現れる……米国の作家ラブクラフトが描く怪奇世界か、宮崎駿監督の千と千尋の神隠しの異世界か。この世界観は実際に歩いてみれば分かる。青梅街道から一本中に入れば昭和レトロな街、決して怪奇の世界ではない。富士吉田市の月江寺の街並みにも似ている。共通項はガチャマン、機織りで一世を風靡した町ということだ。その昔、機織り機をガチャンと1回動かせば1万円札が舞い込む、そんな時代にカンカン帽を被った着流し姿の紳士が分厚い財布を懐に街に繰り出す。カフェの女給の洋風な眩しさ、料亭から聞こえてくる三味線の音と嬌声、70名の芸者衆で華やかだったその昔の風情を街角に留めている。

そんな青梅の街に50年ぶりに映画館が蘇る。ガチャマン文化を伝える旧都立織維試験場は国登録有形文化財だが、それをリニューアルし東京都唯一の木造映画館「シネマネコ」としてオープンした。萩原朔太郎の幻灯機、ネコそしてガチャマン。地元に散らばったコンテンツをクラウドファンディングで纏め上げた見事な企画に、地元の方々が呼応する。完成式典には市長や商工会議所会頭がテープカットを行った。確かに地域の映画館には不思議な力が宿る。単なる集客拠点ではない。言葉も交わさないが、一緒にそこにいてただ観ることに何かほっとし安心感を得る。価値観の静かな共有といってもいい。そして各地や海を超えてやってくる文化に地域の方が交わるクロスポイント。都会に出て観る映画とはまた違う、おらが地域の映画館。まさしくクロスボーダーだ。「シネマネコ」に併設されたカフェでネコの足跡が可愛いラテアートを飲み、映画を観て、隣の蔵を活用した「繭蔵《まゆぐら》」で菜食プレートをいただく。極上の時間を地域の方と味わいたい。

当社が八幡証券と経営統合して中国地区に進出した頃、アニメ映画「この世界の片隅に」の企画が立ち上がり、クラウドファンディングが始まっていたが、一般には知られていない活動だった。昭和19年、戦時下の広島県呉市に嫁いだ主人公の声を女優のんが演じる。当社は呉に支店はなかったがお客様はいる、まだ何も分からないがせめてもの心をと、本当に些少《さしょう》だがクラウドファンディングに協力させていただいた。しばらくして呉市長にお会いできる機会を得たが、東京から来たアイザワ証券です、よろしくどうぞ、という訳にもいかない。クラウドファンディングの件を持ち出したところ、市長はどうしてこの話を知ったのか、支援の気持ちが嬉しいと感激され、その日休館だった大和ミュージアムにその場で電話し、驚く当社の前で、呉を応援してくれる人がわざわざ東京から来てくれたからぜひ個別に案内してあげて欲しいと頼まれた。学芸員の方の丁寧で詳しいご説明と市長の笑顔が当社の心を呉に惹きつけた。「この世界の片隅に」は後に日本アカデミー賞最優秀アニメーション賞を受賞する。映画館でエンドロールに流れる名前を見たとき、思わず呉の街を想い、その想いは紡がれていく。今度は青梅の「シネマネコ」のクラウドファンディングに協力させていただいた。

青梅の人に注目すれば、小説『宮本武蔵』の文豪・吉川英治や日本画の巨匠・川合玉堂が名誉市民として顕彰されている。そこに小泉八雲の「雪女」も加えて欲しい。雪女は東京人であり青梅びとだ。

吉川英治には記念館となっている旧宅があり、川合玉堂にも自身の美術館がある。ちなみにこの美術館の端正な庭は、島根県安来市の足立美術館が18年連続1位を獲得していることで知られる米誌日本庭園ランキングで、京都の二条城などを抑え堂々の第5位に選出されている。そして青梅びとの雪女は「昭和レトロ商品博物館」の2階に住む。皆、今に生きている。

「ちょっと東京に行ってくる」と地元の方。青梅もまた東京都ではある。東京都で唯一の温泉郷と言われる岩蔵温泉も、多摩川の上流に佇む小澤酒造の酒蔵も、そして富士山の御師文化にも似た宿坊や山岳信仰の残る御岳《みたけ》山も、青梅の魅力を彩っている。

出会いは雪女　仲人は多摩證券

そんな青梅の街と当社の関わりの起点は、山口県の西京銀行と同じである。当社は2017年日本アジア証券と経営統合した。俗にいう吸収された会社の社員の気持ちに寄り添いたい。そこに埋もれていた種子を当社のソリューションで花開かせ、経営的にも成果をあげる、そのことをもって吸収会社が紡いできた歴史に想いを馳せ社員に感謝をし、その社員たちの誇りにもして貰う。山口県の八幡証券のように日本アジア証券でも同じ形を生み出したい、そこが起点となっている。日本アジア証券はいくつかの証券会社の集合体だが、そのひとつが多摩證券、青梅市に本店を置いていた地場証券だ。今は当社の青梅支店として歴史を紡いでいる。

事前のフィールドワークで青梅を知り愛着を感じるようになったと自認できた時、青梅信用金庫本店に野村専務を訪ね、いきなり雪女談義、それだけをした。青梅の宝物だから大事にしなければ、もっともっと発信していきましょうと熱く語った記憶がある。野村専務はそんな形を受けとめて下さる、一寸お茶目な経営者で本当に良かったと、今では冷や汗ものの出会いだ。そして当社と青梅信用金庫は約1年後、包括業務提携を行う。

美しい多摩川フォーラム

その青梅信用金庫を俯瞰してみる。

継続的に立派な経営の数字をあげられている。青梅という土地柄、何でも新しいものに飛びつくという訳ではない。ただ一旦認めたものには他がどうであれコミュニティの一員として徹底的に胸襟を開く。当時、信用金庫と証券会社の包括業務提携など他に類のない中で当社と提携いただいたのがその証左だ。対外提携自体が初だとお聞きしている。そういった意思決定のスタンスが素晴らしい経営成績に繋がっていると、当社では考えている。協同組織金融機関に教えていただいたことのひとつである。

地域への差別化された貢献も特徴的だ。「美しい多摩川フォーラム」はその象徴となる。東京都の最深部に位置する雲取山に落ちた一粒の雨が山梨・東京・神奈川の25自治体と関わりながら東京湾に注ぐ、それが多摩川だ。フォーラム事務局がドローン撮影した映像をみればそれがよく分かる。関係する自治体などが協力しあい、持続可能な地域社会として美しい多摩川づくりを目指すが、その目的達成のため「経済」「環境」「教育文化」の3部会で活動している。

会長は中央大学の細野名誉教授、あのダニエル・カールさんや元NHKアナウンサーで今は語り部として有名な大阪芸術大学教授の平野啓子さん、それに青梅信用金庫の平岡理事長などが副会長を務め、運営委員として関連自治体25の首長などが名を連ねる大組織だ。当社も民間運営委員にご推薦いただき応援している。地元の児童に杣人《そまびと》ならぬ炭焼き体験をしてもらうため小屋までつくっているが、そこで関係者が集まって交流会を催したことがある。地元の銘酒を片手に昨日撃ったという鹿肉をバーベキュー流にいただいたりしたが、メイン料理は巨大なマス。ありがとうございます！　お礼を言った相手は釣り師姿の平岡理事長だった。理事長の魅力的な笑顔と飾らない振る舞いは青梅の自然そのもので、青梅信用金庫の魅力を表象している。まさしく「美しい多摩川」そのものだ。

青梅信用金庫の「川」を地方創生の核に据える発想は僭越ながらとても気に入っている。何より難易度が高い。川はいくつもの自治体を貫き、あるいは隔て海へ注いでいく。まさしくクロスボーダーそのものだ。だが利害関係者が多く物事を進めにくいことは容易に想像できる。古今東西を問わず川を巡る諍いは絶えず、上流と下流の利害がぶつかることも多い。そこに真正面から踏み込んだ青梅信用金庫をリスペクトしている。

地域企業の支援色々

そんな青梅信用金庫に寄り添うことで、多摩證券の記憶はそのままに、さらに付加価値をつけて地域に溶け込みたい。そこで新たなお客様を開拓できればというのが当社の願いだ。昭和の森で開催されるビジネスマッチング大会には毎年参加し、得意のクロスボーダーで都心やそれ以外の地域と青梅信用金庫のお客様を結び付けている。

それ以外にも、当社が地域で煌めく事業者を発掘し、青梅信用金庫にご紹介することもある。奥多摩町古里《こり》駅近くの「卵道（ランウェイ）」は、青年経営者の河村さんが地元のかわなべ鶏卵の極上卵を使い、極上の水や名産ワサビにもこだわって提供するだしまき玉子専門店だ。古里駅は無人駅、だが人は集まっている。もちろん料理は最高だ。地方創生の貴重なコンテンツと考え、当社は契約しているプロモーション会社を使って「卵道」のマスコミ露出も支援している（図32）。当社自身を振り返ってもマスコミ効果というものは大きいと感じている。当社が取り組んでいるソリューション群がNHK「クローズアップ現代＋《プラス》」やフジテレビ「プライムニュースα」などのテレビ番組で取り上げられたが、それは広告料換算で年間約4億円に相当する。利益額でこそないが費用を捻出したことになる。「卵道」は今や知る人ぞ知る有名店だ。青梅信用金庫との取引も始まった。

この一連のプロモーションを通じて得た知見がある。

河村さんは地元にこだわり抜いて最高の料理を提供されている。料理や食材についていくらでも熱く語ってくれるが、地方創生という単語はでてこない。やっておられることはまさに地方創生そのものだが、経営理念として表現されてはいなかった。多分こういう形が普通なのだろうとも思う。頑張っておられる事業者を支援するには、資金提供やビジネスマッチングだけでは不十分ではないか。今回はプロモーション会社を使ったが、地域金融機関や当社が広報支援を行い営業強化に繋げることは可能だ。そして重要なのはその際、経営者の考え、理念を整理し表現することも支援する、理念を磨き上げるお手伝いをすることで経営を大きく発展させることができる。そのような形で地方創生に貢献することもあっていい。当社は証券会社初の経営革新等支援機関だが、補助金獲得の支援ビークルとしてのみ活動していないか。「卵道」をご支援する過程で自省した。

図32｜事業者支援のカタチ

マスコミを使った地元中小事業者支援
（パブリシティ強化→トップライン収益増）

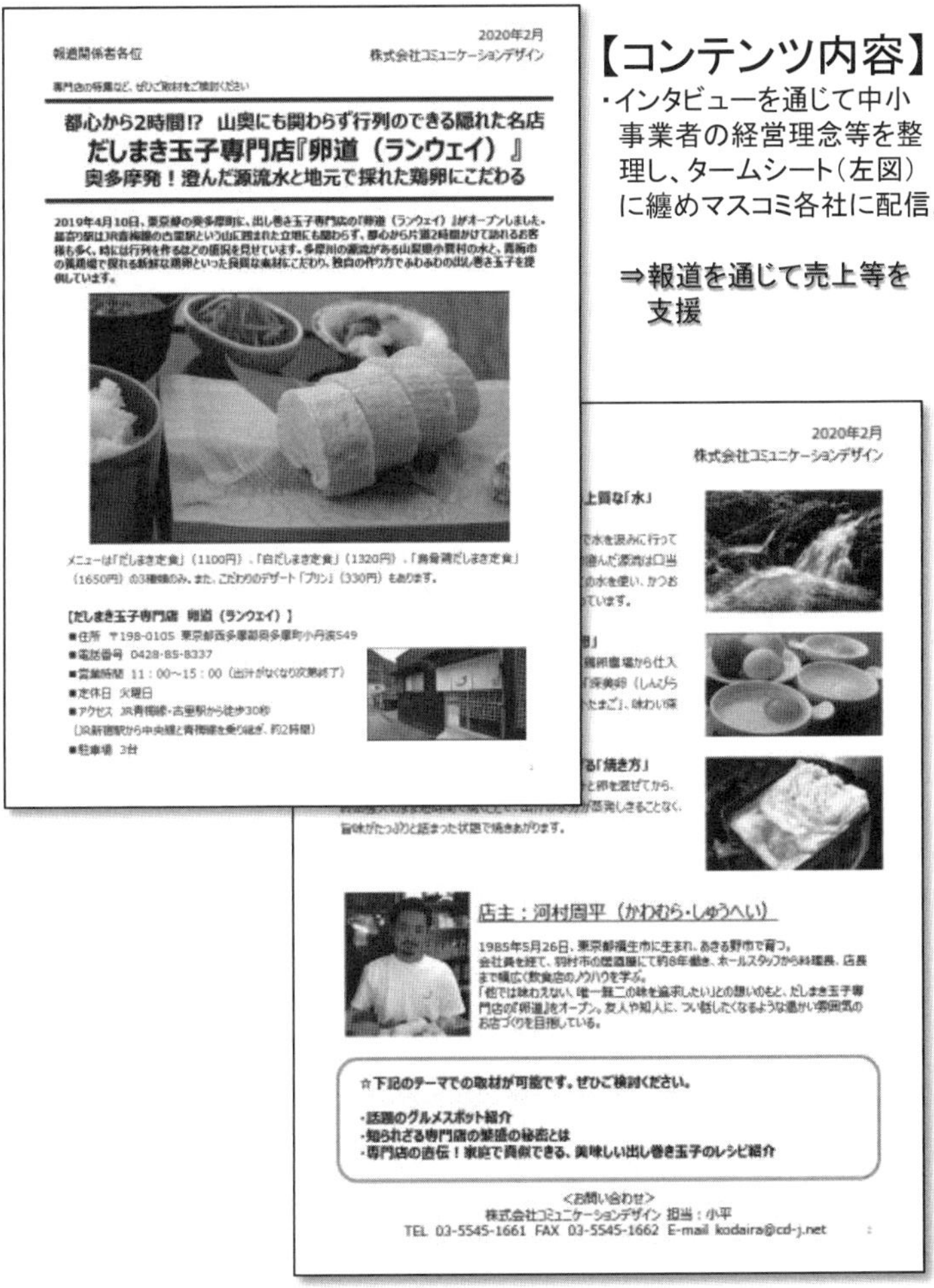
2020年2月
報道関係者各位
株式会社コミュニケーションデザイン

都心から2時間!?　山奥にも関わらず行列のできる隠れた名店
だしまき玉子専門店『卵道（ランウェイ）』
奥多摩発！澄んだ源流水と地元で採れた鶏卵にこだわる

メニューは「だしまき定食」（1100円）、「白だしまき定食」（1320円）……（1650円）の3種類のみ。また、こだわりのデザート「プリン」（330円）もあります。

【だしまき玉子専門店　卵道（ランウェイ）】
■住所　〒198-0105 東京都西多摩郡奥多摩町小丹波549
■電話番号　0428-85-8337
■営業時間　11：00～15：00（出汁がなくなり次第終了）
■定休日　火曜日
■アクセス　JR青梅線・古里駅から徒歩30秒
（JR新宿駅から中央線と青梅線を乗り継ぎ、約2時間）
■駐車場　3台

2020年2月
株式会社コミュニケーションデザイン

店主：河村周平（かわむら・しゅうへい）
1985年5月26日、東京都福生市に生まれ、あきる野市で育つ。
会社員を経て、羽村市の居酒屋にて約8年働き、ホールスタッフから料理長、店長まで幅広く飲食店のノウハウを学ぶ。
「他では味わえない、唯一無二の味を追求したい」との想いのもと、だしまき玉子専門店の『卵道』をオープン。友人や知人に、つい話したくなるような温かい雰囲気のお店づくりを目指している。

☆下記のテーマでの取材が可能です。ぜひご検討ください。

・話題のグルメスポット紹介
・知られざる専門店の繁盛の秘密とは
・専門店の直伝！家庭で真似できる、美味しい出し巻き玉子のレシピ紹介

<お問い合わせ>
株式会社コミュニケーションデザイン　担当：小平
TEL 03-5545-1661　FAX 03-5545-1662　E-mail kodaira@cd-j.net

【コンテンツ内容】

・インタビューを通じて中小事業者の経営理念等を整理し、タームシート（左図）に纏めマスコミ各社に配信。

⇒報道を通じて売上等を支援

企業版ふるさと納税

当社は多くの金融機関と提携し連携を行っているが、その基盤にあるものはどこでも同じだ。ただその上にどんな建物を建てるかは、提携先によって異なる。建物自体が違うこともあれば階層、高さが違うこともある。青梅信用金庫はその立地上、取り分け地域へのコミットが強い金融機関であり、そのことを踏まえて、当社は２０１９年12月、内閣府が推進する「企業版ふるさと納税」を青梅市に対して行うことにした（図33）。

「企業版ふるさと納税」は個人のそれとは違って返礼品はない。内閣府が自治体の事業を企業版ふるさと納税の対象事業として認定し、協力した企業は税効果メリットを受ける仕組みだ。当社がご支援した青梅市の「青梅観光戦略創造プロジェクト」は御岳山の観光推進を目的としている。そのプロジェクトには青梅信用金庫も関わっているが、青梅市の事業者なので「企業版ふるさと納税」を行うことができない。なので、パートナーの当社が行うことにした。記者会見は、青梅市と当社に加え青梅信用金庫にもご参列いただき取材に応じる形にして、地域へのコミットを発信した。

日本初の３者コラボ授業

こうした地方創生に直結した連携を続ける中で、日本で初めて「金融当局と地域金融機関、証券

図33｜企業版ふるさと納税

青梅市に「企業版ふるさと納税」を実施（青梅信用金庫連携）

アイザワ証券

藍澤證券はソリューション事業として、企業と地域が直面する多種多様な問題の解決に様々なビジネスサポートを行っています。

Cross-Border Solution

「青梅観光戦略創造プロジェクト アクションプログラム」へ支援。

青梅市浜中市長（中央）を挟んで当社藍澤社長（左）と青梅信用金庫平岡理事長（右）

藍澤證券は東京都青梅市が取り組む地方創生応援税制（企業版ふるさと納税）「青梅観光戦略創造プロジェクト　アクションプログラム」へ支援を実施いたしました。当社が青梅市で業務を70年以上展開してきたことや、青梅信用金庫と提携し両社で地方創生・地域経済活性化に努めてきた経緯から、企業版ふるさと納税を通じて支援することになりました。今後は3者で手を携え、更なる地域への取組みを推進して参ります。

「青梅観光戦略創造プロジェクト　アクションプログラム」について

【趣　旨】

「もうひとつの体験、もう一つの感動を提供することにより、何度も訪れたい青梅を目指す。」という想いを込めた「＋１（プラスワン）おうめ！」を基本コンセプトとして観光事業を展開し、交流人口の増加による地域経済の活性化を目指します。

【令和元年の目標】

① 青梅の魅力が詰まったプロモーション動画を作成します！
② 文化財等を活用した着地型良好商品を開発します！
③ 青梅ならではの特産品を効果的にＰＲします！

【事業年度】

平成24年4月　～　令和2年３月

会社の3者コラボで提供する中学校教育」が誕生することになったのは必然かもしれない。

東京都青梅市立吹上《ふきあげ》中学校の田中明子校長とは、商工会議所会頭で小澤酒造の小澤会長が主催する異業種交流会で知己を得た。中学校の校長がそういった場に出席されるというのはよくある話なのだろうか。そこで当社の担当者から教育機関と連携した取り組みをお聞きになった校長は、詳しく説明して欲しいと関心を示される。早速本部担当者が同校を訪問し詳細をお話ししたが、常陸大宮高校HIOKO HDの活動に強く反応された。公立高校の生徒が株式会社を起業し事業を通じて社会を知る、何か当校でもできないだろうか、田中校長の熱い想いと行動力に最初に触れた瞬間だ。

その頃、全く別の話が進んでいた。当社は金融当局とも当社の地方創生にむけた取り組みを積極的に共有してきたが、取り分け直接の監督官庁である財務省関東財務局東京財務事務所には高い頻度でご報告している。監督官庁と親しく意思疎通をと考える証券会社は少ないのかもしれない。ただ当社としては義務を超え、聞いていただきたいというシンプルな想いが強い。そんなことから湯島には何度もお邪魔している。お邪魔すれば全体観も含めて色々教えていただける。常陸大宮高校との出会いも関東経産局の導きによるものだった。東京財務事務所でも以前、職員の皆様向けに講演のご要請があり、証券会社として初めて登壇させていただいたことがある。そのような距離感の中で井上所長からひとつご相談を頂戴した。当局としては所管業務の啓蒙活動を行っているが、定着している財務教育に比べ金融教育はこれからという。金融庁遠藤長官自らも学校に赴き講義を行っている。証券会社では珍しい教育機関との連携を進めている当社とコラボして授業を提供できないか、というお話だった。これは当社としては望外の喜びである。何とかお役に立てないかと企画を練り始めた矢先に、田中校長の熱い想いに出会う。直ちに両者のマッチングを決めた。

ここで少し立ち止まって考えた。この組み合わせには価値があるし当社としても役割を果たせる。だが、その価値ある企画を継続して行い続けることができるだろうか。地方創生にアイデアは多いがひとつ花火を打ち上げてそれで終わりというものも多い。地域の金融機関で提携先の青梅信用金庫とのコラボは、当社にとって必然、なくてはならないものだった。

思い立ったら吉日と、青梅信用金庫本社をお訪ねする。いつものように温かくお迎えいただいた平岡理事長と野村専務に、実はと切り出したが、お二人ともそれは大変良い話と一も二もなくご賛同いただく。平岡理事長は、青梅市の全ての中学校に教育を提供したいと、当社が持ち込んだ企画をさらに広げて下さった。森田会長にもご賛同いただけた。進めるに当たっては青梅市の教育長にご説明してご理解いただいた方がいい、早速アポを取るので一緒に訪問しよう、野村専務にご提案いただく。地域で継続的に物事を進めるための知見で、当社単独ではこの発想はなかったかもしれない。教育長も喜んで下さり、授業も参観したいと仰った。ここに、日本で初めて、金融当局と地域金融機関、証券会社の3者コラボで提供する中学校教育が誕生した。

設計図

田中校長のご要請で、授業は学年別に行い、学年が上がるにつれて働くことの意味を体感できるグラデーションをかけた設計とした。毎年定期的に開催することで、生徒たちには3年かけてひとつのSTORYを体感して貰える仕組みだ。1年目は特別支援学級を含め総勢162名の生徒に授業を提供した。1年生向けの「金融知識 わたしの将来」は青梅信用金庫と当社が担当する。2年生には「金融知識 電子マネーをつくろう」、講師は東京財務事務所だ。そして3年生には「起業チャレンジ! 会社をつくろう」、青梅信用金庫と当社に常陸大宮高校も加わって講師を務める3本立てにした。いずれも事前課題を設け、公開授業として価値を共有する。

共創される価値

・合同新入職員教育

当社と青梅信用金庫では、講師を新入職員に任せることとし、双方から2名を選定、クロスした混成2チームに分けて、協力し合うが競い合いもする形とした。当社は青梅支店長が彼らに対し本件講師を当面の第1ミッションに指定、ミッション達成に向け環境も整備した。また、事前に両者合同のリハーサルを複数回行ってブラッシュアップも図る。新入職員が提出してくれたリポートでは、青梅信用金庫の野村専務から直接ご指導をいただいたこと、青梅信用金庫の新入職員は忙しい中でも前回の要改善点を確実に修正してくる（負けられない）こと、食堂で一緒に昼食をいただいた（当社には食堂がない）ことを、親近感を込め熱っぽく書いていてほほ笑ましい。ひとつひとつが刺激になったようだ。青梅支店の新入職員は、当社の提携戦略のプラットホームのうえで支店長が差し出す傘のもと、今後の長い証券マン人生を記憶に残る形で踏み出すことができたように思う。彼らにとって最高の研修となったはずだ。

もともと当社と青梅信用金庫は、地域活性化を提携関係の中でも取り組むべく、7月に両者役員、本支店長それに新入職員も加えて、青梅地区のワーケーション拠点としたい岩蔵温泉「儘多屋《ままだや》」を共同視察した。２０２０年12月に観光庁はワーケーションを休暇型と業務型に分類したが、「儘多屋」はそのどちらにも対応可能。その場で昼食会も実施したが、偶然にも両者の新入職員が同窓だったりとサプライズもあるなど、すでに交流の場を設けていたことも本企画をスムーズに進める素地となった。金融機関連携の現場における新しい形として、最寄りの拠点間で新入職員研修をこのような協働作業を通じて行うことは、今後当地で継続させるだけでなく、横展開をすべき価値のある取り組みだと考えている。

証券業界で忌むべき言葉は「株屋」だが、「株屋」の本質は閉鎖性かもしれない。自分と顧客だけの仮想閉鎖空間を創り出し、その中でここだけ情報により自利を得ようとする行為とも整理できる。この世界では何でも自前主義というのも閉鎖性に繋がる。当社関係者は、青梅信用金庫と協働しなければ、この授業がここまでの厚みを持つことはできなかったと体感していると思う。その継続性であればなおさらだ。公開授業として実施したこの企画は多方面で関心を呼び、多くの参観者を得た。マスコミも多数取材に来られたが、取材を受けた平岡理事長が、アイザワは元々多摩證券、昔からご一緒した仲間と表現された。店舗を構え、地域の方々と歴史を共にした重みは当社の財産であることを改めて心に刻む。

今回3年生向けの起業の授業で生徒たちが提案した企画（商品開発）は、ぜひ実際に商品化したいが、その場合も青梅信用金庫の力を借りた地域事業者とのマッチングが不可欠となる。

・中高連携

その3年生向けの授業の講師は常陸大宮高校の横山先生。

「皆さんに問う。事業をやるうえで大事なことが3つある。何だろうか。まずは『情熱』。次に『お金』。情熱がなければお金は集められない。情熱が伝わればアイザワさんは投資してくれるし青梅信金さんも融資してくれる。そして3つめが『仲間』。心に留めて欲しい。」今回の3年生向け授業「会社をつくろう」は当社と青梅信用金庫だけでも運営できたかもしれない。しかし、筆者を含め、我々の誰ひとりとして起業家ではない。横山先生はHIOKO HDを立ち上げた起業家であり、彼の言葉には魂が籠る。当初の周囲にあった無理解と戦い、稀有な実績をあげた力が籠る。横山先生に本日初めて出会った当社と青梅信用金庫の関係者も、生徒たちと同じように学ぶところがあったのでは、と思う。先生は福生《ふっさ》に前泊して当日の授業に備えられた。本物の起業家の熱量だ。

田中校長は、半年後に高校進学する3年生にとって高校の先生の授業は刺激的なはず、と仰った。この企画は高校進学のオリエンテーションにもなる。

平岡理事長のご配慮で青梅信用金庫が所蔵する「青梅信金コレクション」の一部、青梅市の名誉市民である巨匠、川合玉堂の名品の数々を拝観させていただいた。玉堂は戦後間もない頃、証券取引所の再開を認めないGHQとの意思疎通を図りたい政府関係者の求めに応じ、馬好きのGHQ高官に贈る絵を描いて関係改善に大いに貢献したという。川合玉堂は証券業界にとっても恩ある方だ。当社にとって青梅信用金庫との連携もまた、協同組織金融機関との共創価値を強く実感する形で日々進化している。その地に店舗を構える当社が社会的責任を果たし地域社会に受け入れていただく場を提供していただけるのは本当にありがたく思う。青梅支店長からGWを利用して妻や友人たちと一緒に小澤酒造や卯道に行ってきたという報告が届いた。業務で触れることになった地域を、私生活においてご家族ぐるみで楽しんでおられる姿を嬉しく、また、心強く思うばかりだ。

5 三島信用金庫（静岡県での取り組み）

尖ったソリューションコンテンツ

三島信用金庫の平井理事長を始め髙嶋・永松両常務という当社と接点のある経営陣は、柔軟な発想で新しい世界を恐れない。当社との提携もその証左のひとつだ。２０１９年8月に包括業務提携を行ったが、協働して取り組むコンテンツもまた斬新だ。

・LIVE VIEWING

事業承継税制が変わることを受け、共催セミナーを開催したことがある。三島信用金庫本店で当社が提携している税理士法人（東京：品川）の税理士2人が講演した。テーマは相続税と事業承継。69名のお客様に来場いただいたが、三島信用金庫のアイデアで、他にも修善寺、沼津、函南、伊東そして下田にある同金庫の支店ロビーにもお客様にお集まりいただき、計6拠点で総勢２１１名の方にライブビューイング方式で視聴いただいた。利便性の観点からも大変好評だったが、これなどは今のコロナ禍ではアップデートすべき安心面を先取りした企画でもあった。

・ROAD to VIETNAM

三島信用金庫にはアジア等海外と接点のあるお客様も多いことから、取引先社長を対象にしたベトナムデリゲーションを共同企画した。これもまた他にはない企画だと思う。当社はベトナムハノイに日本の証券会社では唯一子会社をもっており、日本語1級の現地スタッフが現地の上場企業などをガイド兼通訳としてご案内する4日間の視察ツアーを用意した。残念ながらコロナ禍で中止となったが、実際にリリースする日を心待ちにしている。

この2つの企画をもってしても、静岡県のメガ信金、浜松いわた信用金庫平井専務が三島信用金庫の企画にはいつも留意していると仰っていたことが分かる。今後、また新しい企画で社会に付加価値を発信していくことが楽しみだ。

6　地域の証券会社と歩み　地域の金融機関と歩む

リレバンじゃありません

最近、「リレバン」を実行している珍しい会社、として取材を受けることが多い。その時は、当社は金融機関の真似をしている訳ではないし、あるいは思い付きや耳目を集めるためにやっている訳でもない、「リレトレ」としてやっている、とお答えしている。

リレバン、リレーションシップバンキングは、金融機関が顧客との間で親密な関係を長く維持して情報を蓄積し、その情報をもとに適切な金融サービスを提供していくビジネスモデルだ。商品の押し売りであるプロダクト営業とは一線を画する。であるならば、それは営業の本質であり、証券会社でも意味あるビジネスモデルであるはずだ。証券会社はストックトレーダー（stock trader）と呼ばれるので、リレーションシップストックトレーディング、略して「リレトレ」となる。これは言葉遊びではない。ここまで書いてきた当社の取り組みを総称するシンボリックな概念として、実は大事にしている言葉である。

日本証券業協会での講演

「地域に根差した証券業の未来を考える懇談会」は、証券会社の業界団体である日本証券業協会内に設置された部会である。地方の証券会社社長が委員となり議論を続けておられたが、当社に金融機関連携をテーマに話をせよとのご依頼があり、ご参考になればとお引き受けした。

新規顧客獲得に苦戦するなか、地元の金融機関との連携を突破口にしたいという各社社長の関心、熱意は大変強く、冒頭は技術的なご質問も相次いだ。「金融機関は顧客を奪われる警戒心で一杯だ。」「収益配分はどうしているか。」「銀行顧客はどのような商品にニーズがあるか。」「信用金庫と提携することの秘訣は。」いずれも連携において留意すべき事柄であり、的を射たご質問ばかりであることが、ご関心の真剣さを物語っていた。

当社の知見をお話しした。

地銀は営利組織なので役務収益拡大の支援がポイントとなるが、信金・信組は協同組織金融機関であり、経営目的が大きく異なる。しかしいずれにしても、互いの信頼関係を構築するために地域活性化で共に汗を流すことはとても重要で、例えば当社は多摩川流域の文化興隆、清掃に嬉々として取り組んでいるが、当社以上に皆様は同じ地域を金融機関と共有されている訳なので、自社の課題としてそれに取り組まれてはいかがか。金融機関連携による顧客の創出は結果としてついてくる、少なくとも連携のスタートラインに立つことはできる。技術的なことはその次に。

「アイザワのやっているように、金融商品販売ばかり言う前に地域活性化のために尽くす意識と行動が、これからは本当に必要だと思う。」「認知症サポーターの取り組みは素晴らしい。キャラバンメイト施策も。」当社の価値観に共感いただくご意見が出たことをとても嬉しく思う次第だ。当社はこの分野で先駆者として進み続けたいと強く願っているが、当社だけでできることは限られている。証券会社の金融機関連携を阻む最大の壁は信頼感の欠如であり、それは社会に「株屋風評」が存在していることと同義と言える。当社は金融機関連携を進めるに当たり、特に当社の店舗がない地方の証券会社に対して「金融機関連携に関するコンサルティング」を含めた側面支援を提供し、地域金融機関との3者提携とするビジネスモデルも準備している。僭越ながら地方の証券会社が輝くこともまた地方創生、という視点からお役に立ちたいテーマである。

日本証券業協会からは過去にも、地方創生大臣表彰を頂戴した金融機関との異業種人材交流制度について、ダイバーシティ推進というコンテクストから情報提供のご依頼があり、業界の事例集に組み込んでいただいたことがあった。当社としては様々な観点からお役に立つことができればと願うばかりだ。

当社の願い

協同組織金融機関は、中小零細企業に対する融資業務に特化し、きめ細かく機動的に資金供給を行うことで社会に付加価値を発信している。信用金庫や信用組合は、その存在と事業内容が今まさに注目を集め、高く評価されることも多い。その優れた経営と成果は当社としても連携を通じて実感しているところだ。融資業務を「本業」として専念し、徹底的にスキルを磨き専門性を高める手法は、ビジネスドメインを絞り込み得意分野に特化する企業経営の王道ともいえる。結果として厳しい経営環境下でもしっかり組織としての適正利益を確保する源泉は、お客様を徹底的によく知ることにあるように見える。

歴史をひもとけば、過去において日本の金融は成長を続ける企業の旺盛な資金ニーズに応えることが第一に求められていた。血流の確保は、間接金融の金融機関は融資で、直接金融の証券会社は資本市場での資金調達でそれぞれ役割を果たし、企業をささえ日本国の経済成長をささえていた。資金は回りまわって従業員である個人に給与として流れ消費を拡大させ経済は順調に回る、今ここで申し上げるまでもない事実だ。だが現在は、国全体の成長率はゼロに近く、事業会社の資金ニーズは低下し、地域金融機関の数が多すぎるとして合従連衡は必然という風も吹いている。その世界では、お客様に密着し強いリレーションを構築している協同組織金融機関が銀行との比較において光を放っているという論調もよく見聞きする。

一方で、年金を頼りにした悠々自適の老後という個人生活のモデルは成り立たなくなり、人生100年時代を睨《にら》んで、個人個人が自らの金融資産を自ら努力して増やしていくことが求められている。高校生でさえDC（確定拠出年金）と向き合わねばならない時代だ。金融機関や証券会社に対する社会のニーズは、企業金融だけでなく、個人金融資産の形成に寄り添うことにも向けられるようになってきた。日本の名目GDPを支出面からみれば、「個人（消費）」（2020年度）が53％

と主要セクターだ。このようなパラダイムの変換にあって、証券会社は相変わらず社会や個人との距離を詰め切れず、過去からの十字架を背負い続けている。顧客グリップが十分だとも言えない。

それを金融機関が補う形は銀証連携、銀証共同店舗として存在している。金融機関にとっても単独では叶わないビジネスであり、役務収益の増強だけでなく両者のコラボで新しい付加価値が生み出されている。取り組んでいる金融機関のプレーヤーはメガバンクや地方銀行だが、彼等の個人顧客は所謂富裕層やそれに準ずる層が中心だ。人生100年時代、「貯蓄から資産形成へ」が求められているのは全ての個人、当然のことながら市井の人々もその対象となる。国民全てが年金に頼れない現実がある。この顧客層に向き合い、ある意味では富裕層以上にきめ細かくサービスの提供を行う金融機関の存在が必要だ。マーケットとプレーヤーのアンマッチが存在している。国民目線で金融機関側にプレーヤーが不足している。

金融機関、とりわけ協同組織金融機関は、今日的に改めて注目され評価もされている。その顧客グリップ力を活かしてプレーヤーとして参入していただくことはできないか。融資という本業に専念する、その経営判断は正しく力強い。そのぶれない現場主義経営を徹底していく延長線上にこの課題の解決はないだろうか。そもそもプレーヤーの欠如、販売チャネルの欠如は国レベルの課題であるかもしれないし、そこにビジネスチャンスを見いだす者たち、やりたい人たちに任せるという考え方が基本かもしれない。しかし、それでも協同組織金融機関にはこの課題解決に力をお貸しいただけないかと思う。融資業務に加えてビジネスドメインを複数にしようという話ではなく、今ある徹底的な現場主義によって獲得された顧客との近しい関係を活かして、社会の中で欠けた役割を果たしていただくという考え方だ。当社は対面営業の持つ力を信じている。協同組織金融機関の対面営業力は素晴らしいものがある。関与いただくことで生まれる国民経済的価値は令和の時代、計り知れないほど大きいはずだ。ビジネスドメインを複数にする話ではないので、自らの組織単独で取り組むのではなく、コストやスキルの観点からも信頼できるパートナーと組み、顧客をご紹介する形がイメージされる。業務方法書に記載してある顧客紹介として取り組み、紹介行為に対して適正な収益を被紹介者から徴収する。本業専念の中で、目の前にある顧客の別の潜在ニーズ、言い換えれば「ご不安」を解消してあげて欲しい。融資先事業主もご家族ともども資産形成の必要に直面されている方が多いのではないか。

協同組織金融機関では、過去の話として、証券商品の販売スキルが十分ではない中で自前対応した結果、強い顧客グリップ力が逆に仇になり、リスク商品を誤認させた事例があったのかもしれない。今、パートナーと組むことで、ある意味、顧客との適切な距離感が得られ、ベースに流れる信頼感と合わせて、新しい時代にふさわしい適切な商品販売のカタチを創り上げることができるかもしれない。過去とは違う、専門家が力を合わせたきめ細かな対応。そしてそんな局面が訪れれば、当社は信頼できるパートナーとして真っ先に選ばれる存在でありたいと思う。信頼できる証券会社がないからやろうと思ってもできない、というご批判があれば、そこは当社も含め業界として真摯に反省しなければならない。当社は、営業スタイルを常に見つめなおし、金融機関のマインドを理解したうえで、そこにふさわしい行動で協働させていただく、今のスタイルをさらに磨き上げ、その日に備えたいと思う。

当社がご一緒する提携金融機関は9先となった。毎年着実に増加している。共同証券子会社という器を設立するわけでもなく、資本関係を前提としている訳でもない。自由度の高い連携が特徴だ。だからこそ今後も業態を問わず多くの金融機関とご一緒できる可能性を秘めている。自由度の高さはともすれば物事が進まないことにもなりかねないが、そこは当社流のノウハウにより陥穽を避けてきた。金融機関に共通のメンタリティを理解し、金融機関ごとに異なるこだわりに即応できる多くの引き出しを揃え、かつ活用することをもって、カスタマイズされた連携に仕立て上げて協働してきた。今後も各地でたくさんの金融機関と繋がっていきたい。当社の願いはここにある。

第7章

教育機関との提携

『セレンディップの三人の王子たち』
（編・訳：竹内慶夫　絵：増田幹生　偕成社）
ペルシアのおとぎ話。
セレンディップ（今のスリランカ）の
3人の王子が織りなす冒険譚。

ブラックモア校長

当社は自らの経営課題の解決のために提携戦略を掲げて、社会の中で当社の存在意義を見つけ、社業の継続を許されるチケットを手にするためには何をすべきか、それができるのか、模索を続けてきた。これまで入り込むこともなかった地域社会にお邪魔し、地域の方々と接する中で自然に浮かび上がってきた共通項が、教育だ。教育機関との提携は当初から課題としてはいたが、ここは自然発火したといえるかもしれない。いまや当社の提携戦略の2本柱となっている（図34）。証券会社と教育機関との提携、連携は存在するが決して多くはない。しかしそれは、正に《共創》という言葉に尽きる。当社が得るものは大変多いが、教育機関側が受け取るものも多いと言っていただける、価値ある関係だと思う。

当社の学びは証券会社としての営業にも及ぶ。カナダ・バンクーバー発の衣料ブランド「ルルレモン」は、販売員をエデュケーターと呼ぶらしい。生活体験を教える。当社が店舗で販売するのは、突き詰めて言えば商品ではなく知恵であるはずだ。単なる個別商品ではなく、それを活かした生活設計の知恵を売る。「エデュケーター」という言葉は、教育機関連携を日常化した今、以前よりずっと優しく感じ、のみ込める気がしている。

当社は、大学・高校・中学そして小学校、専門学校も含めて全ての階層で連携を積み重ねてきた。店舗のあるなしに関わらず、お役に立てることは全て取り組んできたが、振り返れば、社内外のケミストリーと気付きに溢れた、経験のない実に愉しい旅路だったと思う。「最上のものは過去にあるのではなく将来にあります」――『赤毛のアン』の翻訳で知られる村岡花子が東京の女学校時代に師事したブラックモア校長の言葉だ。教育が人生の土台となり、長い旅路の最後まで希望と理想をもって歩む力を与えるものであって欲しい。そのことに業務を通じて関わらせていただけることを心から感謝し光栄に思っている。当社にはそういう役職員がたくさんいるはずだ。小学校のテストで「氷が溶けたら何になる」という問題が出た。ある女の子は「はるになります」と答えたという。北海道に住み、クロッカスの球根を庭に植えていたが、春になると真っ先に球根のところの雪が溶けて小さな黒い地面が見え、やがて緑の美しい芽がでてくる、それを印象的に思っていたそうだ。当社の教育機関連携は、次代を担う感性豊かな若い人たちへ贈る精一杯のエールに他ならない。

図34｜教育機関（大学・専門学校）ネットワーク

（2021年7月時点）

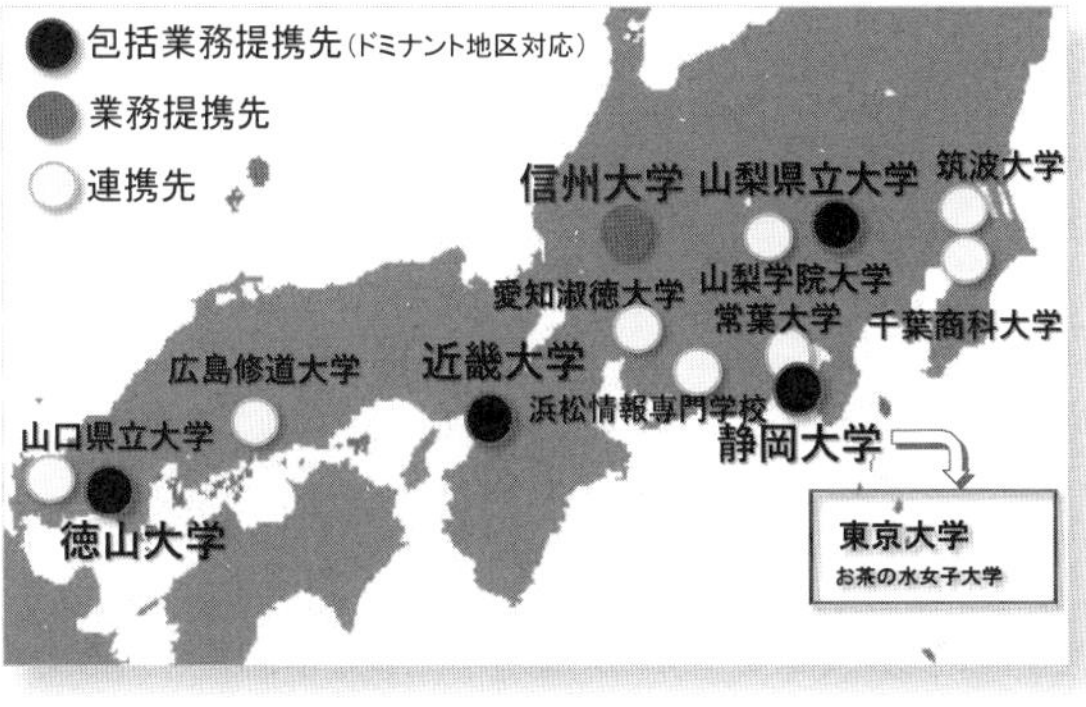

1　大学

❶静岡大学

「いっそ提携するのも面白くありませんか。」

２０１４年も暮れに差し掛かった頃、静岡大学でお会いした、木村副学長と鈴木特任准教授の言葉だ。その3ケ月後の２０１５年3月、日本では稀有な国立大学と証券会社の包括業務提携が誕生する。当社の提携戦略の原点、最初の提携がこの静岡大学との包括業務提携である。お二人との親しい関係はいまも続くが、その起点は何だったのか。

経営革新等支援機関

・IR説明会（投資家説明会）
当時静岡大学は、学内オリジンのベンチャー起業という視点で地方大学の中ではトップクラスの実績を誇っていた。「やらまいか」何でも挑戦してみようという精神をお国言葉で表現した言葉だ。浜松にはその「やらまいか精神」が溢れ、社会と繋がりながら挑戦しようという気風がみなぎっている。スズキ自動車然り、浜松ホトニクス然り。松下幸之助の「やってみなはれ」、関西の挑戦気質にも通じるだろうか。木村副学長はイノベーション社会連携推進機構の機構長も兼務されていたが、まさに組織名の通り学内の牽引役を果たされていた。静大由来のベンチャー企業のひとつが販売上の課題を抱えているという。静電気を除去するある技術を開発し、自動車メーカーをはじめ大手企業に試験導入されたが、機械製造業以外の業種への参入、特に地元静岡の企業での採用がなく、売り込みも苦戦していた。静岡県には健康食品のＯＥＭで日本一の企業があり、業務上粉末を扱うことから、静岡大学は事業主体の子会社に接触を試みるがうまくいかない……そんな悩みを打ち明けて下さった。

上場会社の資金調達を支援することは証券会社の主要な仕事のひとつであり、当社も幹事証券としてご支援するとともに、投資家を集めたＩＲ説明会を主催してその株主づくりのお手伝いもしてきた。その過程では企業経営者と直接打ち合わせを行うことも日常で、大変親しい関係にあるのが普通だ。子会社どころか親会社の会長、社長と懇意にしていた当社の担当者は、横目に見てもちょっと得意げな表情で半歩身を乗り出し、おもむろに携帯を取り上げ電話する。とても良い話、製造過程における異物混入防止が課題であり、そんな技術なら工場マネジメント自体をお任せできないか。ニーズの合う両者だったが、繋ぎ手がいなかった。静岡大学の期待に応えることができた喜びと誇りがその担当者を覚醒させたことも、当社にとって大きな成果となる。

・IPO（株式公開）

こんな展開もある。

それ以降、当社の本社ソリューション部は外訪する際、静岡大学のシーズ集、産学連携用の研究室案内を携行するようになっていた。証券会社としてIPO（株式公開）を検討している企業を訪問し、有価証券発行の幹事証券に指名して下さいとお願いする営業で、東京で独自の画像処理システムを開発、販売している、規模は大きくないが将来有望と考えられるベンチャー企業を担当者が訪問した。中々幹事をお任せいただけなかったが、IPO後に更に成長するための新たな技術開発が最大の経営課題なのだと、教えてはいただけた。では例えば、と静岡大学のシーズ集をカバンから出してお見せすると、どうしてこんなものをと訝しがられながら、この研究室に関心がある、引き合わせて欲しいという。早速面談をセットしたが、早々に共同研究を行う事で合意された。さらにその場で、会社側からその研究室から新卒採用したいので学生を推薦して欲しいという要望も出される。国立大学生をそんなに容易に採用できるのか。教授は「国立の静岡大学は税金を使って学生を教育している。しかし現実の就職状況をみれば、当研究室の学生も、単に理系学生として採用され研究者となるケースがほとんどだ。学んだ画像処理技術を直接活かす形で就職するのは稀であり、税金を使った教育としては忸怩《じくじ》たるものがある。こんな嬉しい話をいただいて感謝している。是非そのようにしたい」と仰った。当社は両者から感謝いただき、IPO幹事のご指名も賜わることになる。

ふたつの事例を整理すれば、前者は「地元静岡の上場企業」を「静岡大学のニーズ」に応えてご紹介した。後者は「東京の未公開企業」を「企業のニーズ」に応えてご紹介した。いずれも両者に喜ばれ、当社はお願いせずとも大きな利益を得た。前者では資金調達でのご用命、後者ではＩＰＯ幹事指名の獲得となる。リレトレ営業の真骨頂がここにもあった。ちなみに当社担当部は、今では近畿大学のシーズ集も携行する。

静岡大学は、既に金融機関とは提携していたが証券会社との接点はなく、このような証券ならではの機能に魅力を感じていただいていたのか、あるいは当社の関係者に親近感を感じていただいたのか、いずれにしても僅か3ケ月で提携記者会見を迎えることになった。ただ学内では当社との提携に異論もあったとお聞きしている。なぜ証券会社と？　それにしてもなぜ大手ではなく？　決め手は、当社が証券会社初、かつ当時としては唯一の「経営革新等支援機関」として、関係官庁から認定を受けていたことだった。この資格は、中小企業の経営指導を行う能力があると政府が認定するもので、ある種の補助金は「経営革新等支援機関」の関与がなければ交付されない。当社は全てのお客様に当社としてできる限りのソリューションを提供したいと考えていて、中小企業にはビジネスマッチングで売り上げ増強をお手伝いしていたが、やはり資金提供ニーズは強い。だが当社は証券会社で融資はできない、それならば補助金支援でもと考え取得した資格だ。しかしこれが静岡大学との提携実現の鍵になるとは思ってもいないことだった。国の資格と国立大学、信頼感。そういうことだったか。

新しい景色

連携当初の成果は、このように証券会社としての営業を活かしたものだったが、今思えば、この辺りから見える景色がどんどん変わっていったように思う。

静岡大学からご指名があって客員教授に就任、くだんの担当者は准教授に任命された。木村副学長がのちに会長を務められる産学連携学会に金融機関、証券会社として初めて入会し、山口や奈良で開かれた全国の国立大学教員を中心に400名が集う学会の場で、当社の取り組みを発表する機会も与えていただいた。山口での発表は山形大学小野教授が座長を務められたが、小野先生は当時の学会長で、山形県において金融機関の職員を産学コーディネーターとして鍛え上げその任に当たらせるシステムを考案し実践されていた。後に金融庁遠藤長官からベストプログレスに指定され、その業績は広く知られることになる。当社は学会で発表する度に全国の国立大学などとの接点が増えていった。

クロスボーダー型インターンシップの誕生

その小野教授にお褒めいただいたのが、証券会社として初めて内閣官房まち・ひと・しごと創生本部から地方創生大臣表彰を受賞したクロスボーダー型インターンシップだった。その誕生経緯は実は格好の良いものではない。少し前の当社のお恥ずかしい実態に触れることになるのであまりお話ししたくないのだが、しかしそういう訳にもいかない。

2010年当時、当社は関西のある私立大学で1週間のインターンシップを提供していた。経緯ははっきりしない。はっきりしているのは、自らやりたいと思っていた訳ではない、ということだ。なので、とにかく会社として腰が入っていない。初日、人事担当者が少し話をして、そのあとは、3つの支店に1日ずつ送り込み、何をやるかはその支店長任せ。最後にまた人事が話をして午前中に終わる。丸投げされた支店長も堪《たま》ったものではない。日々本社から収益状況を詰められる中、インターンシップ受け入れを評価されるどころか本社には関心を持つ者もいない。もちろん本社のサポートもないので、学生を会議室に入れ証券に関する本を一日中読ませるといった具合になる。これでは夏休みを返上して参加する学生こそ堪ったものではない。一体何を学べたか。インターンシップを終え就職したいと希望する学生は皆無で、おそらくむしろ負のレピュテーションも発生していたのだろうと思う。とにかくこれは直ちに手を入れる必要がある。受け身で行う仕事ほど、生産性のあがらないものはない。やめるか主体的に取り組み、納得できるものにするか。当社は後者を選ぶ。

まずなぜインターンシップを行うのか、はっきりさせる。「貯蓄から資産形成へ」という国民的課題が進まぬ要因を、当社は証券会社自身のビヘイビアに認め、自らその変革に取り組み情報発信することを課題としていた。併せて、全ての年代層において金融リテラシーを向上させることも重要な課題だと考えていた。さらに創業100周年を控え、蓄積した内部留保を配当にとどまらない新たな意味ある形で広く社会に還元したいという想いもあった。そこで、これらを同時に満たす施策のひとつとして、まずは大学生にインターンシップを提供することにした。

せっかくなので差別化して参加学生の満足度を高めたい、そうはいってもすぐに気の利いたアイデアは浮かばない。「三都物語」でいくか……丁度JRが京都・大阪・神戸への旅を誘うCMを放映していたことが頭に浮かぶ。旅で見知らぬところへ行くとき、出発前はちょっとした不安とそれを上回る大きな期待がある。実際に訪れてみて初めて触れるホンモノに旅人は心を震わせる。そして3都を巡り素晴らしい体験を繰り返す中で、比較という行為によってそれぞれの価値を多面的に味わうことができる企画、そのように整理できるだろうか。「三都物語」にインスパイアされた当社は改めて自社を振り返ってみた。当時、ソリューションと称してお客様の様々なニーズにお応えすることを始めたばかりだったが、喜んでいただけるお客様もでてきていた。そしてその喜びはそれまでの当社には経験のない類いのものだった。そのお客様をお訪ねし、ご自身の言葉で語っていただくのを見聞きすることは、ホンモノに触れることでもあり、学生にとっても得るものは大きいはずだ。ただそのようなお客様の数はまだそれほど多くはなく、しかも各地に点在している。であればいっそのことそれを旅に仕立て上げれば逆に比較による気付きがより鮮明に刻印され、当社の差別化にも繋がるのではないか。起点はそんな発想だった。この発想を叩き台として当社の問題意識、戦略と照らし合わせ、その具体的な処方箋として、当社のインターンシップをリニューアルリリースしよう。方向感は決まった。

学びは関係者の全てに

次に設計を彫り込んでいく。特徴は学生を地域を跨いだ異動の中に置くクロスボーダー型だが、プログラムは複数業種のインターンシップの束とし、参加学生は移動しながら複数業種の企業を研究する。具体的には、当社の店舗網を活かして静岡などの地方と東京などの中核都市という2つのエリアを1週間で移動し、各地で同じ複数業種の企業を数社ずつ訪問し、経営理念や事業戦略を学んで貰い、地域の特性や企業戦略を比較の中で理解する。地元企業と大都市の企業の明確なコントラストで感性を研ぎ澄まし、魅力と課題に向き合う。最終的には地元訪問企業の課題解決に向けた提案についてグループ単位でプレゼンテーションを行う。証券会社の機能と役割は訪問先の企業にも語っていただく。これが骨格だ。

ここでは地方創生にも貢献するプログラムを意識した。

東京への一極集中が言われるが、当社は学生の都会への憧れを抑えつけることは有効ではないと考えている。一旦見せたうえで、比較の中で地方や地域企業の魅力を掘り出すことにした。しかしそうはいっても学生の関心のほとんどは、東京の、しかも規模の大きな上場企業に向くのではないか。そのような懸念は払拭できなかったが、インターンシップに随行して学生たちの反応を見聞きし、プログラムを終えた参加学生の声を聞くと、むしろ地域の、そして中堅・中小企業の訪問がとてもよかったと高く評価するものが過半を占めていた。これは一体なぜだろうか。

街中にある大手企業のスタイリッシュな本社ビルに入り、高速エレベーターで上層階にあがっていく。学生たちの緊張と期待が伝わってくる。そして用意された大会議室で説明を受ける。説明はプロジェクターを使って流れるように行われる。説明してくれるのは優秀な企画担当者だ。一方、中小企業のファシリティは比較にならない。オフィス環境も同様だ。ただ対応いただくのは社長ご本人。予定時間を大幅に延長して熱く自社商品を語る、熱く想いを語る。会社を語り証券会社の役割も語る。説明ではなく語りだ。学生たちはどんどん惹きつけられて表情を変えていく。地元経営者ならここに地域愛も加わってくる。学生の心を掴むのは本物であり、そこから放出される熱量だと知った。「参加前は東京で働きたいと漠然と思っていたが、このインターンシップで地元を考えるようになった。」参加学生の声である。

当社の少し寂しい現実からやり繰りしたインターンシップは、企業経営者の熱量によって学生の心を掴む魅力的な企画になった。経営者の熱をシャワーのように浴び、複数業種も同時に研究できる企画だとして、静岡大学や近畿大学では最も人気のあるインターンシップになっているそうだ。当初は、学生の受け入れ先、特に地域の中小企業の発掘が懸念された。負担感と遠慮が主因だったが、「熱く語る中小企業経営者に魅力を感じた」として学生の人気が高いことが徐々に伝播し、最近では手を挙げていただいてもお待ち願うことも出てきた。当初の懸念は杞憂に終わる。

地域を移動・回遊するコストは全て当社が負担しているが、逆に得られるものは大きい。当社ではこのインターンシップを新入社員向けの教育研修プログラムのひとつと位置付けてチューターを任せている。所属営業店で先輩諸氏から教えられるだけでなく、学生たちに教えることで自らを高める機会とし、とかく自信を喪失しがちな若手社員が、学生や受け入れ先企業の経営者などから次々に投げかけられるありがとうの感謝の言葉を体いっぱいに浴びることで成長する。また、企業経営者から直接話を聞くプログラムを学生とともに体験する形にもなり、ビジネス視野が広がることに充実感も生まれるようだ。

まとめれば、地域社会や働くことの意味を起業先や企業経営者との接点を通して学生に体感させ、同時に企業側自身も自らを再発見していただく。お手伝いする当社若手社員も営業店組織から出て自らを見つめなおす。その一連の過程で、各所の金融リテラシー向上も実現していく。当社はこのような企画を現在様々な地域で様々なパートナーとご一緒して展開しており、プログラムにも磨きをかけ続けている。

地方創生大臣、表彰？

このようなインターンシップは類を見ないとして、静岡大学で論文にしていただき、京都の学会で発表される。そんな流れで2017年1月、内閣官房まち・ひと・しごと創生本部から、地方創生に資する金融機関等の特徴的な取組事例として、証券会社初、唯一の地方創生大臣表彰を受賞した（図35）。思いもかけないご評価で、山本大臣室で受賞10社の一員として大臣と懇談する。会場では内閣官房の参事官から、人を異動させることによって気付きを与えるという概念が我々にはなかった、高く評価していると、当社にとっては最高の言葉を頂戴したことも忘れられない。静嘉堂《せいかどう》文庫美術館で見た国宝曜変天目《ようへんてんもく》茶碗は、世界で3椀だけ残る中国宋代の黒釉《こくゆう》茶碗の至宝だが、自然が生み出す偶然の黒と青の発色はホログラムのように見る者の想いを宇宙に誘う。このインター

図35 静岡大学インターンシップ（クロスボーダー型）

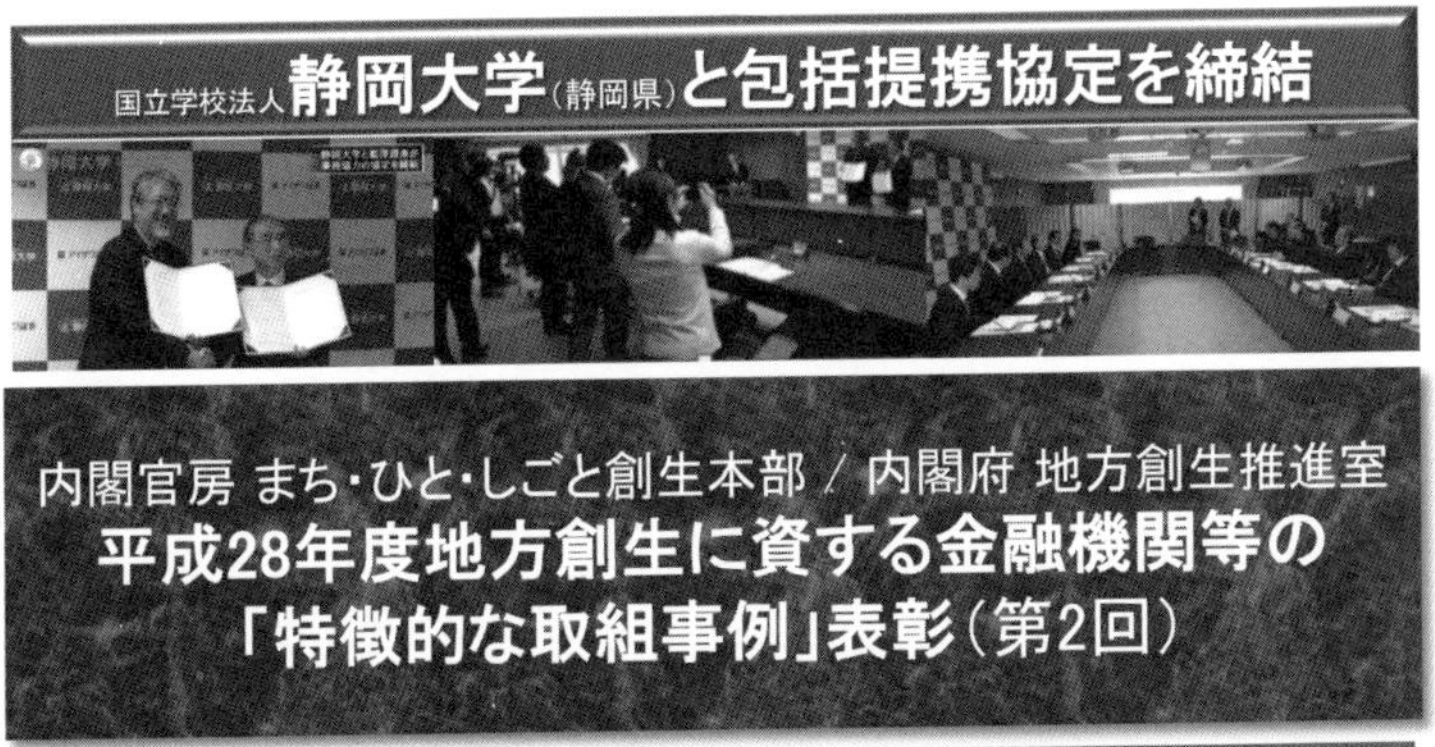

１～３日目	４・５日
静岡 （企業3社/当社支店）	東京 （企業3社/当社本社）
＋1年目社員との交流/金融リテラシー実習	＋OB社員との交流/研究発表

◇共通点と差異の中から提言テーマを炙り出し発表に繋げる。その中で資金還流の視点から、企業の資金需要供給、その資金の供給者である個々人の立場で資金運用を学び、金融リテラシーを体得していくプログラム。

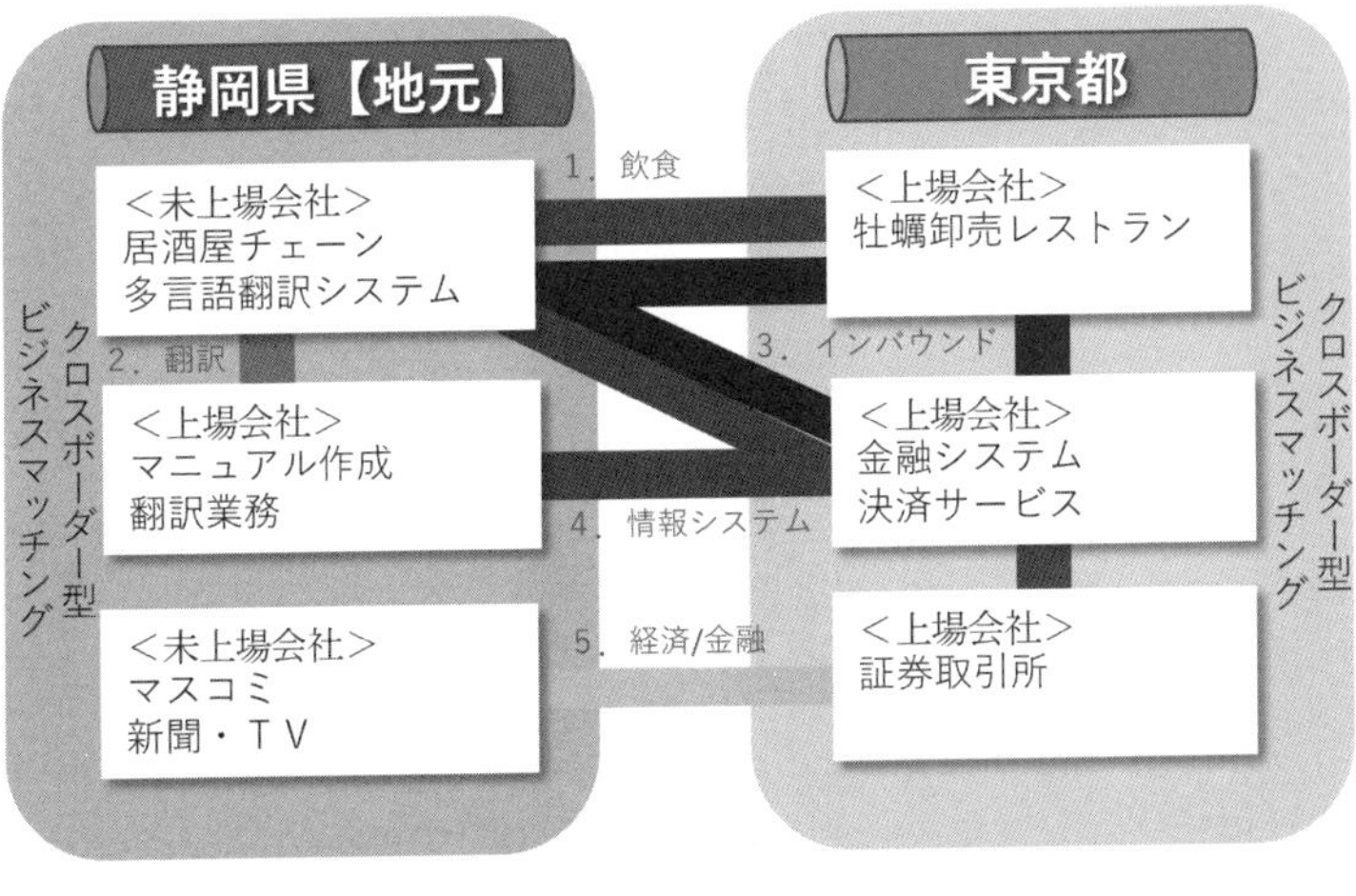

ンシップは、まったく意図せぬ、当時の当社にとっては曜変天目茶碗にも比肩《ひけん》する驚きの発色となった。

イノベーション創出だけでなく、そのリーダー人材育成においても、このクロスボーダー概念は有効だと考えている。今の居場所から超えていくことは、少なくとも今存在する一定の安心感を捨て、様々な葛藤を経験しながら動態世界の中で自分を再構築していくことになる。それは連続性が断ち切られた不連続の世界、言い換えれば自らの成長機会になるのではないか。企業実務者向け専門誌「人事実務」は、新卒採用の手段と化してしまった流行りのワンデーインターンシップとは一線を画す、「人を育てるインターンシップ」として特集してくれた。金融業界誌「しんくみ」（2017年8月）では、地域共創ネットワーク坂本社長が「信用組合は地方創生にいかに取り組むべきか」という論説の中で、「証券会社では唯一の経営革新等支援機関である藍澤證券のユニークな取組」として当社の大臣表彰インターンシップをご紹介いただいた。当時はご面識もなかったが大変光栄に思っている。

ちなみに、当社のインターンシップはこの「クロスボーダー型」だけではない。静岡大学とご一緒して1、2回生向けに「ジョブシャドー型」も運営している。1週間のインターンシップは学生にも受け入れ企業にも負担が大きい。併せて、企業の現場を知ることは進路を考えるための気付きを学生に与えるが、その時期は早い方が良いとも考えている。なので1、2回生を対象に、1企業ごとに半日×3社を経験してもらう形にした。仕事、ジョブを、シャドー、陰から覗き見るインターンシップとして、静岡県内の全ての大学を対象に提供している。

文科省EDGE-NEXT対応　アイザワゼミ

こうなってくると、過去に例のない、非定型な企画が持ち込まれるようになってくる。当社のアイザワゼミがそれだ（図36）。アイザワゼミ……なにか証券会社の業務を教える、あるいは投資技術を指南する寄附講座にように聞こえるが全く違う。そういったことも当社ではぜひやりたいことだが、ここは違う。文部科学省の次世代アントレプレナー育成事業、EDGE-NEXT対応のゼミという建て付けで、内容は東京大学にも繋がっている。

スキームはこうだ。

東京大学を主幹大学として、筑波大学、お茶の水大学そして静岡大学の4校が協働してアントレプレナー育成を図る。当社は静岡大学が行う役割をアイザワゼミの形で受託して70名程度の学生を教育するが、それを《基礎編》と位置づけ、そのゼミ生の中から約10名を選抜して東京大学の共通プログラム《発展編》に送り込み、さらに選抜した数名を米国シリコンバレーに送ってその後実際に起業させる。このような重層的なプログラム設計となっている（図37）。アイザワゼミの講師陣

図36｜静岡大学アイザワゼミ

図37　アイザワゼミ

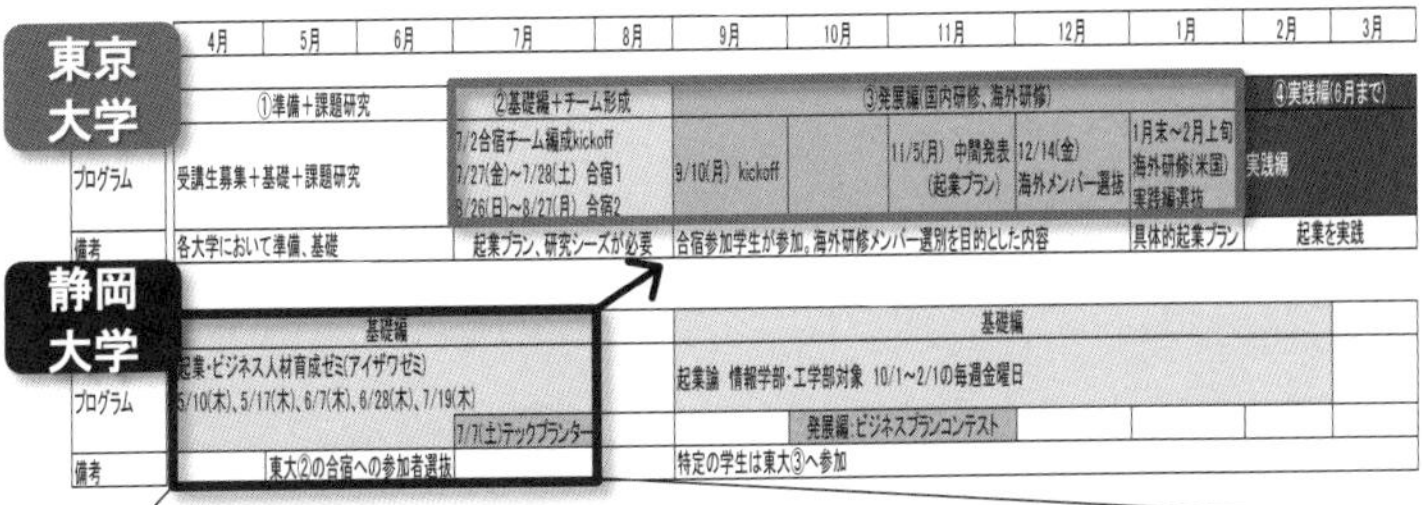

アイザワゼミ

	1回 5月10日(木)※	2回 5月17日(木)	3回 5月24日(木)	4回 6月7日(木)	5回 6月28日(木)	6回(イベント) 7月7日(土)	7回 7月19日(木)
テーマ	ガイダンス 経営理念・ビジョン	課題発見の ワークショップ	QPMI研修(基礎編)	起業家講演	QPMI(応用編)	テックプランター in浜松※	資本政策・まとめ
内容	ゼミの概要説明 経営理念等の考え方 株式・資本の基礎		QPMIの理解 Questionを見つける		Questionを調査し、再構築	起業家のプレゼンを肌で感じる	資本政策・借入の考え方 まとめ
担当	静岡大学(木村副学長) 当社(角道専務)	東京大学 (宮脇先生)	㈱リバネス (佐野取締役)	㈱ANSeeN (小池社長)	㈱リバネス (佐野取締役)		あいわ税理士法人(土屋先生) 当社(加藤次長)

は、東京大学教授、学術知見を実装化するリバネス役員、静岡大学学内ベンチャー企業の社長、IPOを指導する公認会計士等々、ハイレベルの専門家ばかりだ。リバネスが静岡で開催するテックプランターは、選抜された起業家たちが審査員・支援者を前にプレゼンテーションを行い、競い合うコンテストだが、学生たちも参加し交流を行うことができる。静岡大学から、文部科学省や東京大学も当社の取り組みをご評価いただいているとお聞きしていて、何とも誇らしい限りだ。経済産業省の調査によれば、2020年度の大学発の新興企業は過去最多の2900社が起業され、累計で2900社を超えた。増加率は地方大学で高く、静岡大学もトップ30にランクインし、累計35社のスタートアップが生まれている。アイザワゼミでも貢献できれば嬉しい。

日本の大学生のうち社会人の占める割合2・5％はOECD加盟国平均の6分の1という。このアイザワゼミには、当社若手社員5名程度を選抜して派遣している。当該比率は7％だ。当社はリカレントを産学連携でも進める。産学連携はダイバーシティと言ってもいい。そしてダイバーシティはイノベーションと相関があると言われている。当社はリカレント教育でイノベーションを起こしたい、そう考えている。実際、静岡大学生と数ケ月交流することで、双方にケミストリーが生まれている。「起業では資金調達が重要だと学んだが、証券会社の年齢の近い社員の方と交流できたので、これから何かと相談したいと思う。貴重な人脈ができた」という大学生たちは、ゼミの趣旨を離れて就職相談などでも当社社員とラインでやり取りしているようだ。当社側のケミストリーも大きい。社会人として負けられないという意識も当然にある。当社が行う開講の挨拶では、いつもドラッカーの言葉を贈るようにしている。「イヌイットに対して温めるために冷蔵庫を販売したセールスマンはイノベーターだ。」アイザワゼミは起業のゼミだが皆が実際に起業する訳ではない。しかし企業内起業は当社でも可能であり、起業でなくとも新しいことを企画することはさらに日常的に期待されている。そのような観点でこの講座を活かして欲しいとお願いしている。学生たちとの交流を背景に、若手社員の自主勉強会も立ち上がった。どのようなケミストリーがどこで生まれるか、ここは本当に楽しみだ。

余話1　Meet 江夏豊

「オールスター9連続奪三振」「江夏の21球」など数多くのエピソードで知られる江夏豊氏は、入団した阪神タイガースで名実ともにセントラル・リーグを代表する投手だったが、様々な理由により成績は年々低下、遂にパシフィック・リーグの南海ホークスに放出されてしまう。今と違って当時のパ・リーグは人気がなくホークスの本拠地である大阪球場はヤジが球場中に反響するほどいつも閑古鳥が鳴いていた。そんなところへ都落ちと、移籍を拒否していた江夏氏だったが、ホークスのプレイングマネージャーだった野村監督と出会ってそれを受けいれる。移籍後も故障が続いたことから、今度は先発から当時は評価が低かったリリーフに回るよう打診され、これまた反発したが、野村監督との会話で納得し、その後、日本プロ野球におけるリリーフ投手のパイオニアとして確固たる地位を築いた。多くの方が知る話である。

彼の頑《かたく》なな気持ちを変えたのは何だったのか。移籍にあたり野村監督は「お前が投げて俺が受ける。これは芸術になる」と話し、リリーフ転身については「なあ豊、野球界にいっぺん、革命を起こしてみろよ」と語りかけた。「革命ってなんですか。」「これからの野球は変わる。もう1人の投手で1試合をまかなう時代じゃない。一日中マシンを相手に打てる打者の技術向上はすごい。反対に投手は一日中ボールを投げてるわけにはいかん。肩は消耗品だから。」革命ならやってみる価値はある……日本経済新聞「私の履歴書」に詳しい。『芸術』と『革命』という蠱惑《こわく》的な言葉で本質を表現した上司、野村監督はやはり流石だ。その背景には優れた洞察力がある。『革命』はイノベーションにも通じる。『芸術』もだろうか。アイザワゼミでもそのような言葉と洞察力で学生たちを導きたい。

筆者にも同種というのはおこがましいが、思い出される経験がある。

「この件について『研究』してみてほしい。」大手銀行本部で勤務していた30過ぎの頃、当時の取締役である上司にかけられた言葉だ。入行以来、仕事は決められた枠組みの中で最高のパフォーマンスをあげるものと無意識に信じて行動していただけに、大学でなくても職場でも研究していいのか、自分が白紙に絵を描いていいんだなと、急に視界が開けたような何とも言えないワクワクした気持ちになったことを思い出す。ふたつの話の共通項は「上司」が「未知のものを創り出すという概念」を「印象的な言葉」を使って部下を奮い立たせたということだ。Mission Impossible を Possible として知覚させてくれた。改めてアイザワゼミを運営する役割の重さを想う。

余話2　名古屋のドラッカー

安江工務店は名古屋の上場企業で、洒落たハイセンスの内装工事を得意とする。当社が株式上場時の幹事を務めさせていただいたご縁で、ビジネスのご支援を提案するために名古屋入りした。「ライバルはどの工務店になりますか。」「旅行代理店です。当社の内装工事は2百万円程。ご夫婦で一寸贅沢な海外旅行をされるか、お家に手をかけるか。お客様の選択はそういうことだと考えています。」勉強させていただいた。そう言えばドラッカーも言っていた。「キャデラックを買うものは交通手段を買っているのか、富のシンボルを買っているのか。キャデラックはシボレーやフォードと競争しているのか、ダイヤモンドやミンクのコートと競争しているのか。」（『現代の経営』）名古屋で経営学を、否、経営を学ぶ。お客様はそのお金と時間をいかに使うか。

当社は証券会社として金融商品を販売し、多くの方の資産形成をご支援することで地域を元気にしたい。当社の意識しなければならない競合相手は誰なのか。協働すべきパートナーは誰なのか。隣県愛知の話を今度、アイザワゼミでも問いかけてみたいと思う。

提言1　静岡県民の心

文部科学省は、少子化や私立大学への配慮からこれまで認めていなかった国立大学の定員増について方針転換するという。この考え方については恐らく色々なご意見があるのだろうと思う。そこは置いて、定員増を認める事由は地方国立大学が特色と強みを活かして地方創生を推進するためだ。そのための要件として、①地元の産業界と連携組織を設置して地域の産業や雇用創出に取り組む②地域独自の奨学金で多様な人材を育成する③地域企業や地域の他大学との共同教育プログラムを行う、等々があげられている。

静岡大学を当社連携目線で俯瞰すれば、①は当社も教授・准教授として協力させていただいているイノベーション社会連携推進機構がある。このままあるいは発展形で進めればよいし③は例えばアイザワゼミが存在している。残る②についてだが、ここは当社ソリューション戦略の一丁目一番地と位置付けている相続のご支援が役に立つはずだ。お客様の相続支援を積み重ね深めていくと、いくつかのコアに突き当たる。そのひとつがドネーション（寄附）だ。自らの人生を振り返り、育んでくれた地域社会に何かしらの恩返しがしたい、そう顕在的にあるいは潜在的に考えている方は大変多い。寄附って何千万円をお金持ちがすることでしょ、どこに寄附したらいいのか皆目見当がつかない、寄附するのはいいが本当に意味ある形で使われるのか心配だ……。そういった実際にお聞きする声に対する具体的なソリューションとして、当社と静岡大学が協働する意味は社会的に大きなものがあるはずだ。当社には静岡県にたくさんのお客様がいらっしゃる。全国に静岡県ご出身のお客様が点在されてもいる。新たなソリューションコンテンツとして創り上げることができれば、そしてゲートキーパーとして活動することができれば、新たな付加価値を社会に発信することができる。やり甲斐のある取り組みだ。

提言2　証券アナリスト養成講座の蹉跌

ここまで国立大学と証券会社が協働できるものなのかと、当社にとって驚きの年月を重ねてきた。

それは両者関係者の共通した感覚だとも思う。互いに対するリスペクトに溢れた素晴らしい関係だ。今やアイザワ証券は、地元の地域金融機関に引けをとらない静岡大学のパートナーであると自負している。だからこそ付言したいことがある。そんな両者にもひとつだけだが苦い思い出がある。提携直後の話だ。

国立大学との包括業務提携に、当社社内は人知れず沸いていた。静岡大学のお役に立ちたい。提携直後に企画したのは、当社が日本証券アナリスト協会とコラボして静岡大学に対し無料のアナリスト養成講座をご提供することだった。当時、滋賀大学だけが行っている講座で、学生にとってはダブルスクールの金銭的、時間的負担を軽減できる嬉しい企画のはず、稀少なコンテンツなので静岡大学にはきっと喜んでいただける、そう信じていた。だがそのオファーは相当の時間を経て謝絶される。

「ニーズがない。」「そもそも証券会社に就職する学生はいない。」「授業枠をひとつ提供しようとする先生がいない。」調整役を担った静岡大学の産学連携ご担当ラインには大変ご苦労をおかけしてしまったが、そのような現場のご判断だったと思う。一方で賛同する意見もあった。「共同研究などで親しいメーカーに聞いたら、『それは良い話。当社の財務はアナリスト資格を持った学生を欲しがっている』と言っていたよ。」これは工学部の教授から直接伺った。理系学部の先生方は産業界と接点が深く、企業の事情についてご専門以外でも知見をお持ちなのでこのような判断の差が生まれるのか、図式化した危険な考えが浮かんでしまう。残念な想いが当社に生まれたのは事実だ。社会一般の感覚では大学、取り分け国立大学の存在は遠く、が故に当社にとっては静岡大学との共創自体が宝物である。だからこその反作用的な社内感情だったかもしれない。

しかし今、当社もまた間違っていたのだろうと思う。すくなくともご提案する時期において、タイミングにおいて。証券会社という言葉が背負うものは重い。その後の金融機関との提携に伴う施策展開では、相手の目線を知り、それを踏まえてその時期やタイミングに細心の注意を払ってことを進めてきた。当社の外部機関との提携は静岡大学から始まった。初めて外部機関と提携した当社は、この時少し急ぎ過ぎたのかもしれない。静岡大学にはご心配をおかけした。今なら分かる失敗だ。成熟した連携ステージにおいて、また新たな施策を共創していきたいと当社は願っている。

❷ 近畿大学

志願者数8年連続日本一。

近畿大学は凄い大学だと思う。東大阪キャンパスに足を踏み入れればそれが分かる。アカデミックシアターで遊べば納得できる。そしてそれを詳しく知るのに最適な書籍が2つある。『教えて!

学長先生　近大学長「常識破りの大学解体新書」』という塩崎学長がお書きになられた新書と世耕部長の単行本『近大革命』だ。近大マグロ、OBつんく♂プロデュースの入学式、野球部に水泳部に産学連携も、近畿大学を彩る日本一は数えられぬほどたくさんある。当社は2017年5月、近畿大学と包括業務提携を行った（図38）。全国的に有名な近畿大学は多くの先と提携していて、2021年4月にはオンラインを使った遠隔連携として、東海大学（東京）・帝京大学（東京）と連携協定も締結された。そんな近畿大学が民間企業との包括業務提携は当社が初めてということに、当社自身大変驚いている。

包括業務提携でもひと味ちがう

近畿大学との協働は、静岡大学のような当社の店舗網に紐付く自然発生的なものではない。当社は当時、過去からのしがらみで関西のある私立大学に改良型のクロスボーダー型インターンシップを提供し、参加学生が当社に入社いただけるようにもなって新卒採用という成果を刈り取ることはできていた。しかし新卒採用チャネルとしてだけの大学連携、それでは面白くない。当事者が面白くないのだから多分外から見ても魅力的には見えないはずだ。僭越な言い方だが、当社としてはその時、両者の関係の将来像をイメージすることができなかった。どうせやるなら包括業務提携の形で関係を大きく発展させたい、そういう想いで新たなパートナー探しに歩み出す。大量に関係資料を読み込む中で、塩崎学長と世耕部長の2冊が群を抜いて面白かった。仕事を離れても面白い。近畿大学と協働することが可能なら社会に付加価値を発信できる、この時方針は決まった。

まずは当社の自慢である地方創生大臣表彰、クロスボーダー型インターンシップをご提供することにする。この時、当社の担当者は社内組織を超えて近畿大学ＯＢにした。学生も職員もＯＢというだけで一体感を共有する、それが大学だと経験値で知っていた。当社のクロスボーダー型インターンシップは近畿大学生の心を掴み、毎年30名が参加する人気プログラムとなっている。近大生の入社も増え、年によっては最大の採用校にもなる。良い関係を創れたと考えている。そうなると次

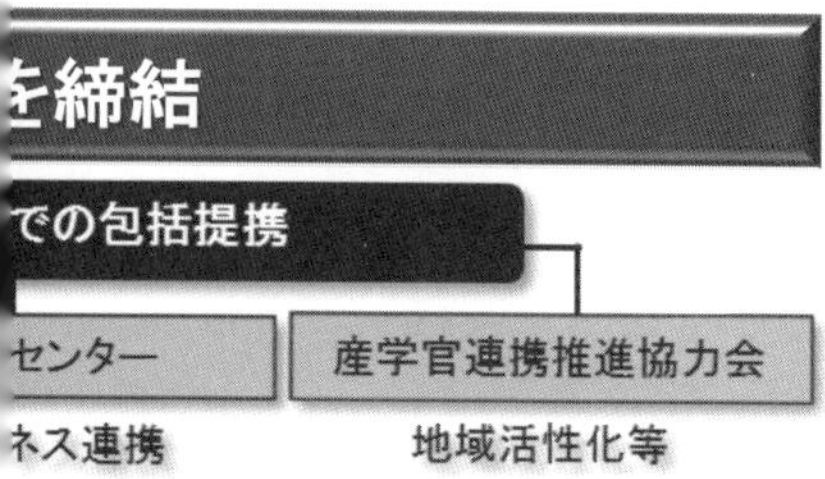

斗との共同研究が決定
で社長と学長/担当教官
て開発し、2020年9月、
」(ネオンサーキット)発売

	特徴
ﾞ	社長 近大OB
ディングに 応	インターン シップ
	販売支援

図38｜近畿大学連携

学校法人近畿大学（大阪府）と包括提携

近

キャリアセンター

学生の就職支援

⇒文芸学部文化デザ

近大シーズ発表会

を引合せ。ゼミテー

オリジナル自転車「neon

No	当社担当店	企業所在地	担当学部	
1	吹田支店	大阪 売上14億	文芸	・輸入自転車販売 ・高齢者/女性をターゲットにした ・ターゲット層向けデザイン/色彩
2	吉野支店	奈良 売上1.5億	経営 文芸	・吉野杉端材を使った箸/小物製造 ・パッケージも含めた各階層向け ・個別商品/企業を超え、吉野杉全 ・商工会も絡め、経営学部/文芸学 ・近畿大学生の喜び/母校愛が紡
3	大阪支店	大阪 売上0.9億	経営	・納豆製造 ・若年層をターゲットにしたマーケ ・ターゲット層向けデザイン/色彩

◆オリジナル自転車 neon circuit 開発記者会見

は産学金連携だ。

「偉ぶらず、まず話を聞く」「パートナーに中小も大手もない」「デザインも必須条件になっている」「先駆けになることを厭わない」。言行一致、塩崎学長の言葉には力がある。「常識破りの大学解体新書」で近畿大学との産学連携の焦点を絞り込む。これは後に当社のバイブルとなった。一般に産学連携というと科学技術をイメージするが、近畿大学は病院の壁に子供が安心するような動物を描いてしまう、段ボールをつくっておられる会社と一緒に子供向けのおもちゃ、折り畳み式テントをつくってしまう、そんな大学だと知った。当社のお客様の事業経営者は、全国規模の重厚長大な事業に関わっておられる方は少ない。地域で市井の方々を相手にご商売をされているお客様が大半だ。当社のソリューションを提供する対象は提携金融機関のお客様にも及ぶので、規模や業種は様々だが、当社自身のと限定すればそのようになる。近畿大学との産学金連携は、既に提携し連携していた国立の静岡大学とはまた違う広がりが生まれるはず、そう直感した。

当社がまずできることと言えば近畿大学に寄り添うことしかない。近畿大学は、関西では存在感を放っているが東京ではそうではない、と自己分析されている。毎年東京都大田区で「近畿大学研究シーズ発表会」を開催し、産学連携を推進する橋頭堡《きょうとうほ》としていた。大田区は近畿大学の本部がある東大阪市と同様、ものづくり企業が集積する地域だ。当社はせめて賑やかに、10名で参加させていただいたが、産学連携ご担当の中林事務長には逆にきめ細やかな心配りをいただく。それは商人である我々が恥ずかしくなるような気づかいだった。そしてその時初めて塩崎学長にお会いする。恐らく初対面の人全てを魅了してしまう笑顔で、丁寧に参加への感謝を述べられた。そんなに喜んでいただけて申し訳ない、次の年は10名を20名に増やした訳だが、そういう気合めいたものだけではなくて、具体的に近畿大学と一緒に産学金連携で仕事をしたい、その時決意したことを思い出す。

直ちに行動に移す。バイブルを営業店に配り、産学金連携なんて遠い話、銀行のやる話と先入観に縛られるのではなく、近畿大学とならお役に立てる案件は我々の身近にもきっとあるはずだ、ということを語った。そこに最初に反応してくれたのが吹田支店だ。

産学金連携

事例1　自転車の話

サイクルショップカンザキ（大阪市）の神崎社長は輸入自転車を北摂《ほくせつ》7店舗で販売されている。社業は順調だが悩みがあった。会社としても従業員のためにも利益率をもっとあげたい、そのためには自社開発の自転車をつくる必要がある、最近は高齢者や女性の来店も増えたが、既存の品揃えでデザインやカラーリングの要望に十分応えられているのだろうか。当社の担当者が近畿大学との産学共同研究をご提案する。

近畿大学の産学コーディネーターは極めて優秀だ。早速、文芸学部の柳橋准教授にお引き受けいただけることになった。市川團十郎ばりの偉丈夫《いじょうふ》、柳橋先生は、東京芸術大学を卒業後、著名なデザイン会社や大手自動車メーカーを経て近畿大学に移られた、いくつもグッドデザイン賞を受賞している俊才だ。自動車メーカー勤務時代にバイクのデザインも手掛けたこともあり、自転車にも関心があるという。大阪上本町にあるシェラトン都ホテル大阪で開催された「近畿大学研究シーズ発表会」の懇親会場で、神崎社長と社員の方々を塩崎学長、柳橋准教授にお引き合わせする。フォーマルな会場で社長は緊張気味だったが塩崎学長のお人柄に触れ、笑顔で2ショット撮影をされた。その後社長は会場の片隅で人知れずそっと涙を拭われた。その姿は当社関係者の誇りとなる。全ての営業員と共有したい、当社ソリューションの価値を象徴するシーンだった。

2020年10月、でき上がったオリジナル自転車KANKIN（カンザキ近大）、ブランド名neon-circuit（ネオンサーキット）の発売を記念してお披露目の記者会見が近畿大学本部で行われた。イタリアGIOS社商品をベースに、海を泳ぐ近大マグロの疾走感をイメージしたカラーリングデザインが施されている。近畿大学の誇る近大マグロが海面近くを猛スピードで泳ぐとき、その鱗は太陽光を浴びてキラキラ輝く。その様子を女子学生がデザイン化したものだ。

近畿大学東大阪キャンパスのある東大阪市は平坦であり、南北の移動手段に課題があることから、市民の交通手段として自転車が最も高い割合で使用されている。また近畿大学他4つの大学がある学生街でもあり、自らもユーザーとなる近大生が考えた自転車としても開発された。記者会見後、neon-circuit は、近畿大学本部内にある産学連携開発商品のショールームに展示されたが、第一次生産分は完売し、今増産に入っている。人気商品が近畿大学連携で誕生した（図38）。

柳橋先生との出会いは神崎社長にとって素晴らしいものになったと思う。neon-circuit は早速購入させていただいたが、勿体なくていまだに部屋に飾っている。マグロの鱗が陽光に煌めく……なるほどこういうことか。誕生のヒストリーに想いを馳せている。

事例2 納豆の話

納豆不毛の地大阪で納豆を作り続けている会社がある。エイコー食品（大阪府門真市）という。佐藤会長は栄養もあり美味しい納豆をなんとか関西でも普及させたいという想いから、数十年にわたり納豆製造・販売に骨身を削ってこられた信念の人だ。冷静な経営者でもある。自分は納豆のことを24時間365日考え続けてきたが、購入いただく方は当然違う、その場で商品を選ぶ、その意識の差を埋めるには入り込みすぎた自分ではなく誰かの力を借りた方がよいのでは……そうお考えになっていた矢先、当社の担当者が近畿大学との産学連携をご提案した。連携を始めるに当たって、まずはこれから協働する経営学部古殿ゼミ生たちに対して会長の想いをご自身で語って貰いたい、そんな要望が近畿大学から寄せられる。大学で説明、そんなことは初めてだからと会長がとても緊張されていると聞き、東京から激励のため伺うことにした。少年のような表情の会長に応援したいという気持ちが増幅する。果たして教室ではご自身の言葉で熱い演説をされ、学生達の納得感も半端ではなかったと聞く。

でき上がったのは、「ヴィーガン向け納豆チョコレート」。学生のアイデアでインフルエンサーも巻き込んでできた商品だ。納豆独特のクセを抑えた薄いシート状のチョコが一枚一枚ハイセンスに包装されている。大阪のグルテンフリーお菓子専門店と京都のヴィーガン対応衣食料品店で先行販売を終え、本格リリースまであと少し。全ての工程が佐藤会長にとって初体験、少年のような表情の会長の姿が目に浮かぶようだ。

当社は産学連携を仲介してきたが、具体的な成果物を生み出し販売まで行い、それがヒットして増産にまで繋がるのは多くない。近畿大学は、当社のお客様にとどまらず、例えば西京銀行や福邦銀行など当社の提携先のお客様や、境港市といった親密自治体との産学連携を仲介する際の、極めて守備範囲の広い最大の受け皿となっている。当社ソリューションの差別化に欠くことのできない存在だ。近畿大学とは空気のような産学金連携にしたい。特に構えることもなく、普段の営業活動にビルトインされる形で、全ての営業員のカバンの中には普通に近大リエゾンセンター（ＫＬＣ）研究コア提案一覧が入っている、そんな形を目指して、当社はこれからも第2第3の神崎社長、佐藤会長を近畿大学に紹介し続けるつもりだ。

アイザワさんの話

金融機関と連携していて、融資業務にはロマンがあると言われる。なるほどと思う。遺跡の発掘でもロマンが語られる。散らばった小さな情報を集め、タグ付けし、組み合わせてひとつの仮説を組み立てる。地道な作業の積み重ねの末、昔の栄華と人々の営みに辿り着く。偶然の女神も必要だ。シュリーマンがトロイアを発掘し、ハワード・カーターがツタンカーメンの墳墓を見つけた。世紀の大発見だが学歴などの理由でいずれも当初の評価は低かったという。

「岩宿遺跡」を思い出す。

昭和24年、群馬県笠懸《かさかけ》村で、日本で初めて旧石器が発見された。当時日本では旧石器時代は存在しない、富士山の噴火は激烈で人が住める状況ではなかったと考えられていた。関東ローム層から一片の石器も発見されていなかったことがその証左とされる。その先入観を解毒したのが相沢忠洋さんだ。大田区生まれの彼は、自転車で納豆売りの行商をしながら石器発掘を続け、ある日、切り通しの赤土から黒曜石の槍先形石器、旧石器を発見した。関東ローム層からである。学歴のない彼は、当時の権威者から相当に酷い扱いを受けたと、お会いした奥様から直接お聞きした。しかし今、彼の業績は燦然《さんぜん》と輝いている。そして青梅市名誉市民である吉川英治ゆかりの第1回吉川英治賞を受賞する。吉川英治も幼少時に苦労を重ねている。相沢忠洋さんは亡くなったその日、笠懸村名誉村民第1号となった。

「大田区」「自転車」「納豆」、そして「実学」から近畿大学を想い、吉川英治で青梅信用金庫を想う。当社の大切な提携先を想う。吉川英治の有名な言葉、「朝の来ない夜はない」は、お二人にとっても、もしかしたらシュリーマンにもカーターにも、そして間違いなく当社にとっても希望の言葉だ。

提言　OBと繋がる

因数分解してみた。

ここでご紹介したサイクルショップカンザキと、福邦銀行との連携で近畿大学と産学共同研究を決めた若狭酒造には共通項がある。いずれも社長が近大OBだったことだ。加えて前者はお孫さんも当時は近畿大学の現役学生。そしていずれも当社が提案するまでは、母校とビジネスで連携する発想自体がなかった。ここは課題といえないか。近畿大学の産学連携件数は全国1位であり、内容も実学の大学を標榜する通り総合大学の機能をフル稼働させている。前者は文芸学部、後者は農学部に経営学部の複数コラボ。産学連携コーディネーターのクオリティも極めて高い。しかしこの課題はある。日本有数の大学である近畿大学が、その経営資源のひとつOBを寄附だけでなく産学連携でも活用する。OBもまた大学を活用する、双方向の空気のような自然な紐帯関係の構築だ。

・近大入学式の活用

近畿大学に入学したくて入ってきた学生ばかりではない。当初の希望が叶わなかった「不本意入学生」を失意のまま卒業はさせたくないという強い決意が、「ド派手で楽しい入学式」を生んだ。近畿大学の入学式はOBであるつんく♂がプロデュースする。在学女子学生の中からオーディションで選ばれたモーニング娘風のKINDAI GIRLSが、入学式で歌と踊りを披露する。近大ガールズになりたいから入学する学生もいるそうだ。HIOKO HDのCEOになりたいから常陸大宮高校に入る。素晴らしい相似形を想う。

そんな入学式で産学連携の成果を視覚的に披露するというのはいかがだろうか。

差別化した魅力を伝えるという近畿大学入学式の趣旨にシンクロさせた企画として、その場を活用して差別化された強みのひとつ産学連携を紹介する。近畿大学って凄いんだと。著名企業との協働事例、吉本興業とコラボした笑いに関する成果を芸人たちが演じる、味覚糖とのコラボ商品を会場で配る。細井学長がneon-circuitに乗って登場される。入学式には父兄来場も推奨されているので、孫の入学式に出た神崎社長は、経営上の問題意識が発露して、当社の仲介なくそこで母校との産学連携を思いつかれたかもしれない。

・近大卒業式の活用

卒業式も活用したい。4回生に対して学長が訓話をされる。社会に出ても心配ない、母校を思い出して欲しい、産学連携を自分独自のソリューションとして使って欲しい、近畿大学は卒業後も皆さんの力になる、とお話しいただく。社会にでる不安感を軽減してあげる形。細井学長もお人柄が滲み出る魅力的な方だ。語り掛けによって、学生たちは4年間、近畿大学に学んで本当に良かったと、想いを新たにするはずだ。近畿大学が養殖している回遊魚のように、学生もまた生まれ故郷に戻ってくるのではないか。出身大学の卒業式を覚えている社会人はどのくらいいるのだろう。近畿大学だからこそ、ウィズコロナの時代に繋がることの価値、実家としていつでも里帰りできる場所を提供する、そんな卒業式にして貰いたい、応援団としてそう願っている。

余話　リベラルアーツ

・アナゴとカニと、マンモスと

東大阪市近畿大学本部で松本事務長に教えていただいた。近畿大学ではアナゴを避暑させるという。アナゴの避暑？　近畿大学はマグロの養殖で有名だが、マダイ、シマアジ、ブリ、多くの魚種で養殖魚を世に送り出している。漁獲量の減少が続くマアナゴにも挑戦しているが、瀬戸内海の水温は昨今の温暖化で27℃以上に上昇し、マアナゴが夏バテして摂餌量が大きく減少する25℃を超える。だから富山実験場に陸送しているという……。和歌山県白浜市の水産研究所でカニについてお聞きした。「高級魚であるマグロの養殖は社会的な価値があるので、同じ高級食材のカニも養殖して貰えませんか。」やりたいが、カニは共喰いをするので同じスピードで生育させないと途端に個体数が減って商業ベースに乗らない……。東京お台場の日本科学未来館「マンモス展」で中林事務長に教えていただいた。マンモスは大きくない？ 近畿大学はサハ共和国で永久凍土の中からほぼ原形をとどめたマンモスを掘り出した。近畿大学マンモスプロジェクトが始動しマンモスの細胞核が動き出す。細胞分裂寸前まで。ところでマンモスはアフリカゾウと比べても特に大きくはない。そしてマンモスという言葉はタタール語で「土の中に住むもの」を指し、特に大きいという意味はない。凍土から発掘されるので「土中の大きなモグラ」ではないかと想像されていたという……。

近畿大学と接点を持っていると、大学自体がキュレーター（学芸員）のように思えてくる。様々な体験を整理された仕掛けで提供される。生活に彩りが増すような気がする。お聞きしたことをあちこちで話し、ここでも書いている。当社の営業員もお客様とお話しする際、例えばこんな話もして欲しい。近畿大学の公開講座で日本一美味しいミカンの作り方を勉強して熱く語るのもいい。大学は「知の拠点」と位置付けられている。近畿大学のキャンパスで受ける刺激はビジネスでも活用できる。もちろん、近畿大学以外の大学でもいい。野球や天気の話はもちろん、経済指標の話題でさえ満足されるお客様は少ない。そんなことはお客様がご存じだ。

証券会社に勤務していると、証券外務員資格の更新研修を5年に1度受講しなければ資格を失ってしまう。忙しいのに半日もかけて確認テストを受けるのは面倒だ、そもそも合格点は取れるだろうし……不謹慎だがそんなふうに考えてしまう。街中の研修業者のブースでヘッドホンを付けて研修は始まる。1時間ほど経った頃、突然「従事者は『教養』と品格が求められる」と無機質に語られた言葉に眠気が飛んだ。『教養』はプラスαの、できたらあったほうが彩りを増すようなものではなく、証券会社の役職員にとって、そもそも営業の前提として位置づけられていた。金融の、証券のプロとして自らの専門性は当たり前、それに加えて世の中全体にリカレント、リベラルアーツが必要と言われる時代にどう一般教養を磨くか。大学との連携の真骨頂はこんなところにもある。

❸ 徳山大学

徳山大学は公設民営の私立大学だ。当社は西京銀行との連携を設計するにあたり、地域へのコミットをベースに掲げた。その西京銀行は地元の徳山大学と提携していたのでそれに倣うことにし、当社も包括業務提携をさせていただいた。徳山大学には少し申し訳ない経緯である。

しかし規模は大きくない徳山大学だが特徴はいくつもある。芸術系のコンテンツもそのひとつだ。

当社は小学生を相手に教壇に立つことになり、紙芝居をつくることにしたが、さてどうすればよいのか。ここ徳山大学には岩国出身で漫画島耕作の弘兼憲史《ひろかねけんし》さんが客員教授を務めておられ、漫画家で特任教授のなかはらかぜさん他、頼りになる先生方がいらっしゃる。映画監督の長澤雅彦さんは、当社の提携先である茨城県の高校も協力した「夜のピクニック」や下松市市制施行75周年を記念した「恋」(岡田奈々主演)などを制作されているが、経済学部ビジネス戦略学科の教授だ。ここは提携関係を活かして徳山大学にお願いすることにした。でき上がったデジタル紙芝居「夢をかなえるために『カワウソ〝りく君〟と学ぶお金の仕組み』」は、山口県岩国市の名酒「獺祭《だっさい》」に因《ちな》んだカワウソの子どもが村人のために魚屋を起業するサクセスストーリーだ。起業には3万ドングリ必要だが働いて貯めても1万ドングリが限界、残る1万ドングリは金融機関で借りて、もう1万ドングリは資金運用でつくる。主人公「りく」は、初上演する大阪府箕面《みのお》市の名産くりをもじって命名された。

冨永愛さんが翻訳された絵本『女の子はなんでもできる!』は、飼育係や農家やお医者さんやトラックの運転手や建築家や消防士にだってなれる! とエールを送る。「娘が友達に、『女の子はなんにでもなれるんだよ!』と、うれしそうにひそひそ話していました」(4歳・保護者)という読者の声がほほ笑ましい。当社の絵本はのちにアニメ化し、手話も入れたコンテンツにまで昇華して、各地の児童たちの人気者になっている。冨永愛さんの絵本が、売り上げの一部を彼女がアンバサダーを務める国際協力NGO「ジョイセフ（JOICFP）」に寄附するように、当社も将来そのようなことを目指してプロモーションしたいと思う。

小学校と大学、「小大連携」というあまりない形の垂直連携が、徳山大学の力で実現した。

プラットホーム

「小大連携」に続く「高大連携」でも徳山大学にお世話になった。

舞台は山口県立新南陽高校だ。高校生向けクロスボーダー型インターンシップは「高大連携（高校と大学）」「銀証連携（銀行と証券）」それに「行政連携」を組み込んだ3日間の5者連携プログラムを徳山大学、西京銀行、当社それに周南市が連携して運営する。新南陽高校生は、まず徳山大学生と一緒に地元の商店街をフィールドワークで視察する。活性化が望まれる商店街だ。午後はそれを踏まえて、徳山大学で大学生と一緒に周南市宛ての提言書づくりに着手する。2日目の午前中は西京銀行と当社が講師を務める金融リテラシー向上の研修を受講し、午後は徳山大学に移動して経済学部のゼミに特別参加、提案書のブラッシュアップを図る。そして3日目は周南市役所で市長に対してプレゼンテーションを行う。ここには地元テレビ局の取材も入る。そしてひと仕事を終えた生徒は、徳山大学高田学長との昼食会で労って貰いながら、来年の大学受験を意識しつつ、貴重な学長のお話に耳を傾ける。この辺りは、東京都青梅市の吹上中学生が常陸大宮高校の横山教諭の話を聞くのと同じ形、少し緊張感もある。様々なクロスボーダーが満載のプログラムである。

この運営を通じて、関係者の紐帯も親しく強化される。当社と西京銀行、徳山大学の関係は、生徒たちを媒介に一層親密なものに磨き上げられた。周南市との関係も生まれる。それらから生まれる成果物は、多岐に亘って当社を潤してくれる。

高田学長は広島大学副学長時代に産学連携をご担当されていた。広島大学は全国の大学のうち13校だけが採択されたスーパーグローバル大学で、その産学連携のレベルは高い。今、高田学長はそうした繋がる力と指導力をベースに、周南市長と連携して徳山大学の公立化に取り組んでおられる。西京銀行を始めとした地元財界の応援でぜひ実現していただきたいと思う。ACT SAIKYO を軸にバドミントンをテーマにした連携も始まっている。当社は小学校という教育機関や西京銀行という金融機関との連携で徳山大学にお世話になっているが、周南市が今後、「産学官金」連携の全国的なホットスポットになるためには、社会連携のプラットホームとして知の拠点、徳山大学の存在が欠かせないはずだ。当社はそれを応援するし、活用もさせていただきたいと考えている。

2 高校でも中学でも

当社の教育機関との連携は、「貯蓄から資産形成へ」が進まない理由を、証券会社自身の一般社会からの距離感と社会における金融リテラシーの低さに置き、それら課題を解消するために行ってきた。証券会社を身近に感じていただくこと、多くの人に金融・投資の知識を提供し一歩前に進んでいただくこと、それを目的としている。したがって連携する教育機関は大学だけでなく全ての先が対象となる。2019年10月には茨城県立常陸大宮高校と包括業務提携をしたが、それ以外でも数多く連携しており、地域も全国に広がっている（図39）。

高校

他流試合

地方創生大臣表彰をいただいたクロスボーダー型インターンシップは大学生向けには1週間だが、それを3日間に圧縮して高校生にも提供してきた。群馬県の館林高校、静岡県の富士宮高校や下田高校など地域も色々な公立高校だ。3日のうち2日は地元で、例えばシクラメン農家やネジ工場で現場に入って社長のお話をお聞きする、体験もする。その時の地域の中小企業の方々が生徒に送る温かい視線がとても印象的だ。そして1日は東京を含めた大都市に移動し、できれば他県の高校と一緒に当社の拠点で研修を受ける。証券取引所で株式の模擬投資体験などもしていただくが、他県や他校の生徒同士が教育の場で交流する形は大変良い学びになると、学校サイドでは評判のプログラムとなっている。生徒は通学路にあるような身近な企業を訪問して自分が住む地域を知り、都会にも出てそこで他県の生徒と交流し、比較の中でまた自分が住む地域を知る。複眼的な視点で地域を捉えさせるのがクロスボーダー型インターンシップの特徴だ。

若旅

「若旅」は当社が大学生向けに提供している「特定地域回遊型」のクロスボーダー型インターンシップである。広島経済大学が開発した企画をアレンジして実施している。伊豆半島をバスで巡る2泊3日の旅で、町おこし・観光関連施設や地域の中小企業を訪問し様々な体験をするが、地元の下田高校に立ち寄って高校生と地方創生をテーマにディスカッションす

図39｜教育機関（小学校・中学校・高校）ネットワーク
（2021年7月時点）

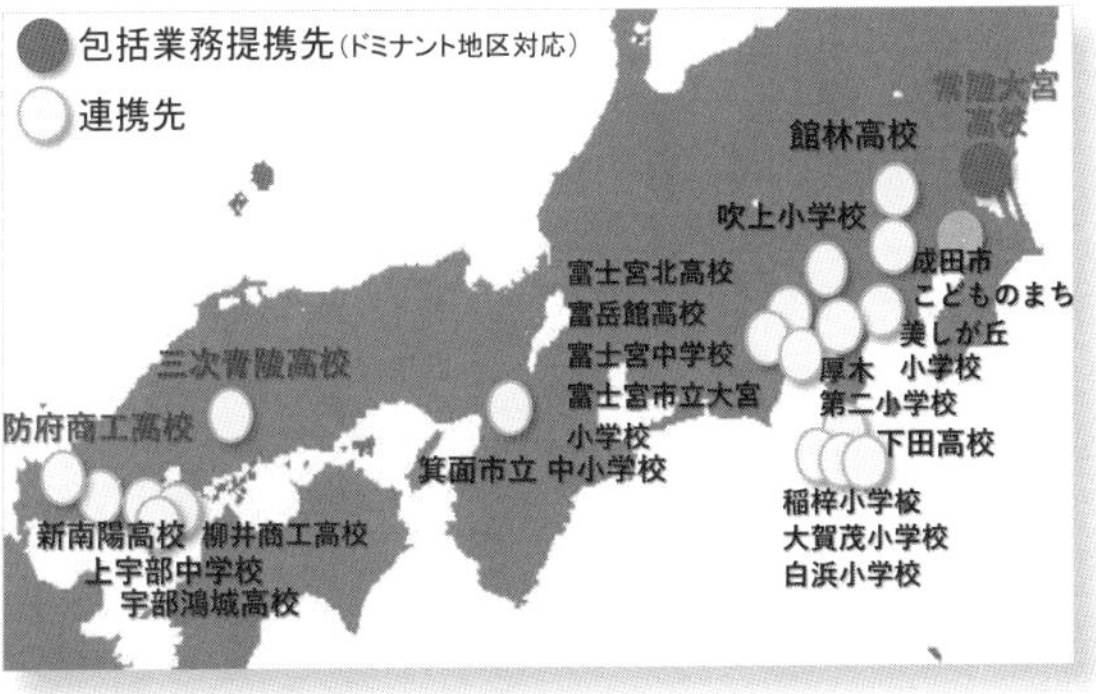

る場も設けた。そこには伊豆半島活性化を担当される副知事にもご参加いただき、様々な視点から意見交換会を行うが、高校生にとっては普段接点のない人たちを自校に迎えることになる。ほどよい緊張感とともに記憶に残る体験となるよう企画した。新南陽高校と同様、高大連携を盛り込んだプログラムだ。

若旅の参加者は地元静岡県の大学生が多いが、東京大学からも参加があった。この企画は静岡新聞のご厚意により県内各所で事前告知をされたが、それをご覧になられた母親が東大に通う息子に連絡して参加が決まったという。「産学」連携は、そこに行政機関と金融機関が加わって「産学官金」連携となり、さらに報道機関が加わって「産学官金情」の連携に発展する。「情」の力は地方創生においても大変重要だと日々実感している。地元観音温泉で宿泊させていただいた時は、地方創生に熱心な女将のお話を聞くことができたのも参加者にとっては印象に残ったという。夕食で立派な金目鯛の煮つけがひとり1尾供されたのは女将のご褒美であっただろうか。

中学校

学びの道場

中学生もまた当社施策の対象となる。どこでもそうではあるが、組織トップ、校長先生のお考えひとつで、制約も多いだろう公立中学でも様々な取り組みが可能となる。青梅市立吹上中学での取り組みはその最たるものだ。そしてそこでは講師となる当社側の学びも大きい。

大学生が相手なら、講師は高度な質問に対する緊張感があるものの、質問のレベルはある程度事前に予想できる。しかし相手が中学生となると、そう簡単にはいかない。幅が広い。加えて集中力をいかに維持させるかという運営上の観点でも難易度は高い。そして中学生は多分、難しい。

クロスボーダーで活躍されている女優サヘル・ローズさんは、小学生時代に来日し、映画「冷たい床」で2019年ミラノ国際映画祭最優秀主演女優賞を受賞したが、その生い立ちは厳しい。イランイラク戦争の戦争孤児だった彼女は、当時テヘラン大学生で救助隊ボランティアだったフローラ・ジャスミンさんの養女となり2人でイランから日本へ渡る。公園での生活から抜け出せても2人の唯一の楽しみはスーパーのフードコートでしょうゆラーメンを1杯食べることだけだったという。義母のフローラさんは自身が幼いころに育児放棄にあった体験からサヘルさんを養女にしたが、イランで養子縁組をするには子供を産めない手術が必要。それでも養女にした。サヘルさんの習い事や学費を賄うため食費を切り詰めていたが、1個のおにぎりを路上生活者に手渡すような方だ。フローラさんが名付けた「サヘル・ローズ」という名の意味は、「砂漠に咲く薔薇」。どんな過酷な環境でも強く生きて欲しいとの願いが込められている。そんな家庭で懸命に生きるサヘルさんに心を通わす者もいる中で、中学生時代、上履きを窓から捨てられるなどの厳しいいじめに遭い自殺も考えたという。母の助けを借りて再び歩み始めたサヘルさんは、今、国際人権NGOの親善大使も務め、様々な形で子供たちを支援している。簡単に総括できる話ではないが、精神と肉体が大きく変化する中学生時代が不安定なことだけは確かだ。

さらに吹上中学での企画は、提携先とのコラボで広がりも大きかったこともあって、マスコミだけでなく関係者の視察も重厚だった。財務省関東財務局東京財務事務所長、青梅市教育長、青梅信用金庫理事長。教室後方にはそういった関係者の他、地元TVカメラ、記者等々が前方の講師と向き合う。青梅信用金庫と当社では新入職員を講師に任じたが、彼らにとって、教室はとてつもなく厳しい道場と化した。

特別支援学級

支援学級の授業も任された。吹上中学での授業は2日間にわたって全ての学年に提供されるが、トップバッターは特別支援学級、ここから始まる形になる。田中校長は、日本で初めての当局・金融機関・証券会社コラボ授業が君たちから始まるんだよ！と生徒たちを激励された。生徒たちも張り切っているという。ただ、参観関係者が多いと負担になるかもしれないので、半舷《はんげん》上陸スタイルで、そっと入れ替わってほしいとも仰った。関係者の間で俄かに緊張感が高まる。しかし若い講師たちは事前の練り上げられた準備により堂々たる内容、見事なタイムマネジメントで授業を終えた。後方視察陣からは、生徒が質問するたびに、また講師が回答するたびに、「おお！」「いいね！」「素晴らしい！」、安堵と驚きの声、最後は拍手が巻き起こった。皆、自分が新入職員だった頃に想いを馳せ、ここまでできたか自問していたのではないか。生徒はもちろん、講師と関係者にとっても学びの多い授業になったことは間違いない。

この問題を少し俯瞰したい。

日本の大学では障害をもった学生が少ないという。全体比は米英の2割に対して僅か1％強だそうだ。これを受けた2016年の障害者差別解消法施行を機に、特に国立大学を中心に体制整備が進み、小学校でも理解と支援が広がっている。一方、中学や高校での特別支援教育の体制には課題があり、そこが冒頭の大学進学率の問題に直結、ボトルネックとなっているという見方もある。

青梅信用金庫と当社は特別支援学級の授業をお任せいただいた。生徒たちは1年から3年までの混成チームだったので、今回学年別に準備したプログラムのうち1年生向けの金融リテラシー向上をテーマにした授業を提供することにした。手ごたえは十分だったが、大学進学問題、そしてその先の就労問題を考えると、常陸大宮高校横山教諭を招き起業をテーマにした3年生向けのプログラムでもよかったかもしれない。このプログラムには、高大連携に続く中高連携（中学校と高校の連携）が織り込まれ、将来の就労を意識する形にもなっている。今回は「官学金」連携だったが、地元青梅市の織物産業にもご協力いただいて「産学官金」連携、地元ケーブルテレビも含めて「産学官金情」連携にできないか。当社や連携先が、地域が力を合わせれば特別支援学級の生徒たちの進学や就労のお役に立てることはたくさんあるはずだ。今回は1コマの授業だったが、とても大きく、しかし大変やり甲斐のある仕事を田中校長から頂戴したと感謝している。

さらにもうひとつ、学びがある。

ヤングケアラー

英国発祥の造語で、大人が担うような責任を引き受け、病気や障害などのケアが必要な家族の世話や家事をする18歳未満の子供を指す。厚生労働省と文部科学省のプロジェクトチームが立ち上がり、最近の報告書に拠れば、20人に1人の生徒が世話をしている家族がいる。その家族は病気がちの母親であったり弟や妹だったりするが、これはひとり親家庭の問題ともリンクしそうだ。そしてその生徒は学校のある平日に1日平均4時間を家族の世話にあてているが、そのことを普通だと思っていたり、他人に話すのは家族を非難しているように思えて、相談しないことがほとんどだという。両省は家事や子育てを支援する制度を整備していく方針だ。

であれば、今回出会った特別支援学級の生徒たちのご兄弟にも想いが至る。また、授業をさせていただいた特別支援学級以外の多くの生徒たちにも想いが至る。20人に1人がそのような負担を強いられている。当社はお客様に感謝し、不幸にしてご自身が認知症となられた場合は介護に苦しむご家族に寄り添いたいと考え、認知症サポーターとしてオレンジリングを携行している。しかしその介護の問題は認知症だけではなく、障害児や難病者のフォローなど幅広い。しかもそれを担うのは、当社がイメージしてきた壮年世代だけではなくて、ヤングケアラーという中学生など子供たちにも及んでいるということを、今回の吹上中学の特別支援学級での授業に絡めて知ることになった。ビジネスを通じて得た高齢者の認知症介護という問題意識は、教育機関との連携を通じて対象とする事象、対象とする人々が大きく広がったように思う。当社のなすべきこと、できることはまだまだたくさんある。ヤングケアラーたちに生きる力、術を、教育を通じて提供していくこと、背景にあると推定される経済的負担に想いを寄せ、ひとり親に対してお役に立てることは何なのか、この観点でも大きな学びをいただいた。工夫を重ねていきたいと思う。

3 小学校　クロスボーダーで超える

金融・投資教育や起業教育で大学・高校・中学をカバーしている当社だが、小学生向けにもコンテンツを準備して様々な形で提供している。そしてそのコンテンツが生まれ育ったストーリーとテクスチャー（質感）こそが、当社にとって嬉しく誇らしいものだった（図40）。

「始まりの物語」

STEP 1　あなたの会社でできないの？　ここすわりぃ（大阪府）

「社員の奥様が小学校のPTA会長をやっていて、夏休みを使って児童向けに地域の交流イベントを企画するらしいのですが、ソリューションで何かできませんか？」

豊中支店長から本社ソリューション部に連絡があった。社員の奥様が、あなたの会社で何かできないの？とご主人に相談したという。当社がソリューションと称して、金融商品の販売以外でもお客様や地域のお役にたちたいと取り組みを始めていたことをお聞きになられての話だった。営業店から、しかもご家族からの話。そんなことは過去になく喜んでお引き受けする。小学生なら絵本、今風にデジタル紙芝居でいこう、方針はすぐ定まった。提携先の徳山大学に監修していただく。カワウソ〝りく君〟が村人のためにお魚屋さんを開きたい。夢を叶えるために知恵者〝あすかじいちゃん〟と、協力者である証券会社の〝フクロ（梟）〟の助けも借りて、起業・金融の知識を深め、念願の開業を果たす姿を描いた起業サクセスストーリーが誕生した。

「銀の滴降る降るまわりに、金の滴降る降るまわりに。」

図40｜社員発ご家族発

広がる教育機関との連携　社員発/ご家族発のストーリー
教育機関連携の「始まりの物語」…様々なカタチから
社員発・ご家族発
ソリューション
ループ
2017.7
2018.7
scene 1
1本の電話
1 豊中支店①【箕面市小学校】
⇒ Digital紙芝居の誕生（大阪）
【電話】「妻が小学校のPTA会長をやっていて、毎年夏休みには児童と地域の交流イベントを企画するのですが、ソリューションで何かできませんか？」
2017.8
scene 2
1通のe-mail
2 投資顧問室【成田市こどものまち】
⇒ 演じ手は中学生・アニメ化（成田）
【e-mail】「拡大部長会議事録で見たんですが、豊中支店の紙芝居、詳しく教えて貰えませんか？成田市こどものまち実行委員会会長として毎夏800名のイベントを行っています」
scene 3
呼び止められて
4月から信州大学で
3 豊中支店②
【信州大学】
2017.10
⇒ 当社初の大学寄附講座（松本）
【面談】「（秋のぐるぐる巻き説明会終了時）私の友人が信州大学で教授をしているので、宜しければご紹介したいのですが…」
おしごと体験
わくスタ
夢をかなえるために
「カワウソ"りく君"と学ぶ
お金の仕組み」
カワウソ"りく君"が夢を叶えるために、知恵者"あすかじいちゃん"と、協力者である証券会社の"フクロ"の助けも借りて、起業・金融の知識を深め、念願のお魚屋さんを開業する姿を描いたサクセスストーリー。
手話もづけて

フクロウのカムイ（神）の美しい歌で幕を開ける『アイヌ神謡集』（知里幸恵編訳）。歌いながら空から子供たちの上を飛び、矢を射てきた子供を不憫に思い、「私は手を差しのべてその小さな矢を取りました。クルクルまわりながら私は風をきって舞い下りました。」知里さんの見せてくれたフクロウのように、当社もまた児童たちを応援したい。そんな想いも込められている。

・ブックスタート

箕面市の小学校で夏休みの土曜日、「おしごと体験ワクスタ」が児童300名を集めて開催された。子供たちに人気のある美容師さんやウェブデザイナー、お医者さんや薬剤師にまじって証券の授業も提供された。当社としては初めての体験であり緊張感が漲《みなぎ》る中、児童たちがお母さんと一緒に、あるいはお友だちと連れ立って教室に入ってくる。体育座りで開演を待ち構える子供たちの前で初演の幕が開いた。真剣な表情に笑顔。飽きることなく集中し見終えた子供たちから万雷の拍手をいただく。お土産に用意した塗り絵をもらおうとワクワクしながら列に並ぶ児童たち、その横に寄り添ったお母さんも笑顔で、しかし小声で囁くように、「実は私が見たかったんです。配当とかよく分からなかったし、昨日子供に聞かれて誤魔化してしまって」と教えて下さった。ありがとう！　大きな声でお礼も頂戴した。徳山まで打ち合わせに行った苦労なども一瞬で吹き飛んだことを記憶している。

「ブックスタート」という読書体験の提供運動がある。乳幼児健診などの機会に、その地域で生まれた全ての赤ちゃんに絵本を手渡し読み聞かせる英国発の活動で、日本では2001年を起点に、今年2月で1066自治体が実施し約730万の赤ちゃんが絵本を受け取っている。教育目的より親子の触れ合いや気持ちの通い合いを重視するこの運動の広がりから、当社のデジタル紙芝居を使って父兄を巻き込んだ投資教育に類似性を見いだせないか。金融リテラシー教育の進め方におけるひとつのチャートと考えている。ここは深堀りしてみたい。

・日本アジアとアイザワと

この企画には、実は2人の支店長が加わっていた。少し前に経営統合し子会社化したばかりの日本アジア証券と当社の支店長である。融和を図る最初のイベントとして、小学校に近いそれぞれの支店の合同企画の形で仕立てることにしたからだ。塗り絵のプレゼントを貰った子供たちとお母さんたちが出ていき、静寂を取り戻した教室に残された我々は夏花火の後の寂しさのようなものを感じていた。その時、当社の支店長がつぶやいた。「あの笑顔をうちの支店長みんなが見たらいいのに……」その場にいたスタッフ全員の気持ちを集約した言葉だった。そうですね……日本アジア証券の支店長も頷く。2人の関係は微妙だ。今後、経営統合に伴う支店の統廃合がおこるかもしれない。そうなったらどちらかの支店長は異動を余儀なくされる。初対面の2人は複雑な感情をもっていて当然だが、児童たちの笑顔、お母さんたちの笑顔、そして感謝の言葉がそういった壁を崩し、超えていったように思う。

Digital紙芝居で主人公のカワウソ〝りく君〟役を演じたのは、日本アジア証券の若手女子社員だ。経営統合で子会社となった日本アジア証券の社員にこそ主人公役を任せたかった。彼女とは帰りの電車が一緒だったこともあり色々話してくれた。大学時代就活をするなかで、先生になるか証券会社に勤めるか随分迷ったそうだが、最終的に証券に就職することを決めた。今回この企画で主人公役を打診された時、小学校の教室で児童たちの前で教壇に立つ、これでふたつの職業を同時に体験できる、夢が叶うと本当に喜んだそうだ。公演前日は嬉しくて眠れなかったという。開演前に教室の床に横座りし、入ってくる児童たちと目線の高さをあわせ、ここすわりぃ、柔らかな関西弁で話しかけてリラックスさせるその姿は先生以外の何者でもなかった。いま彼女はお母さんとなっているが、ご自宅でりく君を演じているのだろうか。

子供たちの教育という、誰もが否定できない普遍的な価値を触媒にしたからこそ、色々な事情を超えて互いに共感することができたのだと思う。教育に関わることは、国民の金融リテラシーを向上させて「貯蓄から資産形成へ」を実現する、そういう大命題を一旦横に置いても、証券会社社員として、いち社会人として、大変意義あることだと教わった。当社で教育機関連携を進める本当のコアは、ここにあるのかもしれない。

STEP2 こどものまち実行委員会（千葉県）

「拡大部長会の議事録で見たのですが、豊中支店の紙芝居、詳しく教えて貰えませんか？　成田市こどものまち実行委員会の委員長として、毎夏800名のイベントを行っています。」

こんなメールが飛び込んできた。本社で投資顧問の仕事をしているベテラン社員からだった。こどものまち？　800人？　また勉強が始まる。「こどものまち」は1979年、ドイツのミュンヘンで国際児童年を記念して始まった子供たちのためのプログラムだ。子供たちは市民として登録され、多数のお店屋さんごっこがあるなか、職業安定所で仕事を選択し、対価として「まち」で流通する通貨を稼ぐ。全体の仕組みを回すため、銀行や市役所、税務署、警察も存在する。日本でも千葉県佐倉市を皮切りに全国で数多くの取り組みがあるが、成田市で行われている企画の実行委員長が彼、ということのようだ。

今度は地元成田市の中学生が演じ手となって児童たちの前で演じる形にした。そして2年目は、コンテンツのデジタル紙芝居をアニメにグレードアップさせ、余裕のできた我々は内容に関するクイズを準備して児童たちの理解を深めようと試みた。結果は大成功だったと思う。これは難しいかなと思うクイズは皆正解となり、正解のたびに歓声がわく。指名されず発表できなかったからと、もう一度教室にやってくる児童もいた。小学生の集中力と好奇心、行動力には驚くばかりだ。成田支店長以下、女子社員も休日返上で手伝ってくれ、全員でこのシーンを共有している。

・社員の存在感

メールを送ってくれたベテラン社員は、ここでは実行委員長。児童たちやサポートする父兄から、委員長！と何かと相談を受ける姿はまさしく「成田こどものまち」のリーダーだった。社員が私生活で重要な存在として地域に貢献する姿を目の当たりにしたことは、当社の地方創生への関わり方を考えるうえで大きなインプリケーションを与えてくれた。

STEP 3　松本へ、行く（長野県）

「私の同級生が信州大学で先生をしているのですが、当社のソリューションに関心をもってくれました。よろしければご紹介したいのですが。」

成田のイベントから少し経った頃、豊中支店を臨店した際、声をかけられた。当社のソリューションコンテンツを網羅した資料、当社ではぐるぐる巻きと呼ぶ資料を説明するためお邪魔したが、その説明が終わり退店しようとした正にその時、女子社員に引き留められる。当社は長野県には店舗がない。信州大学との接点も当然なかった。だが、折角社員が声をかけてくれたのだから松本へ行こう。即断した。まだ雪深い信州大学本部を訪問したのが2月、お訪ねした杉本教授は全学教育機構の副機構長、昔でいう教養課程の責任者だ。先生は当社社員の説明で既に当社のソリューションのおかたを承知されており、自己紹介もそこそこに当社が講義を行ううえでの段取りを相談することになる。早速4月から全15回の寄附講座を提供することにした。

・社員発の安心感

寄附講座の内容については全てお任せいただくことになったが、ひとつだけご提案があった。シラバスをつくるに当たっては、投資の実践教育、投資シミュレーションを取り入れて欲しい、というご依頼だ。当社としては教育機関連携を始めた時から、金融・投資リテラシー向上のために、特に投資をテーマにした講座を開設したかったのは言うまでもない。ただ、それを言い出すことには若干の躊躇があった。ああ、やっぱり株屋、何かそこで商売しようと考えているんだな、そんな疑いと軽い侮蔑を込めた視線に晒されたこともあった。本格的な投資教育はまだ無理だな、そう思っていた矢先のご提案だった。杉本先生にお聞きすれば、大して調べもせずにFX（先物取引）に嵌《はま》る信州大学生も出てきたが、投資というなら、日本の実体経済に紐付いた株式投資をしっかり学ばせたい。そんな問題意識だった。

しかしそのような問題意識があっても、では実際にどの証券会社に任せるのか。当社は長野県に拠点がない。そんな時、学生時代の親しい同級生のフィルターにかかった当社の存在は、安心感を持って受け止められたに違いない。少なくともここ信州大学では、豊中支店の女子社員が持つ中学卒業以来の個人的な人間関係が、東証1部上場アイザワ証券の100年を超える歴史を上回る強度だったように思う。このことはまた当社に学びをもたらしてくれる。

信州大学アイザワ寄附講座は、計15コマで社外の多彩な外部講師の講義を聞き、株式投資演習を行う設計にしてスタートしたが、今では、学生のニーズに応え株式投資演習に特化した形に変えている。受講希望者は定員100名を超えており、申し訳ないことに抽選で絞らせていただく盛況ぶりだ。店舗もない、街を歩いてもアイザワの名を目にすることのない、もちろんテレビコマーシャルも見かけない松本でこのようなことが起こっている。毎年ここでケミストリーが生まれるのも楽しみのひとつだ。店舗はないがリアルでの対面接触。常時ではないが定期的な接触。学びがある。

・母を支える…子育て世代

この寄附講座は金曜日の第4講として、主として1回生を対象に提供されている。最終講を終えた時、受講していた経法学部の1回生が話しかけてきた。自分の偏差値に見合っているという事由で信州大学に入学したので、特にやりたいこともなく、当社の寄附講座も何となく面白そうだからと受講を決めたが、最近自分のやりたいことがみつかったという。金曜日の第3講、当社の講座のひとつ前の授業で松本市近郊の自治体で街おこしのフィールドワークを体験したが、そのことを4

年かけて取り組むことにしたそうだ。一方、「アイザワ証券の寄附講座では金融リテラシーの向上、特に投資の重要性を学び、資金的に一番苦しい子育て世代こそこれからは投資が必要だと思うようになったので、これから取り組んでいく街おこしの中で、そのことも訴えていこうと思う。学生時代に自分がやるべき課題が見つかって、藍澤證券には感謝している。」一礼してくれた。提供したインターンシップや寄附講座で学生がインスパイアされ、学問と社会の繋がりを考えるようになってくれたのは本当に嬉しい限りである。このような企画は、就職という先々のキャリアを検討する以前に、自らの専門性を深掘りしていくきっかけにもなるに違いない、そう当社は考えている。

・母を支える…ひとり親

それを横で聞いていたこの講座の生みの親である当社女性社員は、母子寡婦福祉連合会（母子連）に対して金融セミナーを提供することを検討してはどうか、子育て世代の中で、ひとり親家庭にとっても株式投資は怖いモノ、私には関係ないモノとして捉えられている。必要な知識や事実を当社が真摯にご提供していく形にしては、と提案してくれた。自らが所属する会社を信じていなければ、そして可能性に期待できなければ軽々しく口にする類いのものではない提案だ。

彼女はまた、カワウソ〝りく君〟のデジタル紙芝居がアニメにステージアップしたのは素晴らしいと評価したうえで、聴覚障害の子供もいる、手話を入れてはどうか、子供も親も喜んでくれるはず、社員の中には手話ができる人もいるのでは、という提案もしてくれた。果たして青梅支店に勤務する社員の奥様が手を挙げられる。手話を小窓に入れた改訂版は当社HPにアップされている。

セレンディピティとエフェクチュエーション

こういった社員発ご家族発の流れは計画的に生まれたものではない。その価値は低いのだろうか。「セレンディピティ（偶然の出会い）」という言葉がある。『セレンディップの三人の王子たち』（偕成社）という童話から生まれた造語だ。この童話は、セレンディップ（セイロン島：今のスリランカ）の王子たちが父王に命じられた魔法を探し求める旅の途中、いつも意外な出来事と遭遇し、得意の聡明さによって彼らがもともと探していなかった何かを発見する、その何かをもたらすものは、実は曇りなき目で空を見上げる者には最初から見えていた黄金の鳥だったところは、チルチル・ミチルの青い鳥を彷彿とさせる話だ。今、この造語はイノベーションを生み出すひとつの形として重要視されている。偶然の出会いに想像した以上の反響が寄せられ、事の大きさにその時気づく。当社として初めて地方創生大臣表彰を受賞したクロスボーダー型インターンシップがそうだった。いつの間にか外部の目線が変わっていたことに気づく。一筆書きの、わらしべ長者にも似たストーリーだろうか。

バージニア大学で提唱されているエフェクチュエーションは、あえてゴールを定めず、手元にあるリソースを育み新たな価値を生み出す。ピンチをチャンスに転換しながら新たな目標を発見していく手法だ。この手法を組織に根づかせるには気兼ねなくオープンに意見を言える組織風土が必要とされる。当社の社員発ご家族発の流れはこのようなものではないか。セレンディピティとエフェクチュエーション、イノベーション創出アプローチの理論的根拠は、当社の現実と紐付けながら整理をしている。

ブランディングという視点でも考えてみる。ブランディングは長期的かつ組織的な取り組みだと言われるが、企業でブランディングが進まない原因として最も多いのが、トップを始めとした経営陣や広報などの専任部署だけで進めているスタイルだという。この社員発ご家族発のムーブは、これに対峙する形であるように思えて頼もしい。「当社誕生の歴史」や「アジア株式取り扱いの嚆矢」という無形の経営資源を活用し、「熱量・こだわり・独自性」といったブランド価値に変換する原動力にもなっている。

そして今回、とりわけ重要だと考えるのは、社員発の建設的かつ斬新な企画が、どこにでもよくある提案募集ルールのような定型的な形ではなく、様々な形やルートで時と場所を問わず本社に届く不定形さだ。受ける本社側の感性も向上している。近代細菌学の祖、パスツールは、「構えのある心」がセレンディピティの前提だと述べている。こだわりがないと事実は手にできない。また同時に注目したいのは、社員だけでなく社員のご家族が会社を頼っていただける形だ。これは聞いたことがない。社員にしてもご家族にしても自らの私生活を勤め先に晒すことには、寧ろ抵抗感が強くて当たりまえだ。ご家族が自発的に頼ってみようと思う、その背景には、配偶者である当社社員が当社の施策を肯定的に捉え、それをご家族と共有していることがベースにあるはずだ。であれば、スウェーデン政府観光局が国の正式なツイッターアカウントを、希望する国民全てに提供している企画「Curators of Sweden」を想う。国民が自国を美術館のキュレーター（学芸員）のようになって紹介するというものだ。スウェーデン政府観光局を当社、国民を社員とご家族に置き換えた企画も、彼方にではあるが見据えたように思う。

こういったオープンイノベーションチャネルは当社にとって宝物であることは間違いない。「社員発ご家族発」の企画は、本社の企画と共鳴しあう自走する2つのエンジンであり続けて欲しい。この発芽した「社員発ご家族発」の形をエコシステムに昇華させ、定着させることが次の課題になる。セレンディピティとエフェクチュエーションは、いずれも逃げ口上にならぬようそこは留意しながらも、当社のソリューション戦略が時折立ち返る理論的根拠だ。参照典拠である。

章8章

社会の一員として

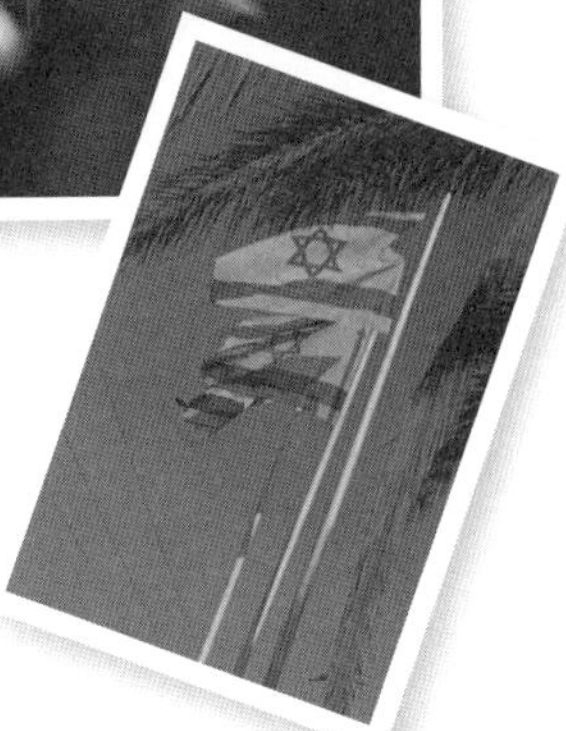

イスラエルの聖地エルサレム
標高800mにあるオリーブの丘から
黄金のドーム（岩のドーム）近くの
旧市街地を臨む。

1 行政機関

当社は、金融機関や教育機関、税理士法人と全国各地域で提携し、連携してきた。それに加え、最近は当初全く念頭になかった地方自治体と連携する事例も生まれている（図41）。いずれも全国的に知名度の高い自治体である。もちろん、証券会社との連携実績などない中、当社のもつ何かをご評価いただいた結果なのだろうと思う。このような形も進めて社会に付加価値を発信していけたら、当社としてこんなに嬉しいことはない。チケットをいただいたような気がする。

❶ 鳥取県境港市

ブドーパン

「ブドーパンを食べてみたいんですけど。」

図41｜自治体連携ネットワーク

境港市役所でひとしきり打ち合わせを終えたあと、阿部産業部長に切り出した。境港市は人口3万人強の地方都市だが、観光客は年間300万人。水揚げ日本一の紅ズワイガニ、近海マグロの水揚げも日本一、鬼太郎ロードには171体のブロンズ像が並んでいる。境港市企業誘致物産観光推進委員の立場でいつものように現地を訪問した時のことだ。

出張するときには移動手段も貴重な情報収集源になる。少し緊張もし、楽しみでもある時間だ。初めて訪れる街なら必ずタクシーに乗って運転手さんとお話しすることにしている。「お客さん、県庁所在地で映画館がないところがひとつだけあるけど、どこかわかります？　ここですよ、山口市！　寂しい話です。」「では皆さんは映画をどこまで見に行くんですか。」「まあ防府《ほうふ》ですかね。」「え、防府って遠いのでは？」初めて山口市に出張した時の話だ。確かに映画館は文化のひとつの象徴かもしれない。青梅市は国の登録有形文化財、旧都立織物試験場を映画館「シネマネコ」に仕立て直した話で盛り上がっている。防府に行くには山口駅からJR山口線を南下して新山口駅で山陽本線に乗り換え東に向かう必要がある、とても面倒なはずだが。改めて地図を見ると、山口と新山口と防府は正三角形の位置関係だと分かる。車で行けばたいしたことはない、そういう関係か。山口を訪問した目的は、広島本社の八幡証券を子会社化するにあたってその店舗網を確認することだった。

新幹線の車内誌「ひととき」も役に立つ。飛行機だって同じ。境港市に行くには米子鬼太郎空港を使うので飛んでいるのはANA、機内誌「翼の王国」は情報の宝庫だ。ページを繰ると、2ページを割いた「みやげ遊覧図鑑　第8回境港・米子」という特集が掲載されていた。ジャストインフォーメーションとはこのことだ。写真ではなくイラストで描かれていたのが「自家製クリームサンド　ブドーパン」。ノドグロよりなにより一番大きなメインイラストとして載っている。よく知られている食パンではなく、どうもコッペパン風に見える。クリームサンド、見たことも聞いたこともない。空港に着いて早速空港内のコンビニに飛び込むが見当たらない。それで市役所の阿部部長にお聞きした、という次第だ。

「ブドーパンって、あの……」石倉課長も米村係長も不審げに顔を見合わせる。「え、今はもうないとか?」「いや、ありますけどそれが何か……」「あまり知られていない?」「いや誰でも知っています。」「『翼の王国』に載ってましたよ。」「どうしてあれが……?」

地元の伯雲軒《はくうんけん》が昔から作っている「ブドーパン」は、中にバタークリームを挟んだ干しブドウ入りのコッペパン。スーパーまるごうで普通に売られ伯雲軒の工場でも求めることができる、地元で知らない人はいない昭和の雰囲気を纏ったソウルフードだと知る。こんなパンは他では聞いたことがない。出雲には「バラパン」があり、滋賀にはたくあんを挟んだ「サラダパン」がある。小浜の浜焼き鯖も同じだ。大きな浜焼き鯖が3、4日位もつのは若狭では当たり前の事実かもしれないが、東京では誰も知らない。知らないのに説明、宣伝されない。それはひとつの大きな価値なのだが。

地方創生とはそういうことだと思う。境港市は人口比で多くの観光客が訪れる。カニにマグロ、海の幸が街に溢れ観光客に供されている。鬼太郎ロードに行けば、普通に猫娘も砂かけ婆も着ぐるみが歩いているし、夜ともなれば、今度はプロジェクションマッピングでランダムに投影される妖怪たちが観光客を驚かす。官民の工夫が観光客を楽しませている。優れた集客のコンテンツが観光客を呼び寄せて、それは数字に表れている。このコンテンツ群は他の自治体からすれば垂涎なのかもしれない。ただ地方創生は、継続という概念が重要だ。繰り返し来ていただけるためには、こういったメインコンテンツの継続的な充実に加え、新たなサブ、あるいはサードコンテンツの発掘も必要になる。こういったコンテンツの発掘はメインコンテンツ以上に外目線が有効のように思う。現地に住まう方々だけでなく外部の協力者が必要になる。ANAは「翼の王国」のこのとても面白い記事を境港市や米子市にお伝えしたのだろうか。商工会議所にもご連絡しただろうか。きっと感謝されるに違いない。顧客である搭乗者の好奇心を満たすだけでなく、その受け皿となる地域の方々の気付きを促すことで自社にも還元されるケミストリーが容易になるように思う。ひと手間かければ料理は美味しくなる。備後の郷土食「うずみ」は、倹約を求められた江戸時代にあって菜を飯に埋《うず》め隠したのが始まりとされる。今でも福山などで、小エビやアサリなどが隠されたご飯に出汁をかけていただくことができる。埋もれたお宝は小エビだけでなく「うずみ」そのものでもある。たくさんのお宝がたくさんの地に埋もれている。

そこにいるコンテンツ

このセカンドコンテンツを発掘するのはクロスボーダー・ソリューションが得意とするところだ。日常で珍しくもないものが、外目線ではそうではない。そういう目線で境港を俯瞰してみると、他にもあるある。

例えば、境水道大橋《さかいすいどうおおはし》という橋がある。松江に渡る江島大橋（通称ベタ踏み橋）はCMで有名になったが、境水道大橋も橋高約50メートルの偉丈夫だ。夕暮れ時、夕陽を背景に隠岐の島に向かう大型フェリーが航行する光景は実に美しい。下から見上げたスカイラインは著名なニューヨーク・ブルックリンブリッジに似て魅力的だ。しかしこの観点で境水道大橋を紹介した記事は見たことがない。境港でニューヨークに会える、こんなキャッチコピーは米国旅行経験者にとって旅心を誘われる。境港市にゆかりのある東京在住の方々の集まり、「東京境港会」は、女優の司葉子さんが名誉会長を務められるハイセンスな会だ。２０２０年2月、東京新橋にある鳥取県のアンテナショップ2階のレストランで開かれた定例会で、この境水道大橋の件をお話しした。ちょっとびっくりされて、でも笑いながらうんうんと頷かれる方も多かったように思う。新企画「境港の2つの橋」として売り出すのも面白い。また、橋の中央で愛を語れば成就する的なストーリーでもあれば、「島根半島の2つの縁結び」として、西の出雲大社と東のココ、境水道大橋をセットで紹介することで、全国の未婚の女性たちに来て貰える。回遊人口も増える。橋を渡った美保神社はえびす様の総本社で、出雲の国盗り神話の神事が今に息づく。西の出雲大社と併せ、古事記との連動は高齢者層の集客に役立つだろうか。各地の魅力を紹介するガイド「るるぶ」の最新企画は「宇宙」と知って驚いた。「妄想Trip脱地球」という表紙の言葉が刺激的だ。であれば、次号の訪問舞台は「古事記」とし、「幻想Trip脱令和」の中で境港を取り上げて欲しい。クロスボーダーで時空を超え行き来する企画をぜひ読んでみたい。

有数の観光港と漁港を持つ境港の光景は、米国ボストンやサンフランシスコに通ずるものがある。ボストンの人口は50万人、境港を含めた米子、松江、安来、出雲の広域圏人口も50万人。フィッシャーマンズワーフがあってもよい。

メジャーコンテンツの繋がり方も様々だ。例えばゲゲゲの鬼太郎で言えば、当社の拠点がある広島県三次《みよし》市には江戸時代から伝わる「稲生物怪録《いのうもののけろく》」があり日本初の妖怪博物館ができた。チームラボのプロジェクションマッピングは自分が塗った妖怪が大きなスクリーンを歩き回り世代を超えて人気がある。辻村寿三郎記念館に入れば、その昔、NHK人形劇「南総里見八犬伝」で子供たちを震え上がらせた玉梓《たまずさ》が怨霊にも会える。島根県松江市はラフカディオ・ハーンの『怪談』、ハーンは1892年の隠岐旅行の際、境港に立ち寄った。『怪談』の雪女は東京都青梅市にいる。ケミストリーは何通りでも創れそうだ。

メジャーコンテンツの拡充も欠かせない。鬼太郎ロードには多くの妖怪ブロンズ像が並ぶが、垂直接続する道路をのぞき込む観光客は多い。妖怪なのだから路地での不意打ちもまた楽しいが、行っても何もなく失望して戻ってくる観光客を見た。例えば「妖怪バー」を路地に創る。夜、カランコロンと音が響くのは宿泊施設「野乃」で供される鬼太郎下駄、足元にはプロジェクションマッピングの妖怪影絵。観光客も演出のプレーヤーとなる。音と光、聴覚と視覚のコントラストで世界観を醸成する。立地の良い金融機関の店舗も活用できれば街の広がりを演出できる。

山梨県富士吉田市に本社のある前田源商店は、その昔ガチャマン景気に沸いた絹織物の街にあって、オーガニックコットンを手掛けた嚆矢《こうし》だ。創業100年の歴史を紡ぎつつ常に新たな商品開発に意欲を示す前田社長は、今、鳥取県境港市が公社事業として復活させた「伯州綿《はくしゅうめん》」とコラボして、経糸《たて》はオーガニックコットン、緯糸《よこ》は伯州綿、縦横組み合わせた新商品、オリジナルワッフルハンカチや生地の製作に取り組んでおられる。当社もまさにこの形、当社と提携先が縦横それぞれの強みを活かして同じように美しい織物を織りあげるお手伝いを全国で展開したいと考えている。「経緯」という言葉の成り立ちを噛み締めた。

当社は、中海・宍道湖・大山圏域ものづくり連携事業の広域ビジネスマッチング商談会に参加し、各所とのマッチングを行い、近畿大学や西京銀行取引先との連携も進めてきた。当社の狙いを整理すれば、全国的に知名度の高い境港市のコンテンツを当社取引先や提携先に提供することで紐帯《ちゅうたい》強化を図る、それを起点にして新たな提携先の発掘を行う、ということになる。当社の拠点がない境港市との交流は、元監査役のふるさとというご縁で始まったが、これは当社自慢の「社員発ご家族発」のコンテクストで語ることができる。当社の秘書は夏休みに境港市を訪問して、酷暑の鬼太郎ロードで気づいた貴重なアドバイスをリポートしてくれた。素晴らしいコンテンツが満載の地方都市を外部目線でご支援することを通じて、当社自身の感性も磨きたいと思う。

❷静岡県御殿場市

生誕の地で

当社は、高齢なお客様とそのご家族の多くがお悩みになられている「認知症」を学び当社としての想いを伝えるため、全部署で認知症サポーター研修を実施して各人がオレンジリングを手元に置いている。営業店は、それぞれ高齢者見守りに関して自治体と提携しており、それは全国で50以上となる。

こういった従来の行政機関との提携、単項目提携とは一線を画す形で、2020年3月、当社は御殿場《ごてんば》市と包括業務提携を結んだ。御殿場市は当社にとって歴史的にご縁の深い父祖の地だ。藍澤神社もある。御殿場市には証券会社は当社だけだが、金融機関はいくつもある。御殿場市が初めて金融関係の民間会社と包括業務提携するにあたって当社を選んでいただいたことを、驚くとともに感謝もしている。当社はソリューション戦略の黎明期に、経営革新等支援機関の立場で御殿場商工会と協働させていただいた。御殿場市が市民に配布される「暮らしの便利帳」で、市に所在する経営革新等支援機関6先のひとつとして「お気軽にお声掛けください」と紹介されたことは、当時の当社としては画期的なことだった。7年を経て今度は御殿場市の若林市長に包括業務提携先として選んでいただいたが、それは当社のソリューション戦略の歩み自体が評価されたような気がして、何とも嬉しい限りである。

折角の提携だが直後のコロナ禍でなかなか企画を進めることができず残念だ。そんな中でも市民の相続・資産形成を支援するため、御殿場市老人クラブ連合会の皆様を対象とした御殿場市主催の相続セミナーが開催され、当社は講師を務めさせていただいた。また、「企業版ふるさと納税」でもご協力させていただいた。地域の外にあって地域に最も近い存在として、これからも御殿場市を応援していきたい。

ちなみに、高齢者見守り協定は、行政に加え提携金融機関である西京銀行と3者で締結したことがある。山口県宇部市と防府市だったが、この形は関係者を力づけることができたように思う。御殿場市との包括教務提携でも、その推進に当たっては、金融機関や教育機関とともに社会に付加価値を発信していく形に昇華できれば嬉しい。

2 考えること

地方創生の入り口

全国の提携先や連携先とお付き合いしていると、必然的に地方創生を考える。いつも考えているが分かるようで分からない。そんな時は現場に聞くようにしている。現地に出向いて自分で触れること、感じることを積み重ねる。東京でも自分で触れること、感じることを積み重ねる。そんなことを繰り返している。

伊豆半島の先端にある下田支店は東京の本社から遠い支店だ。静岡県だが3時間はかかる。移動時間の観点では大阪より遠い。その下田支店で、優秀なベテラン社員が異動して若い担当者に代わることになり、お客様満足度の低下、収益低下が懸念されたことがあった。お客様を訪問しフォローして欲しいという支店長の求めに応じ下田入りした。お客様は高齢なご夫婦が多かったが、存外若い担当者の評判がいい。それでもと水を向けても、いやいや良くやってくれていると仰る。腑に落ちないが問題ないかと考え始めた時に漏れ出たお客様の一言が「彼はこんな遠くまで家族連れで来てくれた。それが嬉しい。」そのあと、他のお客様との面談時にこのことを持ち出すと、皆さん、我が意を得たりと相槌を打たれる。下田では相続による地域外への資産流出が多く、相続支援の重点対象地区としてセミナーや個別相談会を定期的に提供し、成果もあがり始めていたが、地域を愛する心に寄り添っていただろうか。技術的な対応に終始してはいなかったか。若い担当者はご家族で赴任し、ご家族で下田の生活を楽しんでいたのだと思う。それは金融商品の提案以前に、地域に住まう方々には嬉しく心強い出来事に違いない。実地指導をいただいた気がする。

今、当社の提携金融機関の所在地で発刊されている地方紙7紙を1日遅れで読んでいる。山口新聞、中国新聞、山陽新聞、福井新聞、山梨日日新聞、静岡新聞、西多摩新聞……地域を愛するといってても、とっかかりがなければ難しい。美術館に行って難解な現代芸術の前に立つ。巨大なインスタレーション。分からない。「自由に、自分なりに感じたらそれでいいのですよ。」そういわれてもそれ以上踏み込みようがない。しかし図録を購入して解説を読んでみると、なるほどと思う。分からないのは感性の問題以前に、基礎となる知識の圧倒的不足が原因ではないか、そう考えることもしばしばだ。まず知ることから、と心に刻んで地方紙を読み込む。毎日読んでいると全てが連載小説にように思えてきた。2年目は、この時期だったらあの記事がまた出るなと、ある程度予想できるようになってくる。そこで出合う情報は、これまで当社が見聞きし手掛けてきたことと結合し、様々な発色をすることがある。思考の断片の補助線となる。このことにはいつもワクワクする。今日は何があるだろう、毎日楽しみな時間だ。そんな時間にいくつか考えることがある。こうなればいいなといった類いのものだ。

行政境界区におけるクロスボーダー

少し俯瞰して因数分解してみた。

当社はクロスボーダー・ソリューションを強みとしている。地方と東京を紡ぎ、地方と地方を結ぶ。そこで感じるのは、行政境界区におけるクロスボーダーの存在と難しさだ（図42）。

例えば山陰の話。

島根半島はとても魅力的なエリアである。鳥取県側の境港市と米子市、島根県側の松江市、安来

図42｜行政境界区

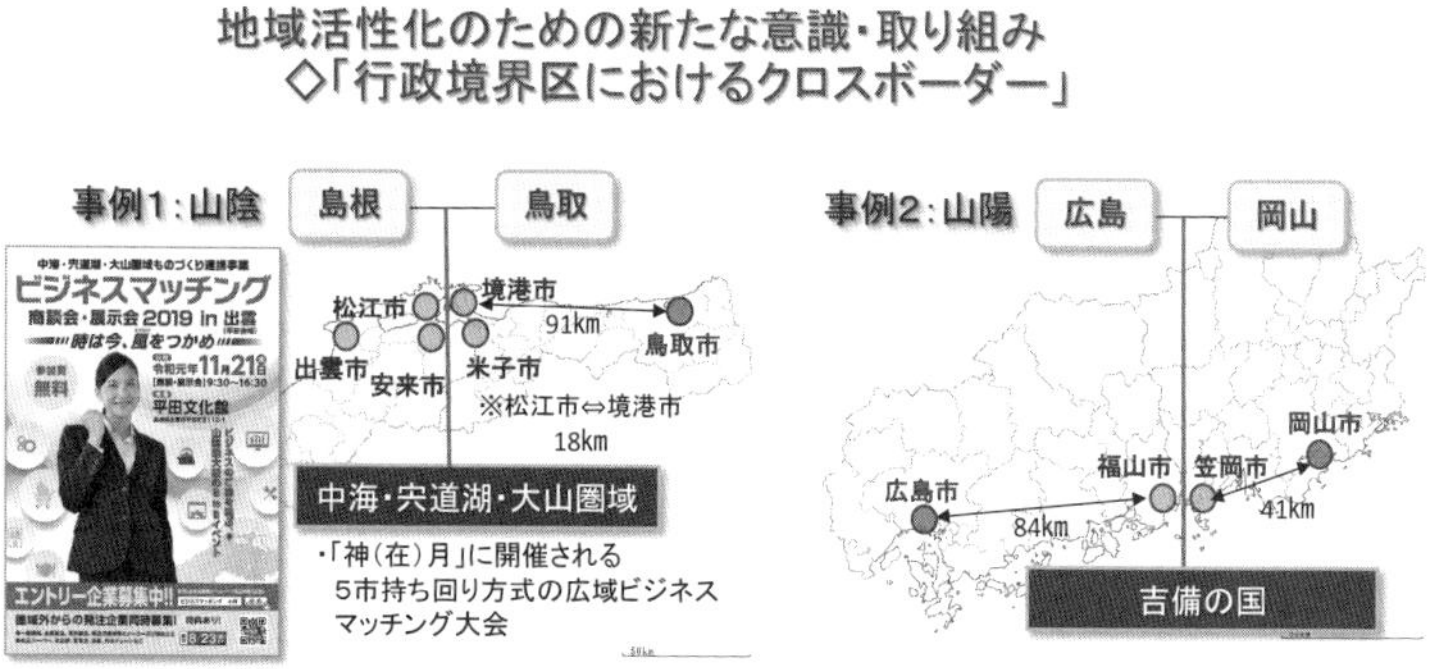

市そして出雲市は纏めれば域内人口は50万人、日本海側の一大経済圏とみることもできる。県を跨いで市長が協議をされ、毎年10月、「中海・宍道湖・大山圏域ビジネスマッチング大会」を5市持ち回りで開催しており、当社が東京からお邪魔するようになって6年経つが、何度行ってもその広域連携は素晴らしいと感心するばかりだ。ただ、折角県境を跨いで5市が繋がっているのだから県レベルのバックアップも現地で感じたい。境港市から同じ鳥取県の県庁所在地鳥取市まで91キロメートル、隣接する島根県松江市までは18キロメートル。県ではなく中海・宍道湖・大山「圏域」なのだろう。そうはいっても県境を超えた価値を現在の垣根である行政区の県もさらに応援して貰いたいと思う。見える形となったその力強さは、東京から多くのバイヤーを呼び寄せ、応援団を増やすことになるはずだ。

例えば山陽の話。

岡山県最西部の笠岡市に本社を置く笠岡信用組合は、平成3年に41キロメートル離れた岡山市への進出が許可され順調に業容を拡大させている。だが隣接する広島県福山市に進出が認められたのは平成28年になってのこと。信用組合は金融当局によって営業エリアを特定されており、県を跨ぐクロスボーダーでの進出は稀だという。福山支店の業績も順調で近く2店舗目も展望中だそうだが、業績が良いのは地域に受け入れられ貢献もしていることの証左であり、そのような支持されるサービスが県を跨ぐと中々提供されないというのもサービスの受け手目線では違和感がある。元々福山市と笠岡市は1300年前の奈良時代の古は同じ吉備の国だった。その後細分化されて福山は備後となったが、笠岡は備後と備中に分かれる。150年前の明治維新により生まれた境界が、自然発生的に存在した吉備の国という経済圏を区分することにストレスはないか。広島県福山市駅前にあるのは岡山市本社の百貨店、天満屋《てんま》だ。2021年11月、「備中備後麺パラダイス」という祭典が予定されているが、そこでは笠岡ラーメン・浅口の手延べ麺（岡山）、尾道ラーメン（広島）など2県10種が提供されるという。ここでも行政境界区におけるクロスボーダーを想う。

東京でも地方創生

当社がクロスボーダー・ソリューションを強みとしているのは繰り返し申し上げた通りだ。地方と東京を紡ぐ。その繋ぎ方は、地方を東京の光、経営資源などで輝かせるというのが基本形になっている。しかし今、その東京自身を輝かせる支援が必要かもしれない。東京都といっても23区と多摩島嶼部で事情は全く異なる。人口増は23区のことであって多摩島嶼部では既に人口減少が始まっている。

当社が提携している青梅信用金庫の本社がある青梅市は、日本武尊《やまとたけるのみこと》の伝承から始まり、近世では江戸城築城の石灰を供給して栄え、現代では織物でガチャマン景気を謳歌もした。フセギのワラジもある。巨大なワラジが8つの旧村境に掲げられているが、こんなワラジを履く大きな人や守り神がいると侵入者に知らせ、疫病や悪霊が村に入ってこないようにして村を守るという習俗だ。東北には残る風習だが東京では珍しく、都の無形民俗文化財に指定されている。どこに掲げられているか分かり難いので、ミニツアーとして巡るのも楽しい。併せて東京で唯一の温泉郷である岩蔵温泉で自慢の岩風呂に浸かれば、ここが東京都であることを忘れさせてくれる。山岳信仰の御岳山には富士山の御師住宅と同じものが山頂に残る。東京都の青梅は町の賑わいと自然が同居した魅力的な場所だ。しかしその青梅市でも人口減少は始まっている。「東京でも地方創生」は当社クロスボーダー・ソリューションの新たな視点となった。有効な処方箋のひとつがワーケーションだと考えている。

ワーケーションと聖地巡礼

ワークライフバランスにワークアズライフ。色々な働き方のスタイルがある。

それに絡めて最近世に喧伝されているのがサテライトオフィスでありワーケーションだ。ある調査によれば、35歳以上の約2400人のうち6割がワーケーションをしてみたいと回答した。一方、実際に経験した人は全体の7%程度にとどまる。そもそも働き方としてフレックス・タイム制度があるのにフレックス・プレイス制度がなかったことの方がおかしい。

当社もワーケーションに関心がある。地方創生大臣表彰を受賞した「クロスボーダー型インターンシップ」や「異業種間人材交流制度」、当社の強みのコア概念は「クロスボーダー・ソリューション」だ。いままで採り貯めたピースが入った隙間だらけの箱に振動が加わり、ケミストリーが起こる。その振動は、移動するときの物理的な揺れであり、初めてのモノとヒトに出会ったときの心の揺れでもある。移動すること自体で付加価値を生み、学びや気付きを得ている。それはワーケーションの意義に通じるもので親和性がある。鳥取県は取り組みに熱心で、境港市幹部と一緒に先進県である和歌山県に飛び、近畿大学白浜水産研究所への訪問に合わせて南紀白浜にあるワーケーション施設を視察した。金融機関の保養所や公園管理施設を再利用したものだ。静岡県浜松市の浜名湖畔にある物件も見た。行政施設の上層階を開放している。いずれも悪くない。コロナ禍でその輝きはより増しているようにも思える。

他にも見て回ったが、サテライトオフィスやワーケーションのロケーションが、供給側の目線が強過ぎるので多分うまくいかないだろうなと思うことも多かった。例えば廃校になってしまった、何とかこれを使えないか、という発想だ。廃校は使えないと言っている訳ではなく、アイデアを工夫して再生は可能だ。実際に事例もある。だが、人は行きたいところへ行く。元々関心のないところに関心を持たせるような企画も重要だが難易度は高い。それより、今現在魅力を感じ、行きたいところはどこだろうか。地方創生拠点を新たに創り出すのではなく、今あるものの活用。その意味でやはり発掘は必要かもしれない。まずはそこからの逆引きで考えてみてもいい。

地方には本当に魅力的なコンテンツが人知れず眠っている。発掘のひとつの視点は「聖地巡礼」だ。小説や映画などの象徴的なシーンを巡り、年齢を超え性別を超え、国境を超えて聖地を訪れる人々が増えている。例えば民間調査会社によるアニメの聖地登録数は2021年4月時点で5315、訪れてみたい日本のアニメ聖地88の発表もある。

山口県宇部市のJR宇部新川駅は、今春リリースされた映画「シン・エヴァンゲリオン劇場版」の聖地として既に巡礼が始まっている。シリーズ最終話のラストシーンが宇部新川駅だ。全てが終わって、大人になったシンジが宇部新川駅のプラットホームにあるベンチに座っている。向かいのホームにはレイやアスカ。シンジのところにマリが現れ2人は手を繋いで階段を駆け上がり……ここで宇多田ヒカルのOne Last Kissが流れ、映像は空撮実写に転換する。宇部新川駅から宇部の工場群を俯瞰し宇部市全景を見せながらフィナーレに至る。庵野《あんの》監督の故郷宇部愛を感じる演出だ。JRは安全性の観点から駅プラットホームのベンチの向きを線路と平行から垂直に変えようとしていた。各所で見る普通の光景だが、それでは映画とは異なる配置になってしまう。宇部市長が地方創生のひとつのコンテンツとして認め、映画のシーンは守られたと聞いた。JR西日本自身、過去には山陽新幹線で「エヴァンゲリオン新幹線」を走らせている。ここにワーケーション拠点があってもいい。

JR宇部新川駅のほど近いところに当社の宇部支店がある。西京銀行との共同店舗を計画しているが、例えばエヴァの地に銀証共同店舗降臨、愛称は「シン SAIKYO-AIZAWA エヴァンゲリオン支店」という形、東京のTOHOシネマズ新宿のように、ビルの後ろからゴジラならぬエヴァがのしかかる。宇部を名乗る必要はない、エヴァの聖地なのだから。そしてこの店舗がまた聖地を彩るコンテンツのひとつとして地方創生のお役に立つ。「シン」は「新」だけではなく「真」や「深」にもなるかもしれない。こういった発想は、利用者が自由に書き込める感想ノートをワーケーション拠点や「聖地」にも置き、少し時間をおいてそのページを捲《めく》ればそこかしらにちりばめられているような気がする。人を地方に呼び寄せるワーケーション拠点という仕掛けは、それに留まらず斬新な地方創生に向けたアイデアを生み出す孵卵器の役目を果たすかもしれない。

岡山県笠岡市の北木島は石の島として最近日本遺産に認定された。北木島では時代を超えて石を切り出し各地へ送り出してきた。古くは大阪城の石垣にも使われ、近世では日本銀行本店や靖国神社の石造り鳥居でも見ることができる。日本銀行の役職員や靖国神社を敬う方々が北木島を聖地として巡礼されるのも素敵だ。そこに普通の民宿ではない、ワーケーション拠点があれば利用される方もおられるのではないか。笠岡が生んだ日本画の巨匠・小野竹喬《ちっきょう》が描く、鏡のように穏やかで、若草色の瀬戸内海を堪能しながら取り組む仕事のクオリティは、美しく素晴らしいものになるような気がする。

当社のソリューション営業の聖地、スタートアップは、芦屋《あしや》市の竹園別館と下田市の下田市民文化会館だ。2010年7月10日、土曜日に西明石で開催したIRセミナーのあと、芦屋支店長や次席と一緒に竹園別館のレストランで遅い昼食をとりながら、新しい営業スタイルについて時間を忘れて語り合った。当時、商品販売に終始していた営業店が、実は様々なソリューションを提供したいと希求していること、またそれをやり抜く実践力もあることを確認でき、当社の戦略として取り組むことを決意した場所だ。当初は関西地区限定で、対馬《つしま》の青い真珠をブレイクさせた神戸ブランド（認証）を垂水《たるみ》のコロッケ屋さんが取得できるよう支援をしたり、大阪の化粧品屋さんのHPを立ち上げたり、そんな個別の事業者向けビジネスサポートや相続の個別相談としてパイロットスタートしたソリューション営業が、1年後の2011年10月15日の土曜日、初めて大規模な相続セミナーとして東日本に上陸したのが下田市だった。時節柄、文字通り台風20号と同時上陸となったが、前夜の暴風雨警報にもかかわらず大盛会となったことが、今の当社に一筆書きのように繋がっている。2つの聖地で新しい世界に触れた支店長たちは、今、本社で役員や企画部長として当社の中枢を担っている。将来、当社の新入社員が研修の一環で公的に、あるいはプライベートで私的に2つの聖地を訪れる、そこにはワーケーション施設があって社員とご家族が集う。そんな姿が現実となれば、そこは「株屋」という言葉が古代史の棚に陳列される世界に違いない。

地方創生大臣表彰

当社は過去3度にわたって地方創生大臣表彰をいただいたが、これらはいずれも尖った企画だ。異業種間人材交流制度は、処遇シームレスかつ可逆性のある制度だが、提携関係を前提にするなど導入には制約がある。常陸大宮高校 HIOKO HD の高校生による株式会社運営は日本が目指す将来形を今に見せてくれる活動だが、誰もが真似できるものではない。いずれも今は広がりに欠ける。しかし、こういった尖った発想や仕掛けが、道なき道をかき分けるラッセル機能となって、後進の自由で様々な発想や優れた仕掛けを生むきっかけにはなればと考えている。当社自身そういった発想や仕掛けを生み出す努力は続けているが、単独でできることには限りがあるとも感じている。一方で繋がることによってできる世界は大きく、その広がりも学んできた。小さなループがいくつも繋がる形も魅力的だ。

当社は起点をいくつか生み出せたが、地方創生大臣表彰という制度が背中を押してくれたことは間違いない。こういった制度が地方創生のゆりかごになる。当社もそれを証明したい。行政の力は大きく、活用すべき価値のあるものはたくさんある。一層のご支援をお願いし、官民の力強い連携で社会に様々な安心を届けたいと心から願っている。

オリンピックに想う＋《プラス》

東京オリンピック・パラリンピックが開催された。そして次のパリを想う。

先に触れたオリンピック「アスナビ」は、地方創生のコンテクストでも語るべきだ。例えば、オリンピアンのほぼ全てを支える東京都北区のナショナルトレーニングセンターだが、カヌー競技は物理的に練習場を提供できないとお聞きした。リオデジャネイロオリンピックでは欧州の強豪をおさえ羽根田選手が日本人として初の銅メダルを獲得し、俄かに一般の耳目を集めたカヌー競技である。多摩川の上流に位置する東京都青梅市は、御岳渓谷がカヌースラローム競技の練習会場として国際基準を満たしており、浜中市長は全日本選手権の覇者でもある。有力選手の支援は個別企業だけでなく、商工会議所のような団体職員として一定期間臨時雇用することも工夫できないか。地域という面で応援する形は、個別企業とはまた違ったケミストリーが起こるに違いない。感動を共有するチケットはさほど高くない。「アスナビ」については証券業界でも既に取り組まれているところもあるが、社員の方々の笑顔が目に浮かぶ。多くの企業の、団体の楽しみな課題として、地方創生の観点からも様々な受け皿が検討されていくことを望みたい。

あとがき

大手銀行に就職し人事や証券、メガバンクの立ち上げ企画にも関わらせていただいた。グループ証券会社との日本初の銀証共同店舗で銀証連携はテイクオフする。グループ信託銀行の少数精鋭タスクフォースを使った事業承継で銀信連携ビジネスを始動させる。メガバンクの経営資源を使った大きな企画に達成感がある一方で、何か違うのではという漠然とした満たされぬ想いがあったのも事実だ。

「一身にして二生を経るが如く…」福沢諭吉の言葉のように、縁あってアイザワ証券で仕事をしながらその想いは徐々に掘り出されてくる。メガバンクでは事業承継提案を行う先を純資産30億円以上としたが、それがどれほどの大企業か、日本経済を支える大部分の事業者のお手伝いができていないことはメガバンクの本社の中にいては実感がなかった。個人の抱える資産形成の課題も、ハイネットワース中心のビジネスではその一端を垣間見ていたにすぎない。それぞれの事業領域で異なるプレーヤーが役割を果たせばよいのかもしれないが、現実にはプレーヤー自身の能力のアンマッチ、あるいは存在の欠如というアンマッチがそこにあることにも気付く。この問題を何とかして解消し、社会のお役に立てないかという想いは日増しに強まっていった。

お役に立つ、そのやり方は千差万別、多摩川を清掃して歩くこと、取引先の商品販売をお手伝いすること、相続のお手伝いや投資商品のポートフォリオを提案すること。そんなことも走りながら考え、考えながら走る中で皆様から温度感をもって教えていただいた。そしてそれを広げていくことは当社単独では難しい、志を同じくする外部の方々とご一緒することでしか実現できないということも鮮明に理解できるようになる。しかし進む方向が明確にはなったが道はいくつもある。都度、選択してゴールを目指してきた。その際心に強くとどめていることは、当社のこのような挑戦に力を貸して下さった外部の皆様を決して裏切ってはいけないという想いだ。

2020年3月、金融経済新聞の「喜怒哀楽」というコーナーに掲載された寄稿文「あのときの誓い 忘れずに」ではこんな話をさせていただいた。

「○○証券…」、目の前の金融機関トップの表情が凍りつく。地方創生の官民フォーラムで、然る方からご紹介を受けた時のシーンだ。これはデジャブ。名刺交換などしたら強烈なセールスが待っている、壁を感じることは日常茶飯事かもしれない。証券業界としては反論もあろうかと思う。しかし当社は現実を見つめ、自社の営業を改革してきた。そして真面目に頑張る当社営業員の環境を整えるため、金融機関や教育機関と提携させていただき、目先の利益にかかわらず、地域の課題解決に微力を尽くすことを決めた。当局とのオープンな意思疎通も重要だ。提携は12を数える。

外部と連携したソリューションは当社の強みだ。業界初となる経営革新等支援機関の認定、内閣官房まち・ひと・しごと創生本部からは大臣表彰をいただいた。業界初と聞く。税理士法人との提携で相続診断士と認知症サポーターは全員が取得し、50以上の自治体と高齢者見守り隊の協定を締結した。認知症サポーターを育成する資格「キャラバンメイト」を社員個人が取得する事例もあって、「社員発ご家族発」と称したエコシステムが機能し始めている。外部のご評価もだいぶ変わってきたように感じる。

そんな中でひとつ、深く心に刻んでいることがある。都市銀行人事部時代の30代前半の記憶だ。「常務と語る夕べ」――当時はバブル最盛期で大量採用大量退社の波の中、営業担当常務の、自分が直接若手行員とフランクに話して退職の流れをとめる、形は彼等の好きなようにさせたらいい、という言葉が起点となったイベントだ。

若手行員140人、役員・本部部長20人の交流を事務局長として支援した。メインは「究極の選択」。質問に参加者が2択から答えるという方式で、3問目が「カードローン地獄とカードローン獲得地獄、さあどっち?」会の趣旨に沿った外為部長の、カードローン獲得地獄も嫌だよなあ、というボヤキに会場は爆笑、和気あいあいの中、覆いかぶさる常務の大声、「カードローン獲得地獄という意味が分からない。」——その直後、そしてそれ以降、何が起こったかは語りたくない。方針のブレだけは絶対に駄目だ、あの日、深く誓ったことを思い出す。

目先の利益だけを追わぬ取り組みの黎明期、真っ先に手を差し伸べていただいた静岡大学や西京銀行には本当に感謝している。東京・茨城・埼玉・山梨・静岡・福井・大阪・岡山でも新たなご縁ができた。当社を信じご一緒いただける方々を裏切らないためにも、あの時の誓いは守りたい。

「ぶれない方針」と「やり抜く熱量」について宣言させていただいた。

「推進する苦労も大変なことだが、社長、経営のベリートップが方針を変えないのは大変なこと。これまでの仕事からトップが変心する、軸がぶれてしまう様子を数限りなく見てきた。アイザワ証券はそこが素晴らしい。」最近いただいた言葉だ。当社の提携戦略の黎明期、大変お世話になった高橋先生は、ご自身の新日本監査法人常務理事としての豊富なご経験を踏まえてそうおっしゃった。金融当局との懇談でも同様のお話をいただく。まだまだ至らないところの多い当社だが、ここは胸を張れるような気がする。

考えても確信が持てず、行動しては驚き気付く。喜びに変わるがまた疑問が湧く、行き詰まる。どこからか繋がりの中で糸口が見つかる。その糸は芥川龍之介の「蜘蛛の糸」のようなものかもしれない。西京銀行との連携でよく行く山口県湯田温泉は詩人・中原中也の故郷だ。早世した彼の詩句は魅力的で今も注目されている。彼の詩「在りし日の歌」の冒頭にある言葉「思えば遠く来たもんだ」は、今の当社にとって、東京から1000キロメートルほども離れた物理的距離感でも、また最良のパートナーである山口県の西京銀行との連携ヒストリーという時間的距離感でも、いずれのコンテクストでも様々なシーンを想起させてくれる。ここまで来て、初めて見えた景色が確かにある。

中堅証券会社と呼ばれる当社が、社内改革への挑戦を起点にして、業界に、社会に向けて発信する地方創生の新たなカタチ。その中心概念はクロスボーダー・ソリューションだ。離れたものが様々な垣根を「超えて」繋がることで付加価値を生みだし、様々な垣根を「超えて」まだ見ぬ世界へ進んでいく。「3・5％」が立ち上がると社会が大きく変わる、というハーバード大学エリカ・チェノウェスの研究がある（斎藤幸平『人新世の「資本論」』）。フィリピンの「ピープルパワー革命」、グルジアの「バラ革命」然り。「3・5％」なら何とかなりそうな気もする。ただ「本気で」

となると存外ハードルは高い。

当社の挑戦もまだまだ続く。今が安住の地ではない。環境変化が少なく余計なものが見えないオクトパスポットの中に身を置けば、忘却の川、レテ河の水を飲んだ者のように自らの思考が停止する。シューベルトの「冬の旅」は「私は果てしないさすらいの旅を行く。かつて誰一人通ったことがない道を…」と歌う。

当社はこれからも皆様のお力を頂戴し、お役に立たせていただくよう努力を重ねていきたい。それをプラットホームとして、その上にどのような建物を創るか、アイザワ証券の挑戦はまだまだ続く。そしてそのことが、社員の味わい深い楽しみであって欲しい、そう願っている。

毎日新聞出版には当初、当社の常陸大宮高校とのコラボを中心に週刊「エコノミスト」の増刊として出版しないかというご提案をいただいた。対象を当社の取り組み全般に拡大し、世に発信する機会を頂戴したことに心から感謝申し上げたい。

2021年7月

藍澤證券副社長執行役員

角道裕司

角道裕司（かくどう・ゆうじ）

1958年、岡山県生まれ。奈良県出身。82年、大阪大学経済学部卒業後、株式会社富士銀行（現みずほFG）入行、グローバル企画部統合企画室上席調査役（みずほ統合ＰＪ証券部門担当）、勧角証券株式会社（現みずほ証券）経営企画部長、米国ボストン駐在特担部長、みずほ銀行証券・信託業務部長等を経て2010年藍澤證券株式会社入社。取締役副社長執行役員（地方創生担当 金融機関連携・教育機関連携担当）等を歴任。静岡大学イノベーション社会連携推進機構客員教授、境港市企業誘致・物産観光推進委員。

証券会社《しょうけんがいしゃ》とつむぐ「地方創生《ちほうそうせい》」の物語《ものがたり》

アイザワ証券《しょうけん》「クロスボーダー・ソリューション」の挑戦《ちょうせん》

印刷　2021年8月20日
発行　2021年8月30日

著者　角道裕司《かくどうゆうじ》
発行人　小島明日奈
発行所　毎日新聞出版
〒102-0074 東京都千代田区九段南1-6-17 千代田会館5階
営業本部　03（6265）6941
図書第一編集部　03（6265）6745

印刷　精文堂印刷
製本　大口製本

ISBN 978-4-620-32699-3